识干家

企業閱讀　學以致用

王铁仁贤契：

内功，是太极拳
出神入化的最
捷通道。

李和生
2006.2.20.

李和生印

王铁仁印

太极大师李和生题字

本书作者与恩师李和生（左）合影

内功太极拳训练教程

李庆华题

太极文字

杨氏太极拳内功老六路

王铁仁◎编著

中国书籍出版社
China Book Press

图书在版编目（CIP）数据

内功太极拳训练教程/王铁仁编著. —北京：中国书籍出版社，2016. 11
ISBN 978-7-5068-5944-8

Ⅰ. ①内…　Ⅱ. ①王…　Ⅲ. ①太极拳 - 教材　Ⅳ. ①G852. 11

中国版本图书馆 CIP 数据核字（2016）第 271926 号

内功太极拳训练教程

王铁仁　编著

策划编辑　安玉霞
责任编辑　王志刚
责任印制　孙马飞　马　芝
封面设计　久品轩
出版发行　中国书籍出版社
地　　址　北京市丰台区三路居路 97 号（邮编：100073）
电　　话　（010）52257143（总编室）　（010）52257140（发行部）
电子邮箱　chinabp@ vip. sina. com
经　　销　全国新华书店
印　　刷　北京鑫益晖印刷有限公司
开　　本　710 毫米 ×1000 毫米　1/16
字　　数　290 千字
印　　张　19. 75
版　　次　2016 年 12 月第 1 版　2016 年 12 月第 1 次印刷
书　　号　ISBN 978-7-5068-5944-8
定　　价　66. 00 元

太极内功的训练，过去太极先哲们总是单独传授，所谓“法不传六耳”。长此以往，造成了太极内功的传授神神秘秘，致使一些内功精华失传，令后人惋惜！本教程得益于恩师李和生的传授，把太极内功传下去。也是为弘扬传统民族文化尽微薄之力。

腰功和无极桩功，是太极内功的基础。是太极内功训练的核心。掌握了腰功的训练方法，明析了无极桩功的训练程序，离太极内功的成功就不远矣！

本教程除了清晰讲述了上述方法外，对整个太极内功的三步练法、内功训练的概念、程序、具体步骤及注意事项都用图文并茂的方式做了详细解说。书中还有二维码，扫码看动作视频，使读者易懂、方便训练。

希望本书能为热爱太极拳的人们起到抛砖引玉的作用。习练者如能惜时训练，不畏寒暑，必能进入太极内功的殿堂。

本书内功太极拳（老六路）形体动作解析均配有教学视频，可至相应章节后扫二维码观看。

为《内功太极拳训练教程》作序

太极拳是中华民族宝贵的文化遗产，是一种重要的健身防病拳法。太极拳历史悠久，传承广泛，为广大人民所热爱。它能开启人们的智慧，陶冶人的情操，对强身健体，提高身体素质起到了很好的促进作用。其博大精深的武学理论激励了许多武术爱好者孜孜不倦地进行探讨和研究。

王铁仁先生，自幼喜爱武术，热爱太极拳运动，拜中国杨式太极拳第六代传人李和生为师，十几年如一日，寒暑不辍，精心致意的锻炼，不但练就了一身技艺高超的拳术，而且将太极神功的精髓做了系统地诠释和阐述，深入浅出，易于接受。对太极拳在体育界的发扬光大将起到重大的推动作用。

他认为，太极拳重点强调人体内的修炼，主张性命双修，修炼内功的奥秘在于颠倒逆行，即逆反“道生万物”自然程序，使人体中阴阳五行交合为一。即炼精化气，炼气化神，炼神还虚，从而返本还原复归于元气，使自我与无生无灭的道体合一。其独特的修炼方式和神奇的养生效果倍受人们的推崇。在全民健身的精神指导下，内功太极拳将是最好的锻炼方式。

王铁仁先生这本《内功太极拳训练教程》是他十几年来学习实践的感悟和总结，作者在李和生大师的亲传面授之下，历尽艰辛，刻苦钻研，将过去虚幻的东西真实的现身说法演绎出来，给广大太极拳爱好者提供了学习锻炼的优秀版本。

在社会快速发展的今天，人们的工作生活节奏不断加快，这就要求人们必须以饱满的热情，充沛的精力去适应这个快节奏的生活环境。而提高身体健康素质就是重中之重，内功太极拳无疑是最好的选择。

愿“教程”的内容，对开展体育活动推动全民健身做出贡献，为广大群众的健康带来福音。

李庆华

太极拳作为中华传统武学文化，中华民族宝贵的文化遗产，它在增强国人的身体健康方面，越来越被广泛重视和喜爱。其博大精深的武学理论，吸引激励了许多武术爱好者进行探讨研究。

太极拳作为国之瑰宝，它独特的训练方式及神奇的养生效果，已受到普遍承认。

这套杨式（内功）太极拳（俗称老六路），是昔日杨露禅专教家里人练功的一套拳（也有说是教王府里达官贵人练的一种拳），从不示人，故社会上知者甚少。这套拳有别于其他的杨式太极拳，属于中架式。它的特点是：古朴、大方、舒适。其架式有利于练功掛腰，动作完全符合人体的自然运动机理，可以快速提高爱好者的练功速度，缩短练功时间，早日使功夫上身。

笔者经过多年不断学习研究，对这套杨式内功太极拳，有了更深层次的认识。李和生恩师提出的“三年一小成，五年一大成”，并不是一句空洞的口号，而是广大爱好者在日常健身过程中，完全可以做到。只要持之以恒，明人指导，方法正确，寒暑不辍，必能达到“五年一大成”的功夫境界。为了便于广大的太极拳爱好者，能早日练成过去秘而不传的内功绝学，笔者结合学习研究的体会，编著了《内功太极拳训练教程》，并将这套传统的内功太极拳的训练方法及基本功的练习，用内气演练过程予以详析，目的是能起到一个“抛砖引玉”的作用，使更多的太极拳爱好者，真正弄懂什么是“内功”，如何才能练成这种功夫。

为什么本书冠以“内功”太极拳？其真实用意是与目前社会健身的大众太极拳相区别，并非牵强附会或故意卖弄。

本书所叙述的练功方法，是李和生恩师的亲传。对太极内功的认识，完全是笔者本人练功时，学习研究的结果。

第一章

什么是内功太极拳

太极拳这门古老的拳术，自古以来就深受人们的喜爱，它历史悠久，即是一种拳术，又是一门精湛的艺术，是中华民族宝贵的文化遗产，是国之瑰宝，中华武术的一枝奇葩。

第一节 内功太极拳的演变

一、内功太极拳的演变过程

太极拳作为中华传统古典文化的一个组成部分，它历经了一千多年的演变发展，形成了今天广为人民大众所喜爱的一种健身运动，并在世界各地兴起。

太极拳昔日称之为长拳、绵拳。它历经了一个漫长的历史时期，其演变过程众说不一，出现了许多版本。有的说是黄帝创造的，其依据是：史料中黄帝轩辕氏始创导引术，开启后世养生术之端，并创造刀、剑、弓、矢等武器而建武功。更有诗曰：黄帝偶行于坡前，见蛇雀相斗紧相连，雀攻蛇头尾相护，雀攻蛇尾头相连，黄帝一见非偶然，因此留下太极拳……

有的说是宋代张三丰所创。其依据是：考证历史《南雷集·王征南墓志铭》载：“宋之张三丰为武当丹士，宋徽宗召之，路梗不得见，夜梦黄帝授拳法，厥明以单丁杀贼百余。”又据《明史·方丈传》记载：张三丰辽东懿州人，名全一，一名君宝，其号“三丰”也。以不修边幅，又名张邋遢。欣而伟，龟形鹤背、大耳圆目、须髯如戟。寒暑唯一衲衰。所啖升斗辄尽，或数日不食，或数月不食。一日千里，善嬉戏，旁若无人。常与其徒游武当，筑草庐而居之，洪武二十四年，太祖闻其名，遣史觅之不得。

又据明郎瑛《七修类稿》记载；“张仙名君宝，字全一，别号玄玄，时人又称张邋遢。天顺三年，曾来谒帝，予见其像，须鬓竖立，一髻背垂，紫面大腹，而携笠者。上为锡诰之文，封为通微显化真人。”……

还有的说，张三丰乃古时坐道隐士，因观雀蛇之斗，忽有会心，遂发明此精微深奥拳术。这同黄帝观雀蛇之斗而创太极拳是如出一辙。所以张三丰必为绝顶智慧的高士，决非凡夫俗子是无疑的。

自张三丰之后，则有陕西王宗，温州陈同州，海盐张松溪，四明叶继美，山右王宗岳，河北蒋发。相承不绝，其间虽分南北两派，但拳式原则均不离乎太极。

二、杨式太极拳的创立

蒋发传河南怀庆府陈家沟陈氏。又分老架、新架两种。新架创于陈有本，老架继之者陈长兴。陈长兴又传河北杨露禅、李伯魁，为十三式老架。其后，杨露禅传其两个儿子，班侯、健侯。健侯又传子少侯、澄甫及徒等。少侯、澄甫又传其子与徒等。世人称之为杨派。其他就不一一赘述，习者大概了解一下即可。本书只详述杨派的练功之法。

思考：

1. 内功太极拳的演变经历了哪几个时期？
2. 杨式太极拳源自哪个门派？

第二节 杨式太极拳的历史地位及特点

一、杨式太极拳的历史地位

杨露禅（公元1799—1872），名福魁，字露禅。系河北永年县人，生于清朝嘉庆四年，卒于同治十一年。少年时到河南陈家沟从师陈长兴学习太极拳术。当时从师陈长兴学拳者都是陈姓族人，异姓很少。杨露禅是外族遂遭歧视，但他求学心切，毫不心灰意懒，杨露禅在陈家沟数年毫无所获。有一天夜晚，杨露禅醒来听到隔院有哼哈之声，于是起床爬上墙头，见屋数间，哼哈之声即由此处传出。他从墙缝窥视，看见师傅正教诸徒拿发诸术，十分惊奇。从此以后他每夜必去偷看，看后即回卧房悉心研究，功夫大进。后来师傅命杨与诸徒决斗，众徒皆败。陈大惊称杨露禅是天才，于是将其拳术精华尽传授于杨。杨露禅在陈家沟前后共学习了十八年。杨归故里后，将所学之拳授给同乡，从学者甚多。当时人们称杨式拳为化拳或绵拳，因为其动作绵而能化故名。后杨到北京，清代王公贝勒等从其学拳者很多，被任命为旗营武术教官。因他武艺高强，所向无敌，世人称之为杨无敌。后有文人学者将杨式的绵拳称之“太极拳”。从此，太极拳的称谓就在民间传开。

杨露禅育有三子，长子名琦，夭折。次子名钰，字班侯。三子名鉴，字健侯，亦称镜湖，人称三先生。在二人中班侯独得杨露禅的全部技艺，功夫绝伦。太极拳从古至今已历经千年，因其史料不全，很难对于早期的太极拳进行系统全面的深入研究，在这里只能作一概述。从现存的文字资料，也不难看出太极拳大致经历了如下历史时期：

（一）太极拳的萌芽初期：

从黄帝观蛇雀相斗而后感太极拳的传说开始，至程灵洗、韩拱月，继而几百年后传至程秘，许宣平传宋远桥再传李道子、胡镜子至张三丰。这期间跨越几个朝代，几近千年，这一段历史过程，只能说是太极拳产生前的准备阶段，也可以称之为第一阶段。

（二）太极拳的创立奠基阶段：

从张三丰确立以武当派为主流的内功太极拳始，应该说张三丰是太极拳的创始人。从张三丰开始往下传，又经历了若干年的历史，这段时间没有任何资料可以佐证。直到王宗岳的出现，第二次把太极拳推向高峰。尤其是王宗岳的《太极拳论》的问世，使太极拳在理论上得以升华。王宗岳，山西人，清代乾隆年间（1736—1795）在河南洛阳开封等地，以教书为业。其酷爱武术，精通拳法、枪法，悉心研练数十年，颇有心得。著有《太极拳谱》和《阴符枪法》。它所论述的太极拳理论，全面地反映了太极拳的基本内涵，从此太极拳理论独树一帜，使其自身融于儒、道理论框架之内，成为与中华传统文化息息相关的内功太极拳。王宗岳在太极拳理论上的巨大贡献，是史无前例的，也可以说他是太极拳理论的奠基人。

（三）杨氏太极拳的创立——太极拳发展史上的第三个里程碑。

首先，杨露禅创立了杨式太极拳，是最为完美地落实了王宗岳太极拳理论的一代大师。据说，杨露禅初到北京时，王府里有一位拳师，嫉妒杨无敌之名，主动提出与杨交手，开始杨拒绝，拳师以为杨害怕，更执意要求。杨露禅推辞不下，只好答应了。他声明如果坚决要求交手较量，可请先击我三拳。拳师听后大喜，于是起拳猛击杨腹部。杨露禅哈哈大笑，笑声未落，拳师已被弹出三丈以外。有一天正在下雨，杨露禅在屋里看见仆人捧盆从外面进来，走到台阶前门帘还没揭，脚下踩着菁苔一滑，将要摔倒，杨露禅一跃而出，一手揭门帘，一手扶仆人手臂。竟然人未摔倒，水也一滴未洒。他功力之神异，由此可见一斑。其次，杨露禅由一普通的平民百姓，以自己的高超武功走出农村，来到京师，将太极拳发扬广大。在他有生之年的三代传人中，人人习武，个个英豪，历经百年，门庭不衰，这也是中华武术史上一个空前的盛况。最后，杨露禅作为第三个里程碑的重要标志，是他及其二代、三代传人，为太极拳创造了一个“太极盛世”。其中，最为浓墨重彩的是太极拳的发展。在五大流派中，有三个与杨姓密切相关。是杨氏父子亲自传承的武氏太极拳、吴式太极拳、杨氏太极拳。

杨、武、吴等太极拳门派的发展，使中华民族的传统文化更加光辉夺目，以它独特的魅力影响世界。

二、杨氏太极拳的特点

杨式太极拳（老六路），是杨露禅在杨家内部传承的传统套路。这套拳最能体现出杨式太极拳的独特风格，其特点是：舒展大方，均匀连贯，轻灵洒脱，劲道圆满沉静，大松大软，用意不用力，内外相合，上下相随，虚实分明，阴阳相济。

（一）中正安舒，均匀连贯，开展大方。

是指这套拳的外形体征来说的。内功太极拳不同于其他拳种的最显著的区别是，内外兼修。内运必须与外动协调一致，如果形体动作不能做到中正安舒，均匀连贯，开展大方，那么内里的气就得不到疏导，也就气达不到四肢，也就不能一气贯穿。有的拳家不注意形体上的要求，甚至说“太极拳无形无象，不在外形，”这是对内功太极拳的一种误解。殊不知，形不正，气不顺，劲不整，形与内是相辅相成的。只有身形端正，四肢才能舒展开，才能做到“根松摧、中通顺、梢发透。”形体中正与内气畅通运转互相依存。所以，要使拳架舒展大方，从肢体上一定要姿势规范，圆裆开胯，竖腰立顶，平整圆匀。

（二）轻灵圆活，大松大软。“太极之武事，外操柔软，内含坚刚，而求柔软之于外。

久而久之，自得内里之坚刚。非有心之坚刚，实有心之柔软也。所难者，内要含蓄坚刚而不外施，始终柔软而迎敌，以柔软而应坚刚，使坚刚尽化乌有矣。”[1] 由此可以看出，修炼内功，首先要修炼放松。松，是内功太极拳最基本的要求。松与不松，真松还是假松，一般的松，还是彻底的大松大软，是衡量太极内功修炼的重要尺度，也是内功太极拳与其他拳的最显著的区别，也是杨式太极拳最突出的特点。一分松，一分功，练到周身松的一无所有是真功。如果有一点不松，一节不松，练到老仍是不通。诚如杨澄甫所说，“一个‘松’字，最为难能，如果真能松净，余者末事而。”也只有在松的状态下，打起拳来才能做到“轻灵圆活”。在推手时才能“人不知我，我独知人。”

（三）用意不用力。

它与放松一样，也是杨式内功太极拳的基本特点。王宗岳的《太极拳谱》一文中，明确指出“稍一用力，即落旁门。”内功太极拳就是要找“不用力”的气势，练“不用力”的功夫，进而练就神意气为主使的大力神功。极柔软，然后极坚刚的内功太极拳。

（四）内外相合，上下相随。

打拳要在松、稳、慢、匀的基础上，做到内外相合，上下相随，追求一个“整”字。所谓“内外相合”是指在练拳中，要内气与外形相互配合。《拳论》讲“以意导气，以气运身。”内气与外形动作要配合一致，每招每式都必须先运内气，而后动形，即先运后动。运而知，动而觉，形成内外协调的动作。如果只在外形上下功夫，不注意内气的协调配合，内功是不会增强的。所谓“上下相随”是指在“内外相合”的条件下，一招一式，上下相互跟随，相互照应。手随身动，步随身换，上下一体，四肢配合，一线贯穿，仍然强调一个“整”字。如果没有“内与外”相合的“整”就不是内功。在盘拳时，动静咸宜，一动无有不动，一静无有不静。

（五）虚实分明，阴阳相济。

当拳路记熟以后，在盘拳过程中，一定要认真品味虚实的变化。如果不把虚实搞清楚，弄明白，练熟练，就永远也练不出真正太极内功。左实右虚，右实左虚。分虚实，首先，“内”体现在意念上，“外”体现在肢体（重点在腿脚）上，只有腿脚的虚实分清楚，全身虚实才能分清楚。分清虚实，是内功太极拳训练的重要一环，也是实际应用的标尺。只有腿脚的虚实分清楚，才能带动手臂的虚实。这里须要特别注意的是，虚并不是完全没有，实也不是完全站死。阴中有阳，阳中有阴，阴极则生阳，阳极则生阴，阴阳相济。我们看一下太极图，为什么虚中有一点实，实中有一点虚 就说明了虚实的辩证关系。只有虚实分明，才能内外相合，上下相随。气顺劲整才能练出太极内功。否则，虚实不分，就形成双重之病，就会落入旁门，谬之千里。

思考：

1. 太极拳的发展经历了哪几个阶段？其主要代表人物是谁？

2. 杨式太极拳的特点有哪些？

第三节　内功太极拳的概念和特点

一、什么是内功太极拳

什么是“内功”？是指在主观意识的引导下，修炼自身内在的元气，和内在的精神气质的一种练功方法。

什么是太极拳？太极最早出自《周易·系辞上》：“易有太极，是生两仪。”指万物发生的初始状态。在太极拳中特指运化的开始。“拳”是指太极拳的手法与身法的总称。

内功太极拳它包括以下几个特征：

（1）是在意识（意念）引导下，周身放松的一种运动；

（2）是修炼人体内的元气（指腰、丹田和神经），以练内为主；

（3）是内里与外形动作的高度协调一致；

（4）必须是先运后动。

首先，意念是人的思维意识。思维决定意识，意识决定行为，所以意念是心、脑的一种运动形式。在练功时，必须在主观意识的引导下进行，也即内功太极拳广义的“意”。只有通过长期有意识的系统训练，才能把人的先天之气和后天之气练出来。所谓“练出来”就是变成自然下意识的行动。将人们多年习惯肢体的活动，形成一种全新的内里的元气运转，从而产生一种新的劲道。诚如李和生大师在《太极内功解秘》一书中所说的：“开发人的第二系统。”

其次，必须在全身放松的状态下进行训练。所谓“放松”就是没有心理压力的意识。在充分放松的状态下，使心脑得到清醒和休息，人的精力集中守住（想着）练功的部位。只有经常的想它、练它，慢慢就会在意念的带动下，运转自如。再次，内里的运动，必须与形体的动作配合的高度协调一致。内里是指人身体的经络组织，内功太极拳，就是专指训练人体内的经络组织而言的。把人体内的经络组织，练的活动自如，并且与外形的动作协调一致，方为内功。如果体内的经络练活了，与外形的动作不一致，仍不能说是内功练出来了。最后，必须是先运而后动。否则，就不是内功，而是外家拳的肢体动作了。

二、为什么要先运而后动

何为运？指旋转，循序移动的意思。“要想还我固有，非乃武无以寻运动之根由。非乃文无以得知觉之本原。是乃运动而知觉也。夫，运而知，动而觉；不运不觉，不动不知。运极则为动，觉盛则为知。动知者易，运觉者难。先求自己知觉运动得之于身，自能知人。若先求知人，恐失于自己。不可不知此理也。”[2]内功太极拳的训练，就是先求知己，只有知己，知彼也就容易了。内功太极拳是以修炼意念为第一要素的。其移动程序是：首先，意念想着腰。其次，腰随意旋转移动。再其次，四肢随腰移动。先运，好比是将发动机启动起来一样。很多练习内功太极拳的人，对于先运后动的练功方法，并没有引起高度重视。真正理解和掌握，在盘拳或与人推手时总是身体先动，而失去了内功太极拳的真义。况且，先运后动如果没有掌握，也就不可能做到内外相合。也就不可能真正做到听、拿、问等诸方法，当然也就很难做到沾、连、粘、随的懂劲功夫了。

思考：

1. 内功太极拳的概念是什么？其特征有哪些？
2. 为什么内功太极拳要先运后动？

第四节 内功太极拳的研习方向

一、什么是内功太极拳研究的对象

对象，或称方向，是指与内功太极拳相关联的事物。这里是指内功太极拳研究的是什么。内功太极拳，是以人的神意气为主要内容的一种训练。要想练好内功，必须首先明白神意气的概念。只有把这些抽象的概念具体化，人身化，对于指导练功，提高训练水平是大有益处的。

什么是内功太极拳的神、意、气？神意气，是太极拳惯用名词。广义的“神”是指人的精神状态和一种气势，及全身内外的协调能力。“神者，形之用。”狭义的神，即神经。是指人体内传达知觉和运动的组织。“意”是指人的大脑的思维活动及身体功能指挥中枢。“气”没有一定的形状体积，能自由流动的精微物质。这里是指构成人的生命，所不能缺少的先天和后天之气息。在人体上特指丹田和肾脏。

二、了解内功太极拳研究的对象，对于练功有什么作用

简单的知道了神意气的概念，那么，我们如何去研究它呢？这也是许多太极拳爱好者，不遗余力，穷尽一生去研究的重大课题。太极先哲在太极拳的各种讲义或论著中，都对神、意、气做了许多注释，但留给人们的总是非常抽象，玄而又玄的印象。至今也没有任何一部论著，就太极拳的神意气作一详细具体明确地讲述。总是遮遮掩掩，或讲的神乎其神，这无疑给内功太极拳爱好者设置了障碍，使内功太极拳的研究走入歧途。只有内功太极拳大师李和生先生，以其渊博的武学修养，冲破了门户之见，将内功太极拳的真正面目公布于众。第一次讲出了神意气为何物，给众多太极拳爱好者的研究指明了方向，并提出了“三年一小成，五年一大成”的口号。它激励了众多太极拳爱好者，为了发扬中华传统武学文化而努力钻研，给内功太极拳的发展提供了真实依据。

内功太极拳研究是一项极其枯燥的，研究者必须具备了一定的条件才能进行研究。并不是凭一股热情，必须得到真正明白内功太极拳人的口传身授，并正确的掌握了内功太极拳修炼方法的人，而且还要不断的在习练中去研究去悟，才能真正的研究明白。“太极十年不出门”，是有其根据的。

思考：

1. 内功太极拳研究的对象是什么？
2. 了解内功太极拳研究的对象有什么意义？

第五节　练习内功太极拳的目的和方法

一、练习内功太极拳目的

练习内功太极拳的目的有二：一是健身养生；二是技击防身。

（一）内功太极拳在养生方面的作用

首次提出练功养生理念的是从太极拳开始的。“人身如机器，久不磨而生锈，生锈而气血滞，多生流弊。故人欲锻炼身体者，必先练太极拳最相宜。太极拳练法，以心行气，不用拙力，纯任自然。筋骨鲜折屈之苦，皮肤无磋磨之痛。气沉丹田，气能入丹田，丹田为气总机关，由此分运四体百骸，以气周流全身，意到气至。”[3]对养生的人来说，练内功太极拳是其他任何一项体育锻炼所不能相比的。内功太极拳作为运动项目，它可以锻炼身心，振奋精神。人之运动，犹如“流水不腐，户枢不蠹。”内功太极拳讲究的静、稳、慢、匀，大松大软。练内功太极拳必须先静心，心静而能使大脑得到休息，在心无杂念的状态下，一招一式，稳而慢。只有稳稳当当，缓慢运式，才能用意念去引导人体内的机理功能。慢而后才能柔，匀而后才能和，能柔和，则筋骨舒展，气血调和，呼吸由此深长，精神才能焕发。所以，即使年老体弱及身患疾病者，都可以择而习之。内功太极拳养生的功效，就在于能弥补先天之不足，及后天之亏损。如果在青少年时就从事练习，持续不断，加之明人指导，则可终身受益。尤其是工作、学习、生活压力大的时候，应该习练内功太极拳，它可以解除人的紧张心理压力。之所以提倡从青少年练起，因为青少年精力充沛，肢体动作习惯和意识还不顽固，如能下一番苦功，成就较快。至壮年时，则体力强健，身无病患，晚年愈觉神旺气足，举动轻灵，决无腰酸背痛，精神萎靡，伛偻跛足，气促呻吟等病象。这就像货币储蓄，年轻时能惜身锻炼，有如平日善于积蓄，年老时就可以享用。如果平时不事积蓄，危急时便无从支配。世人不明此理者甚众。又如，有相当多的人认为："内功太极拳慢慢悠悠的，是老年人练的，练长跑，游泳，或其他拳种，比内功太极拳更加锻炼身体。"殊不知，除内功拳以外，其他体育项目练就的是肢体、关节，或心、肺的功能。而内功太极拳练的是人的先天之气和后天之气（即人的肾和丹田），及五脏六腑都能得到锻炼。而这种锻炼是在意念引导下，积极主动的训练，和其他的训练是截然不同的。内功太极拳的基本训练，是练人的两个肾脏，通过肾脏外面的两条背肌的锻炼，强化肾脏功能。练好肾脏对其他脏腑器官也大有好处。人的生命活动，就是靠内脏间的密切联系，构成了人体生理功能的整体性。这些内脏器官虽然各有其不同的生理作用，但彼此之间又是互相联系、互相依存、互相制约、互相促进的。

（二）内功太极拳在推手技击方面的作用

内功太极拳训练的是人体的精气神，也称神意气，只是谓称不同而已。通过系统的训练，将人的先天之气与后天之气及人的神经系统，在意识的调控下，变为人的下意识的习惯，从而克服或抑制人们后天养成的习惯性肢体用力。肢体用力，称之为拙力，拙力受自身的遗传基因及后天营养的制约。正如王宗岳所说："是皆先天自然之能，非关学力而有为也"。内功太极拳通过神意气的训练，使身体练得虚灵、松空，让先天的无意之意即"元神"发挥作用。把这种潜能训练激发出来之后，由神意气化合生成一种新的物质"能量流"也称作"内劲"。这种内劲的外表特征是：周身一家的整体劲。这种内劲能产生人自身体重3～5倍以上的力量。这种劲在发放时如迅雷不及掩耳，令对方惊心动魄，不知所措，全然不知。从推手的角度来看，只要双方一有手的接触，必须让对方感到空、摸不着，彼手刚触我皮毛，我之内气已灌入彼身上。内功发人是靠意念驱使的一种内气，并不是用手去推或顶撞，意念一动就到。对方既没有准备时间，也没有躲闪的空隙，更没有还手的机会。内气发放直透人的内脏，使人心惊胆战。用意不用力，"稍一用力既落旁门。"要想不用力摧毁对方重心，就要做到松柔自如，以静制动，让对方摸不着，有力使不出来，要做到"舍己从人"让对方攻进来，自己要松，利用沾粘连随，虚领顶劲的功夫，将其化开，然后用意引领内气，攻其一点，对方必败无疑。

内功在技击中的作用是非常明现的，如果对方来攻时，将内劲一运，双方刚一接触，就会将对方弹出。但要注意：万不可击人的前胸后背，以免致人重伤。用内劲技击，对方却浑然不知。一不知是哪里打的。二来不及躲闪。三是不知什么时候打的，无法反抗。

总之，无论是养生或是技击防身，内功太极拳会给你带来意想不到的收获。有多少武术拳家，习练一生，苦苦钻研，而不得其要领，到最后功夫枉然遗叹惜。俗语说："练武不练功，到老一场空。"这里的"功"就是指内功。为什么说内功太极拳是中华武学的最高境界？就是因为它内外兼修，贵在涵养。

二、内功太极拳研究的方法

内功太极拳研究的方法有二：（1）理论研究法。（2）体练研究法。本书以体练研究为主。

体练研究法，是以杨式内功太极拳（老六路），为其研究对象的一种练功方法。包括：太极拳的各种桩法，身法套路，三步功法（腰、丹田、意念）等。

思考：

1. 内功太极拳研究的目的是什么？
2. 内功太极拳对于人体健康有什么作用？
3. 内功太极拳研究的方法有哪些？

第六节　内功太极拳的训练程序

“十年太极不出门”。足以说明练习内功太极拳是长期的、持久的，绝不是一年半载、三年五年就能获得成功的，不论是养生还是为了练功都是如此。所以，习练者必须树立坚定的信心，专心致志，持之以恒，不怠学，不贪多，不越级，到最后必将有所成就。

一、学习内功太极拳，必须遵循一定的程序，循序渐进

首先，内功太极拳与其他武术拳种一样，也是武术。入门必须从练式子开始（俗称盘架子），并结合练习马步站桩、川步桩、无极桩功等。作为基本功，必须长时间地坚持练习，而且要勤学苦练。如果单为养生，也要练站无极桩。无极桩是练习内功太极拳的基础，如果不站无极桩，意念就无从练起。川字桩，是进行练架子的基本步法，如果川字桩练的不熟，在盘拳走架时，就会分不清虚实，也就无法进行虚实转换，进而影响气的运行和应用。其次，桩功，是内功太极拳进行修炼的基本步法。如果桩功站得不规范，练得不熟练，在盘拳时必然会出现关节僵等毛病。那样，在运气之时就不能做到松净、发透。所以，不论是养生或是练功夫，必须对桩功引起足够的重视。

杨式太极拳分为大、中、小架之分。大架求姿势开展，适于养生，为杨澄浦所授。中架子求各式动作不偏不倚，使内劲不至于过头，并且绵绵不断，始终如一。而且中架最适合人体的自然、顺随，有利于内劲的发放，为杨健侯所授。小架子求各式紧凑，动作灵敏而迅速，每一招式讲究发寸劲，进退步子很小，手与腰腿尤须合而一致，为杨少侯所授。

学习内功太极拳，费时甚久，决非一年半载所能成就。初学之时，每日只能学习三、两个动作，不可过多，多则姿势既不能准确，也易入于油滑之途，有失内功太极拳的真义，日后再改时费时、费力，又不容易纠正。俗话说：“学拳容易，改拳难。”除忌求速成外，也忌用力。所谓求

"速成而伤气"，无力"用力而伤血"。若气血两伤则危矣！练非得法，就是每天练数遍，也无效可言，在此情况下，下的功夫越大，而离道愈远矣！反之，如练之得法，虽练一招一式，也能得其益处。

二、练习内功太极拳须注意的事项

练功之时要求：舌抵上腭，唇齿微合，用鼻呼吸，身体中正，沉肩坠肘，头正悬尾，尾闾收住，上下相随一致。落步分虚实，处处求圆满，眼神视手的前方，呼吸全凭自然，上下左右相系，阴阳刚柔分清，内外相合，静心敛神，无思无虑，去除各种杂念。每招每式求其外形顺随、舒适，毫不僵硬。如此自能胸膈开展，血气调和，对于身心大有益处。否则，气隔胸隔，浮而不定，（俗称憋气）不仅得不到益处，反而会由此引出疾病。

练习拳架子，犹如练习写字，次数多了则字写得就工整。又如临帖，临摹次数愈多，则字体愈佳。每次练拳最好连续打二遍，因为第一遍练习，仅是舒展筋骨而已，第二遍才能增进功力。练拳时间，最好每天能练二次以上。即于清晨起床后，洗漱完毕，喝一杯温水。晚上饭后一小时以后，各练一次，每次练习均在一个半至两个小时为宜。每次练习，一定要均匀，不可先慢后快，或先快后慢。因为只有慢，才能挂上腰，才能感悟上下相随，内外相合。更不可有缺陷、凸凹、断续之处。只有匀，才能式式贯穿，只有式式贯穿，连绵不断，才称之为"长拳"。不可理解为胳膊腿伸长之意。如果将腰的练法掌握了，松的概念弄清楚了，练到纯熟，呼吸自然，内外能合一，精气神就能显露出来了。在此基础上，可将全套拳用左式（即：反式）来盘。如果能将全套左式架子练至如同右式那样，绵绵不断，则功力更进一层。因左右均能应用，就无偏重之弊，这一点欲求真功者，不可不知。至于定步推手、散手、器械等，最好待内功真正练出来时，再练为好，免得滑入肢体动作，而影响功力的进展。总之，练习内功太极拳需徐徐渐进，才能成就，否则，真功难成。

练习内功太极拳之初，身体会有不适反应，比如全身无力，或手足发酸等，这些都是生理上的反应，不妨碍练功。这是身体中新陈相替的关系，不足为虑。只需每天多休息一会，过几天后这种现象就会消失，而且精力会比以前更充沛。此外，还有其他现象；如胃口大开等，这是因为练功使体内消耗增多，并且需要补过去所亏。但等到身体内部气份养足，亏者业已补全，则气血调和，就没有上述现象了。其食量也恢复和以前一样，即所谓“气足不思食。”

嗜睡也是练功的反应之一。初学者多贪睡眠，每天要睡八、九个小时，这是内部血行较快，身体疲乏的缘故。必须有较长时间休息，才能恢复全身精神。练功日久之后，这一现象也会自行消失，恢复常态。练至功深时，就不需要长时间的睡眠，每日只需五六个小时睡眠就足够了，即所谓“神足不思眠。”

对于初练内功太极拳的人来说，呼吸要特别注意，务必自然，不要注意气的运用，以免造成气滞。行功心解说：“以心行气，务令沉着，乃能收敛入骨。以气运身，务令顺遂，乃能便利从心。”这里的气，指练的先天之气和后天之气，也包括人的呼吸之气，要求的是“自然”。又说：“气以直养而无害。”这里的直养，乃作自然解，都是强调自然。“全身意在精神，不在气，在气则滞。”指的是呼吸之气。所以，初练者，不可故意将气下沉至丹田。在练到一定程度之后，口中舌下自有津液涌出，谓之“华池之水，养生之甘露。”要下咽入腹，身体内感觉很舒服，不要吐出。这是内功的借阴补阳之道，习者不可不知。

另外，习练内功太极拳，会给身体重量及体形带来一些变化，也要了解。一般凡瘦弱者，一年后能稍增加体重，体格变的健壮，这是由气虚变为充实。而肥胖者则瘦削，体重减轻，经过若干时期后，又变得健壮。这是由虚胖变为结实。内功太极拳的养生，实能使人体内外进行改良。

练拳时要注意：饭后不可马上练习，练后也不可马上进食，须间隔半小时以上。精力疲倦时，也不可练。练功后，不可马上用脑。否则，都易伤到神，致使头痛。收功后，忌暴饮，更忌马上吃瓜果生冷等食物。练后，不宜解衣迎风，或用冷水冲凉，衣若汗湿，就需更换。在脉搏还未恢复常态前，不要立即坐卧，必须散步数圈，否则，会有血气上升，发生头昏目眩等。要注意适当休息，使消耗的体力得以恢复，练功要留有余兴，对身体的养生，是大有好处的。所以，练功者，最忌晚睡晚起。

三、内功太极拳桩腿功的练习

拳术，不论何门何派，都必须要求腰腿灵活一致，虚实分明，站步稳当，而无浮飘之弊，内功太极拳更是如此。腰功在后面章节中有详细论述，这里主要讲述桩腿功。每一位习练者如想真正练成太极内功，就必须要进行腿上功夫的基本练习。如：压腿、遛腿、扳腿、各种桩的专门练习，使腰腿柔顺灵活，稳实有力。有的人认为，练内功太极拳无须练习腿功等入门的基础，这种说法值得商榷。如果单纯为了养生，则无须进行腿功的基本练习。

考查前辈练内功太极拳者，在练拳之初，必先习练马步站桩、川步站桩等，这样使腰腿稳实有劲，再由挪捋挤按等单式，一一练到腿脚一致，前进，后退，闪避，升降随心所欲，然后在学练拳架子。而现今练习者，多走捷径，不愿下苦功夫去练这些基本功，致使收获平平，也就不足为怪了。

思考：

1. 为什么练习内功太极拳要遵循一定的程序？
2. 在练功过程中要注意哪些事项？
3. 腿功的练习对内功太极拳有什么作用？

注释：

［1］（清代）杨氏：传抄老谱（二）太极武事解//王宗岳．沈寿点校．太极拳谱．第149页。

［2］（清代）杨氏：沈寿点校，传抄老谱（一）固有分明法完整书名//王宗岳．沈寿点校．太极拳谱．第116页。

［3］（清代）杨氏：沈寿点校，传抄老谱（四）大小太极解完整书名//王宗岳．沈寿点校．第196页。

第二章

内功太极拳的基本步法——桩功

内功太极拳的桩功，主要有无极桩功、川字桩功、马步桩功、弓步桩等。这几种桩功，对于内功太极拳来说，非常重要。换句话说，如果这几种桩功练的不好，直接影响内功的训练质量和速度。所以，本文专门就几种桩功，予以阐述。

第一节　无极桩功

一、什么是无极

《太极拳论》："太极者，无极而生，动静之机，阴阳之母也。""极"顶端：最高、尽头、之意。"无"没有之意。"无极"就是没有限度，没有尽头的意思。

无极的概念：

（1）是指修炼内功太极拳时的一种状态。即太极的阴阳相合，高度平衡状态。此时无棱角，无虚实，混元一气。所谓"体无虚实阴阳之分，无上下南北之感。"阴阳不分为无极。

（2）指具体的修炼方法。它是一种外形不动，而专修内的过程。

其特征：

（1）外形处于静止状态。站立，或坐卧；（2）思想没有丝毫杂念。

二、什么是桩

内功太极拳的桩，是指身体保持一定的姿势，神意保持一定的状态，静止站立的一种练习方法。

三、什么是无极桩

是指在修炼内功时，身体站立，保持一定的姿势，意无杂念，专心静守的一种练功方法。其要求是：两脚平行分开，与肩同宽，脊柱松直，头微上顶，下额微内含，唇齿微闭，舌尖轻抵上腭，含胸松腹，两臂自然下垂，掌心向内，贴近股骨外侧。收臀松胯，微闭双目，神采内敛，重心在脚上。摒除一切杂念，有虚、静、松、空的感觉。

四、无极桩功的作用

无极乃太极之始，站好无极桩，可始身体内外加速放松，培养体内的元气，疏通经络，扶助正气，调节阴阳，增强人体健康，训练人的思维（意念）。也就是说，无极桩站的质量如何，是关系到内功太极拳的“意”的训练。意念如果训练不出来，最终太极内功的意念驱使，就无从谈起。所以，无极桩具有以下三个作用：

（1）练意的作用；（2）练气的作用；（3）练松的作用。

（一）什么是内功太极拳的意？

即人的大脑思维过程。

它有如下特征：（1）人的大脑的一种思维；（2）抽象的；（3）支配人的行为。内功太极拳的意，在内功修炼过程中，具有根本的基础作用。人的大脑细胞是非常活跃的，如果不通过系统的长时间训练，是不可能调动起来的，周身一些与内功太极拳相关联的部位，也就不能驱使内气运行。

（二）什么是内功太极拳的松？

是指在练功过程中，解除心理压力，不紧张。

它有两个含义：（1）不紧张，解除心理压力；（2）放下的意思。例如：把腰松开，即为此意。

（三）什么是内功太极拳的气？

这里的气是指人体具有某种功能的精微物质。如人体的元气（也称真气）。

它具有无形无象之特性。所以，练好内功太极拳，首先从站好无极桩开始。就是养生，也要站无极桩。它可以使人的心脏、大脑，在松、静的状态下，得到休息。太极先辈们总结："站一遍无极桩，等于打十遍太极拳"。尽管有些夸张，但足以证明它的重要性。这一点应该引起习练者的足够重视。

五、无极桩的训练程序

（1）意念放松：两膝微屈，与涌泉穴垂直，抬左脚平行拉开，与肩同宽，两臂自然下垂，掌心贴近股骨外侧，手中指指尖靠近风市穴。头顶正直，舌抵上腭，下额微收，两眼微闭，唇齿微合，自然呼吸。

（2）默念歌诀：虚空辽阔，物我两忘，思不染丝，静待气机，丹田涌动，自现自灭。

（3）调吸：即深呼吸。吸气意念想命门，（位于第二腰椎棘突下）呼气意念到丹田。（位于肚脐下约 1.5 寸的部位）顺两腿里侧，至两脚的大脚趾。此为一息，共做三息，然后自然呼吸一分钟。

（4）数骨节：用意念把骨节对拉抻开。先从左手的食指开始，（女士从右手开始）第一节对拉抻开，一呼一吸抻一节。顺序是：食指、中指、无名指、小指、然后大拇指、小臂、大臂。完毕之后，在从左脚的大脚拇趾开始，（女士从右脚）依顺序至小脚趾。在从踝骨至膝关节，至胯关节。然后由百会，至玉枕，至颈椎，胸椎，腰椎至尾闾，一节一节抻开。运气之法与此相同，只不过是运的穴位。又分为顺时运行和逆时运行法两种。此为小周天。

（5）默背第二篇歌诀：骨节一松气自通，周身一转暖融融，人言我呆我即呆，缚虎擒龙我为公。然后，自然呼吸，任肌肉自然反搏，任内气自然流动，一分钟。然后行气大周天。先由左脚底涌泉穴，走腿、手臂外侧至百会。再由百会，经右手臂、腿至右脚涌泉穴，（女士则先从右开始）周而复始四十九次。然后自然呼吸一分钟收功。每次约站半小时以上为宜（见图2－1、2－2）。

图2－1

图2－2

六、静力桩

（一）太极抱球桩

太极抱球桩，是练丹田时所训练的桩。它的训练规范是：两脚平行拉开，与肩同宽，两膝微屈，两手臂上抬，手心向内，十指相对，对正小腹，如抱球状（见图2－3、2－4）。两眼微闭，舌抵上腭，两手劳宫穴，对丹田穴，意念牢守丹田穴，自然呼吸。每次站半个小时为宜。

（二）虚引手

两脚开立，与肩同宽，两臂自然下垂，两掌心贴近股骨外侧，手中指指尖贴风市穴，头顶正直，舌抵上腭，两眼平视，下额微收，两膝微屈。

用意念引领丹田上提，随将右脚提起，向前迈出一步，脚掌平行着地，身体微后倚，重心在左腿上。用意念引领丹田，随将右手向前上方伸出，掌心向下，手指斜指前上方，高与眼眶略平，肘微沉，自手到肩成下弧形。全身放松，意念牢守丹田，眼神关注右手指及远处一个固定目标，每次最少站十五分钟为宜（见图2－5、2－6）。

图2－3

图2－4

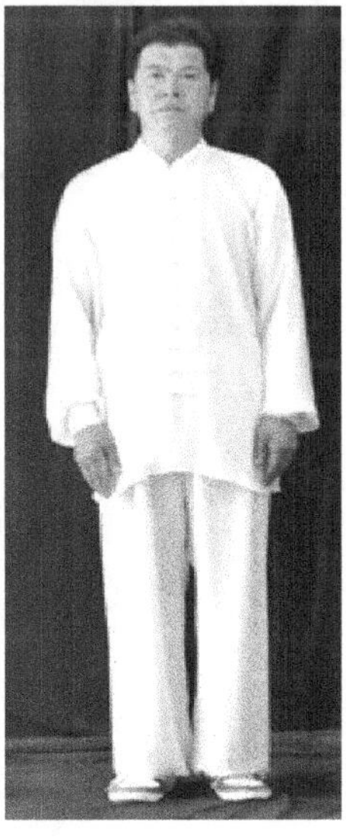

图2－5

图2－6

（三）动力桩（狮子滚绣球）

两脚开立，两腿屈膝35°，略宽于肩，两手抱球于胸腹前，两手指微屈成莲花掌，掌心相对，两手在意念及腰脊引导下，先向左转体滚动二十次，再向右转体滚动二十次，完毕。向前迈右脚，向前自后滚动二十次。在换左脚滚动二十次（练二步功可用丹田，三步功用神经）。

两掌除左右滚动外，还要上下滚动，前后滚动。在滚动时，意念一定要牢守腰肌，否则，就做成了肢体两臂滚动了（见图2－7、8、9）。

图2－7

图2－8

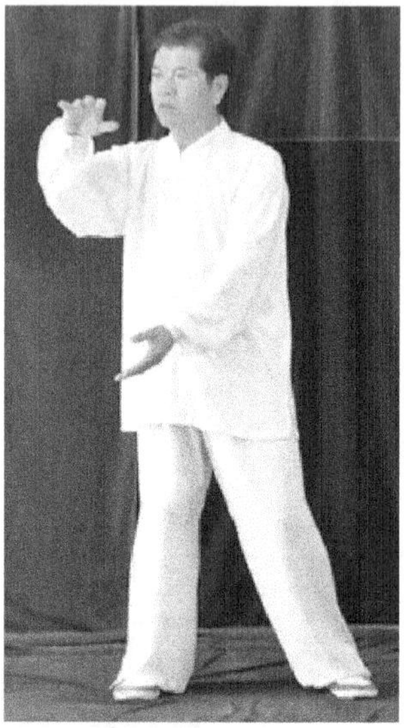

图2－9

思考：

1. 什么是无极桩？
2. 站无极桩有什么作用？

第二节　马步桩、川字桩、踩腿、弓步桩的练习

一、马步桩

马步桩是内功太极拳的基本桩法之一。因其形状像骑马的样子，故称之为马步桩。练马步桩，可使下部扎实、稳固，不至于飘浮。盘拳或推手时就可以做到腿部屈伸自如，可以避免俯、仰之弊。

图 2－10

（1）两脚平行分开，略比肩宽，身体下蹲，两膝微屈 35°，重心落于两腿上；两臂上抬弯曲，双手向前，掌心相对，如抱球状，眼神余光目视手掌（见图 2－10）。

（2）接上式，吸气，贴于背肌，身体随之略微上升。同时，两手外开掤；呼气，沉于丹田，身体随之略微下降，两手里合，掌心向下，眼神余光目视两手掌。

动作时，上身正直，悬顶松腰，胸微含，尾闾中正，沉肩坠肘，敛气凝神，用鼻自然呼吸，舌抵上腭，两手随呼吸，一开一合。初学时，每次练习，只需五分钟，以后逐渐延长，习练日久，身体下部，变得稳实有力，周身四肢，内劲都会增加，丹田之气也随之变得充足。

二、川字桩

内功太极拳桩法之一。因其形如汉字的“川”字，而故名。

（一）*右式*

身体立正，微下蹲，右脚向前迈出半步，脚跟部着地，脚掌轻着地面，如履薄冰之感，屈左腿，身往下沉，重心大部分落于左腿；两臂略

弯，双手向前上方平伸，沉肩坠肘，手指微屈，分开向上，右手在前上方，左手在后下方，略近胸前，掌心斜相对，如手挥琵琶状，目视前方（见图2－11）。

（二）左式

动作同右式，唯左手、左足在前（见图2－12）。

练此桩时，两脚尖前后距离保持约一尺至一尺二左右，（根据高矮不同而适宜）不要过近或过远。上体正直，臀部不要突出，含胸拔背，尾闾中正，顶头悬，眼神视手的前方。心无杂念，吸气贴至背肌，（想着腰）呼气沉于丹田（想着丹田），上身与下身要协调一致。做到六合。即：手与脚合、肘与膝合、肩与胯合，即外三合。而心与意合、意与气合、气与力合，即内三合，周身放松，力求自然，要自然呼吸。

练习川字桩，对于虚实的互换至关重要。虚不是全虚，实不是全实。孤阴不生，独阳不长。实中有虚，虚中寓实。对于腰腿功夫的长进也大有好处。同时，通过呼吸，想着腰和丹田，对意念也进行了训练。时间不拘长短，以能自己适应为度。贵在持之以恒，初练者，必先坚持二至三年为宜。

图2－11

图2－12

三、踩腿

内功太极拳的腿法之一。此功除可使周身四肢动作协调一致外，还可使腰腿有坐劲。而缺乏这种功力，如欲以腿攻击，一脚未起，自己的根却已浮动。因此，如欲练功者，此功法不可不练。从技击的角度讲，踩腿比踢腿更为凶猛，踢腿用足尖或足缘踢人，而踩腿是用脚心踩踏，被踩即伤。太极拳中多用此种腿法，为避免伤人，不可用之。但作为增强腿部功力的训练手段，却不可忽视。

（1）右式踩腿：身体立正，两手上抬，右手经胸前，向右后下弧形引拿，掌心向下；左手掌前伸，撩闪人的面部。两手臂弯曲，不要伸直；同时，右腿抬起，用右脚掌心向前下方踩。做此动作时，身体略含下蹲，双手同时前后分开，左膝弯曲35°，重心落于左腿，眼神目视前方（见图2－13）。

（2）左式踩腿：左式与右式动作相同。唯踩时左手做引拿动作，右掌向前伸，撩闪人的面部；左脚掌心同时向前下踩，右膝弯曲35°，重心落于右腿，眼神目视前方（见图2－14）。

图2－13

图2－14

做此动作时，要含胸，尾闾中正，气沉丹田，松腰胯，手的引拿要与脚的踩踏协调一致。

此功练习，可以左右同时进行，时间视自己的承受力而定，坚持不辍，功力必能大进。

四、弓步桩

弓步桩是内功太极拳的基本步法之一。此功步法在内功太极拳的训练中尤为重要，如果弓步做得不规范，不论是盘拳或是推手，就会虚实转换不灵，内劲就无法透出。内功太极拳中的五步，（即八门五步，简称十三式中的五步）就是由弓步的虚实互换而来的，习练者应该重视弓步的练习。

（1）右弓步：身体立正，向下微蹲，双膝微屈，膝尖以不超过脚趾尖为度。提右膝，出右腿向前伸步，右脚掌平行，如履薄冰落于地面，身体重心略微前移，小腿垂直，左腿自然微屈，前脚尖与后脚尖垂直距离约1.2尺为宜。抬右手臂，向前上方平伸，掌心斜向前，指尖斜指前上方，高与额平，肘部弯曲，右腿承担重量的十分之六，左腿承担重量的十分之四。下额微收，头顶悬，身放松，舌抵上腭，用鼻呼吸，眼神注视前方（见图2－15）。

图2－15

（2）左弓步：右手臂回收，垂于右胯侧，重心前移，左脚后跟轻轻抬起，向前迈步，脚掌平行，如履薄冰，轻轻落地，重心落于右腿，右腿保持原有姿势不变；重心微前移，左小腿垂直，后腿自然微屈，前脚尖与后脚尖垂直距离约1.2尺为宜。抬左手臂，向前上方平伸，掌心斜向前，指尖斜指前上方，高与额平，肘微弯曲，左腿承担重量的十分之六，右腿承担重量的十分之四。下额微收，头顶悬，周身放松，舌抵上腭，用鼻呼吸，眼神注视前方（见图2－16）。

图2－16

练习弓步，宜可连续进行，上身要端正，周身放松，尾闾中正，自然呼吸，久练之后，自然熟悉，对虚实互换，进退就自然了，随呼吸身体自然升降，对于向外透劲很有益处。

思考：

1. 各种桩功的练习对内功太极拳有什么作用？

2. 弓步桩在内功太极拳的训练中有什么作用？

第三章

内功太极拳的基本要领——身法

第一节 内功太极拳身法的概念与作用

一、什么是内功太极拳的身法

内功太极拳的身法，是指在练习内功太极拳过程中，必须遵守的基本训练要领，称之为身法。它有以下特征：（1）必须是外在的一种表现形式。（2）这种外在形式必须是与修内紧密相关的。（3）必须遵守一定的标准。也就是说，练习内功太极拳必须遵守的基本标准。即：虚灵顶悬，沉肩坠肘，含胸拔背，松腰松胯，扣膝掩裆，收臀。明确了身法的概念和特征，对于内功太极拳的训练，具有重大的作用。

二、身法对学习内功太极拳的作用

（1）身法是引领内气运行的载体。身法必须由内气的驱动而变动。练习盘架子时，对于身体外形姿势，一定要按照内功太极拳的训练要求，认真模仿练习，力求准确。拳谱中对身法的要求，是习练内功太极拳身法的基本要求。必须对身法要求的标准，进行认真领会，才能在盘拳时做到“虚领顶劲，尾闾中正。”如果周身僵硬，内气在体内就无法生成，身法不准确，就不能引领内气向外运行和发劲。

（2）内气必须由身法来寻找路径，内气是身法变换的原动力。在盘架子时，无论是掤捋挤按，还是採挒肘靠。或是进退顾盼定，其身体运转的姿态是不同的，要想每个动作都有充分的劲道，必须由内气作后盾。而内气的运行，必须由身法引领通道。反过来，身法的变换必须以内气为动力，否则，就是肢体动作，转换不灵活。

第二节　内功太极拳身法的要求

一、身法的要求内容

身法包括手法和步法两个方面。手法，是指在内气的引领下，所做的各式动作。如：掌、勾手、松拳等。内功太极拳里的掤、捋、挤、按，踩、挒、肘、靠，讲述的就是手法与身法的运用。步法，是指在内气的引使下，所进行的各式动作。如：分脚、踢脚、蹬脚等。进、退、顾、盼、定，讲述的是身法与步法的运用。内功太极拳对身法的总体要求是：内外相合，上下相随，一动无有不动。要做到：根于脚，发于腿，主宰于腰，行于手指。动作由脚、而腿、而腰、而手，要上下相随，完整一气。如能做到完整一气，进退自然得机得势，若有一处不贯穿，不完整，则断。断，则旧力已尽，新力则无法生成，而最易为人所乘。武禹襄《太极拳谱》指出："无使有凸凹处，无使有断续处，无使有缺陷处。"这些都是在应用过程中，对身法的要求。要做到："一动无有不动，一静无有不静。"则无偏重、散乱之虞。

习练盘拳时，身法尤为重要。如果各种桩功练得不熟，就不能做到身法的要求，也就不可能做到周身放松。要想做到身法的要求，意念一定要放松，周身的骨节才能自然松开。做起来才能柔顺舒适，练拳时，不可憋气，四肢不可使僵力，头部不可偏侧与俯仰，切忌挺直。腰别扭动腿，腿别扭动腰，周身就顺遂了。

二、身法与内功训练的关系

从一定意义上说，内功太极拳练就的首先是身法，而身法的关键又在于步法。松的练习，首先就是柔韧性的练习，从养生健身的角度来说，内功太极拳也可以称之为柔软体操。所以，身法是与内功太极拳紧密联系，相辅相成的。首先，身法是修炼内功太极拳的基础。如果身法达不到内功太极拳训练的要求，就不可能在内功训练中，将神意气挂上，而神意气挂不上，也就谈不上内功，仍然是肢体动作。其次，身法是内功的载体。“人存四肢百骸，主于动，而实运以步。步者，乃一身之根基，运动之枢纽也！诸本身，所以为身之砥柱者，莫非步！随机应变，在于手；而所以为手之转移者，又在于步。进退反侧，非步何以作鼓动之机？阴阳虚实，非步何以示变化之妙？所谓观察在目，变化在心，而转化虚实，千变万化，不至穷迫者何？莫非步之司命！而要非勉强可至之也！动作出于无心，劲力出于不觉。身欲动，而步以为之周旋；手将动，而步亦早为之催迫。不期然而已然，莫之驱而若驱。所谓上欲动而下自随之，其斯之喟叹！步分前后。有定位者，步也；无定位者，亦步也！如前步进，而后步亦隧之，前后自有定位也；若前步作后步，后步作前步，更以前步作后步之前步，后步作前步之后步，前后亦自有定位矣。总之，拳以论势，而握要者，步也！活与不活在于步；灵与不灵亦在于步；步，为用之大矣哉”。[1]内功是以修内为主，内外兼修的一种练功方法，内气的运行、发放必须借助于身法。而身法训练的如何，又直接关系到内功训练的成果。以腰功为例，如果在练腰功时，习者肩、肘、胯、膝松的不符合训练要求，那么，腰就很难挂上，腰没有挂上，如何去谈练腰？怎么去谈松腰？所以，要想练好内功太极拳就必须重视身法的训练。反过来，身法又能促进内功的整合。这一点尤其要注意。

三、怎样修炼身法

（1）初学者要按照内功太极拳的要求，练好基本步法及桩法，基本步法包括太极步、川字步、弓步等，加强腿功的练习。然后逐渐在盘拳过程中，进一步加强身法的练习，才能一点点的达到内功太极拳的训练要求。所谓“顶头悬”之意，若如半空之悬物，目光虽向前平视，但要随身动而转移。神与意要展开，口要似闭非闭，用鼻自然呼吸，舌下之津，当随时咽入。

（2）身躯要中正，自然而不倚。这套杨式内功太极拳（老六路），是中架子。取意“中庸之道”，它所提倡的中正安舒，是要求练功者在自然、安静、舒适的状态下，练习内功。脊柱与尾闾要垂直而不偏，但绝不可僵硬。遇开合、虚实变化时，要含胸、转腰，不可佝偻肩或缩脖颈。

（3）两臂骨节均须松开，肩应下沉，谓之“沉肩坠肘”。肩不要端，肘应微屈，掌要微伸，手指微直。要求“似直非直，似屈非屈，”才能做到以意运气，以气贯指。日积月累，内劲通灵，其微妙自生。

（4）两腿放松分虚实。要做到松腰、松胯、松膝、松踝，才能迈步如猫行。重心移于左腿，则左腿实，而右腿谓之虚；重心移于右者，则右腿实，而左腿谓之虚。所谓虚，并不是空。“虚”，模糊之意。其势未断，而留有伸变之意。所谓实，非扎“死”，要稍有余劲。内功太极拳的转换、过式之步，两脚尖的垂直距离，以不超过 1.2 尺为宜，方为自然，而无强势之力，也有利于内劲的运化。否则，易进入强直而不稳，背离中正之势也。初练者，须加以注意。否则，日久难改，必流于滞板，下功虽深，而难得益致用矣。

总之，要做到，周身自然中正，含胸拔背，沉肩坠肘，分清虚实，上下相随，内外相合，用意不用力，方符合内功太极拳之道。

思考：

1. 内功太极拳对身法有哪些要求？

2. 身法与练内功太极拳有什么联系？

注释：

[1]（明代）陈王廷：拳经总歌//王宗岳．沈寿点校．太极拳谱．第 262 页。

第四章

内功太极拳的基本要求——松功

第一节　什么是内功太极拳的松功

一、松功的概念和特征

松功，顾名思义，是练习放松的功夫。松功是修炼内功太极拳的重要一环，也是内功太极拳的基本要求。

什么是“松”？即不紧张，解除思想压力的意思。

它有以下特征：

（1）必须是精神状态的彻底放松，无丝毫杂念干扰；（2）形体的舒展、柔和、顺随，肌内及各个关节处处松开；（3）五脏六腑不得有压迫之感；（4）行拳走架舒畅，圆润，沉稳，协调一致。

以上的松，仅作为练功时一般意义的形体与思想意识的放松。但还不够，真正的放松不仅包括以上内容，更重要的是所练的腰、丹田要松下来，才是真正意义上的松。如果腰或丹田及意念，不松下来，仍然是不完整的，也不算是真正的松。太极先辈们曾说：“真正能松通者，可谓凤毛麟角。”正因为如此，不少的太极拳爱好者，乃至专业研究人士，在“松”功面前产生困惑，到头来仍没有跨入太极之门。

二、修炼“太极松功”应注意的几个误区

内功太极拳无论是概念或标准，许多词汇是抽象的，以至在练功中出

现偏差，在实践中出现误区，概括起来有以下几个方面：

（1）从古至今对“太极松功”的传授，一直都是口传及自己领悟，并没有专门论述及形成一套完整的理论。流传下来的《太极拳谱》虽然有“稍一用力即落旁门”，“一羽不能加、蝇虫不能落”，“专气致柔”等论述，但最终没有系统明确的讲述“松”的概念标准和要求。致使许多内功太极拳爱好者，在“松”字面前产生困惑，或者走入了误区。

（2）没有明师指导。忽视了太极拳的本质要求——松、柔，而突出了踢得高，拍得响，下式深等外在动作。从而给教拳和学拳的人造成了误导。

（3）目前，太极拳的推手、散手比赛，仍处于误区状态。主要表现的仍然是较力，拼体力，当然也就不可能给太极拳的群众活动提供样板，典范。以上仅举几例，当然还有其他原因，就不一一列举。

思考：

1. 松的概念和特征是什么？
2. 导致练习松功的误区有哪些？

第二节　习练太极松功的目的和意义

一、习练太极松功的目的

内功太极拳与其他拳种最根本的区别，就在于它独特的修炼方法，及其所产生的超乎寻常的功力。它不主张刚性训练，增加身体和肌肉的抗击打能力，跺脚开砖。恰恰相反，它要求修炼者，不许用力，而是在行功走架中，练就松柔的感受，虚无的气势，神明的感应，莫测的变化。杨澄甫说“要松，要松净，不松就是挨打的架子。”一个“松”字最为难能，如果真能松净，余者未事耳！松，要全身筋骨松开，不可有丝毫紧张。所谓腰柔百折若无骨，只有筋耳，筋能松开，其余尚有不松之理乎！”杨少侯说：“太极拳就是因为松松软软的，打出的劲才非常大呢！”以上不难看出，太极松功，在修炼内功过程中，是举足轻重的。换句话说，不练习放松，是不可能练出纯正太极内功的。它是训练与应用内功太极拳的先决条件。不松，是很难甚至不能蹬上内功太极拳的台阶的。

二、习练太极松功的意义

首先，松是练习内功太极拳的基本要求。《拳论》说："一举手，一投足，稍一用力，即落旁门。"周身放松，上下完整，是修炼内功太极拳必须的条件。如动作不松，松而不整，或者只是肩、肘松，而不知腰、胯松等，并非是真正懂得了松。

其次，松是练习内功太极拳的基础。不论是练三步功法，或是推手，不彻底放松，三步功就无法练成。推手时就会处于劣势，或推、搡、撞拼拙力。因为身上有一处僵，就会导致内气在体内无法形成。具体说，腰就不会动了，腰不动也就打不出内劲来。不论是丹田或意念，都是如此。也就是说，"松"是为了练出纯正内功，不松，要想练出来是根本不可能的。具体说，放松是方法，练出神意气的纯正内功是目的。反过来，内功的修炼，及内劲的充分发挥，也必须在彻底放松的状态下，才能发挥内功的真正威力和效果。正如太极先辈所说，"一分松，一分功，松到周身一无所有是真功。"由此可见，松对于练好内功太极拳具有重大意义。

首先，松软是太极内功的灵魂。只有懂得了真正放松，练拳或推手，才会有进步。不会放松，不敢放松，也就是不懂放松。"非松软，内劲不生。"也就不是纯内功了，仍滑于肢体或身体之拙力。

其次，松是练习神意气的基础。要彻底放松，不然内气在体内无法形成，真正松透、松净，非下一定功夫不可。一心想松，久之身心自能放松。"太极之武事，外操柔软，内含坚刚。心先求柔软之于外，久而久之，自得内里之坚刚。非有心之坚刚，实用心之柔软也。所难者，内要含蓄坚刚而不外施，始终柔软而迎敌。以柔软而应坚刚，使坚刚尽化乌有矣！"[1]

总之，太极内功练到老，不外乎一个"松"字。如有一点不松，一节不松，到头来仍是不通。

思考：

1. 练习太极松功的目的和意义有哪些？

2. 松功与太极内功的训练有什么联系？

第三节　如何训练太极松功

修炼太极松功，首先从心放松练起。（这里的“心”应与思想意识为同一词）心松，则一松百松，也就是身体周身的放松。它是通过人的思想意念的作用，达到最大限度，自然放松。

一、从无极桩练起，松骨节、松肌肉

（1）无极桩是练松、练意、练气的。所以，要在思想意识上，神意内含，以存静养，灵慧才能生长。在思想意识的引导下，形体上逐步达到最大限度的放松。上肢，先从手指一节一节的松，一节一节舒展，（男左女右）然后松手腕，腕关节松开后，松肘关节、肩关节。最后，意念落在肩井穴上，肩关节以下至手指就全放松了。下肢，从脚趾开始一节一节放松，舒展开，再把踝关节放松，膝关节放松，然后再松胯关节。最后，把头顶悬起来。颈下大椎，一节一节的往下松，至尾闾，脊柱松完，下额微微内收，颈椎也松开了。此时意念落在会阴穴上，全身就都松开了。骨骼的舒展，使全身有膨胀感。

（2）全身的肌肉都不要用力，意念不去想它。要自始至终保持松软，这样经过长期有意识的令肌肉放松，肌肉反而能形成膨胀。练习太极内功，从练一步功开始，就要自始至终坚持放松的练习。如果肌肉紧张，就影响内气的向外运行，内气的僵滞，不但运不出去，还影响健康。

二、精神放松，带动五脏六腑都要松

五脏，包括心、肝、脾、肺、肾。一般运动，只能锻炼心、肺。各种运动，如跑步、爬山，游泳只能使肺活量加大，心脏耐受力增强，而肾脏

及其他脏腑器官根本活动不着。脏腑是内气的发源地，因此，用意念去放松脏腑，令内气慢慢地扩散，舒展到全身。只有放松脏腑，才能使内气在体内鼓荡，体内的内气越多，向四肢扩散舒展的也就越多，从而在体外形成一个较强的气场。

精神（这里指的是精神状态）放松是放松的关键。精，（1）指人体构成的原始物质，或称“先天之精。”《黄帝内经·素问》：“夫精者，生之本也。”《灵枢》：“两神相搏，合而成形，常先身生，是谓精”；（2）指肾精。“肾者，主水，受五脏六腑之精而藏之”；（3）指脏腑之精，称后天之精，由脾胃运化食物而来。神，（1）指人的精神状态；（2）大脑的主宰意识，或功能；（3）对全身内外的协调能力。

由此可以分析得出：精神放松是一切放松的根本。精神如果紧张，全身就都僵了，当然也就无从谈“松”了。所以，不论是盘拳或推手，精神始终都要放松，要自然，在自然中求自然，只有放松了，智慧才能够灵敏，才能够听出对方的劲，和用力的方向，才能做出自然正确的判断。

内功太极拳要求：有手似无手，神意领手走。要以静制动，以柔克刚，舍己从人，不丢不顶。这些，都是依靠松来实现的。

思考：

1. 练习放松，应该先从哪练起？
2. 五脏六腑的放松，对内气有什么作用？
3. 为什么说精神放松，是一切放松的根本？

第四节　“松”在内功训练中如何应用

一、如何在训练中把握“松功”

在训练中如何把握和应用太极松功，这个问题是至关重要的。因为太极松功，不论是具体训练或其理论，有的是比较抽象的，看不见，摸不着。我们在练一步功时，尚属物理（肢体）运动，也容易看到，但到练

二、三步功时，就看不到它的运动与变化了，完全是个人的一种感觉。在这种状态下，对太极松功如何把握，及怎样练习太极松功，就显得大为重要了。如果不能正确理解松与内功训练的关系，在以后的训练过程中，就很容易出现误解，而直接导致内功训练出偏差。许多人练了几年，十几年，都还没有真正理解什么是真正的松，以至于仍在“松”的门槛前徘徊，而未得到太极内功的真谛。究竟怎样把握“松”与内功训练的尺度呢？首先，初学太极内功的人，要认真领会，默识揣摩“松”的训练方法。其次，在训练中要摆正“松”与每一步功法之间的关系。练一步功时，由于练的是基本功（腰），对松的认识是模糊的。先不要追求大松大软，先做到思想不紧张就足够了，只要能专心致志地守住腰就可以了。因为，此时刚接触内功太极拳，习练者好比一块矿石，它是需要很多道工序的，如：选、洗、烧、冶炼等等，最后才能冶炼成需要的钢材。所以，先不要着急松，先把腰守住，意念不溜号，随着练功的逐步深入，必能一点点的松下来。以致最后达到完全松。但这是需要下苦功夫去练的，我们练习松功的根本目的，是通过周身放松来练习我们要练的腰、丹田、意念等，而不是为松而松，为松而练，而是为了练出三步功而松。有人练习之初，不是为了练腰而松，而是为了松而练，造成了重视松，而忽略了腰的练习，最终使筑基功没有练好。练习松功，如同练三步功法一样，需要循序渐进。每练一步功时，对松的要求就会愈高一层。如果在推手时，也能做到松净、松透，才是真正的松。大松大软的高深境界，是需要刻苦勤奋加悟性才能练出来的，并不是三年五载就能做到的。所以，在练三步功法时，决不可忽视任何一种练功方法。松与练腰时，腰的部位稍微用劲，并不矛盾。正如前面所讲，太极内功的松，是为了通过松的训练，最终将三步功练出来。而要将三步功练出来，必须先从练好腰功开始，而练习腰功，必须思想集中，心无杂念，一切全凭自然。在自然中求自然，是练好太极内功和松功的指导原则。只要通过思想意念的作用，尽力去达到最大限度的放松，久而久之必然能做到真正的放松。

二、如何才能练好“松”功

放松，先松心。心松则一松百松，这里的“心，”指的是意识。要心静，没有任何杂念的干扰。对于修炼内功的每一步，都要认真对待，每日必须坚持，必须严格按照无极桩的训练要求，站好无极桩。无极桩功，它包含了练松，练意，练气。然而令人遗憾的是，许多练习内功太极拳的人，并没有对无极桩的重要性，引起足够的重视，而是借故没有时间，或者三天打鱼，两天晒网式的练，以至不论盘拳或推手，意念都不能牢牢的守住腰或丹田等，造成了仍是肢体的活动。要想克服这些不足，在练一步功时，初学者在每盘拳之前，必须坚持站无极桩。如有时间可多站几次，每次以三十分钟以上为宜，切不可走捷径或操之过急，古语说：“欲速则不达。”在站桩时，如果心意不能真正的静下来，就不要勉强，在这种情形下，站桩也无意义，一定要做到心静，才能收到明显的桩功效果。人的大脑细胞是十分活跃的，人们的社会实践也是丰富的，在站桩时，一开始是很难静下来的，这是完全正常的，每个人都会经历这样一个阶段。我们修炼太极内功，练就的神意气，就是要把人类身上共存的，某些活跃的生理细胞及生活习惯，通过有目的的系统训练，使之能被人的大脑（意识）控制的第二潜能开发出来，加以利用。在练腰功时，通过无极桩功的训练，能快速使周身放松。但这种放松是初级的，里面还存在许多僵的成分，但决不可气馁，贵在坚持。在精神放松的前提下，周身才能松下来，在此状态下，将腰松净，才是松的关键。有的人认为，不站无极桩，也一定能练出太极内功，这种想法是不足取的，也是不可能真正练出太极内功的。认真刻苦的练，尚不能真正做到彻底的松，更何况心存二意了。但也决不可因为练松，而使腰也不敢动，二者不能混为一谈。为什么练功时，有的人所谓的找不到腰，在盘拳或推手时，总是用肢体拙力，而腰不动，就是意念守不住腰所致。有的人就因为一味的强调松而混淆了练腰的关系，使腰功没有练好，当然，也就谈不上二、三步功了。要想真正练好松功，必须先从站无极桩开始。无极桩，是练太极松功的最根本的通道。

三、太极松功几个概念问题的阐述

太极松功在整个内功太极拳的修炼过程中，在每一阶段上，它对松的要求是不同的。也就是说，随着练功的逐渐深入，对松所要求的标准是愈来愈高的。太极松功的几个概念，松开、松散、松沉、松静、松柔、松化，是对太极松功不同层次要求的描述，弄清它的概念和要求标准，对于指导松功的训练是很有帮助的。

（1）松开：是指把全身各个骨节都要松开的意思。它是太极松功的初始阶段，原则上是指思想意识不要紧张。通过无极桩功的站立，经过一段时间的练习，就能达到的一个层次。在练习腰功时，一开始所要求的，必须先放松，通过无极桩的练习，使全身各个关节都松开，这样，才能产生气介。

（2）松散：是指练功时，周身放松，随着腰的训练，使之动起来，而产生的一种内气，通过意念的引领，向四周扩散。这种境界，必须是腰动起来之后才会出现的，并不是只凭意念的遐想。

（3）松沉：练腰练到一定的程度，周身会产生一种沉重的感觉。这种沉重的感觉是自然的，不是故意沉的，如果故意反而会使松沉的感觉消失，而使身体关节僵直。十三式行功心解说：“用气则滞，”就是指故意而言的。

（4）松静：一是指思想无任何杂念，无一丝干扰的意思，心静如水；二是指松的要干干净净，没有任何丝毫的牵挂之意。没有松净，就会产生半截的气而不整。

（5）松柔：是指松到一定的层次，达到一定的标准之后，周身显的非常柔顺，没有任何棱角或稍滞的地方，如“腰柔百折若无骨。”

（6）松化：是指松功练到一定的境界之后，而产生的一种灵活性。“化”是指化解之意，只有将内气练活了，才会做到松化。

以上是在练习松功的不同阶段，所出现的一种身体放松的感觉或应用的要求。而这种感觉只能是在练功或应用时，自己或对方能感觉出来的，并不是人人都会有这些感觉。而且，由于练功的情况不尽相同，感觉与应用的程度也是不尽相同的。太极松功深层次的感受，非笔墨所能描述，只能练者在盘拳或推手中自己去体会。

思考：

1. 如何在练功中把握松的尺度？
2. 如何去练太极松功？
3. 太极松功深层次的几个概念包含了什么？

注释：

[1]（清代）杨氏：传抄老谱（二）太极大小解//王宗岳．太极拳谱．沈寿点校．第149页。

第五章

太极内功的三乘功法

什么是三乘功法？“乘者，当成讲。太极拳谱云；“上乘，即大成；下乘，即小成；中乘，诚之者，成也。法分三修；成功，一也，”

什么是大成？太极拳谱“文修于内，武修于外，体育内也，武事外也。其修法内外，表里成功集大成，即上乘也。”[1]通俗的解释：就是内外兼修，并有造诣，达到运用娴熟之境界。

什么是中成？太极拳谱“即由体育之文，而得武事之武，或由武事之武而得体育之文，称之为中成。”[2]通俗讲就是掌握了一定的训练方法，而感悟出其中的道理者。

什么是小成？太极拳谱“即仅知体育之文，不知武事而成者，或专武事，不为体育而成者，即小成也。”[3]也即内外兼修，而仅知其一者。

第一节　如何修炼太极内功

一、内功的概念和特征

什么是内功？是指以训练内在精神气质、呼吸方法和劲力为主要内容的系统的训练方法，称之为内功。

它有以下特征：（1）以训练人的内在精神气质，呼吸方法，和劲力为主；（2）它是内外结合的一种训练方法。

它包括：（1）练精化气；（腰功）（2）练气化神；（丹田）（3）练神还虚。（神经）

二、太极内功训练步骤概述

（一）练精化气

练精化气，是太极内功修炼的第一步功法。通过腰功的训练，温煦肾脏功能，又可以扩展丹田气势。肾壮则精足而气充，神清而目明。练习腰功，所化之气称为肾气。只有肾气充沛，摄纳正常，才能使肺的气道通畅，呼吸均匀。肾精充盈，则髓海得养，脑的发育就健全。通过腰的运动，还可以调节中枢神经系统，使精神容易集中。总之，练精化气，作为太极内功修炼的第一步，是至关重要的。

（二）练气化神（丹田）

神，指人的精神状态和大脑的主导意识和功能。表现为人的综合能力和协调能力。神者，形之用。“丹田”是中国古代人体科学的重要概念之一。“丹田者，谓出生金丹造化之田也。”

它有以下几种含义：（1）指人体一定的部位，有三丹田之说。上丹田，位于人头部两眉中间；中丹田，位于人的胸窝部；下丹田，位于腹部脐下。（2）指具体穴位，如关元穴。（3）指意念凝注之处，可以是体内，也可以是体外。（4）指与练功过程有关的人体任何一处。所谓“处处皆丹田”，道家将一定方式的修炼称之为“炼丹。”（5）专指内功练习的部位。它在内功训练体系中，占有重要地位。上丹田，乃藏神之府；中丹田，为藏气之府；下丹田为藏精之府。通过意念带领丹田旋转，有针对性的形体运动，来逐渐积蓄丹田的能量，并带动丹田的开合，启发生机，使体内的气充盈，会使人的精神倍增，两目明亮，完整一气。

（三）练神还虚（神经）

即用意念带动神经，促使内气的气势更进一步的扩展，进而用神经来带动形体运动。内气的气势越来越大，在体内形成的能量越来越强。到此时的轻灵，犹如虚无之感。

思考：

1. 什么是太极内功？它的特征是什么？

2. 太极内功的训练步骤有哪些？

第二节　太极内功三步练法之腰功

一、腰功的训练方法

腰功，是杨式内功太极拳三步功法中的第一步，是“炼精化气，”以腰变手的开始。只有把腰练活了，如同一个球，才能真正的做到以腰变手。所谓的“以腰变手，”是指手的每一微小变化、动作，都是腰的驱使做出来的。腰功的重要性，太极先哲们在其论著中有很多论述，至今仍是内功太极拳修炼者，修炼腰功的指导思想。王宗岳的《十三势歌》中指出：“十三总势莫轻视，命意源头在腰隙；刻刻留意在腰间，腹内松净气腾然。”武宇襄在《十三势说略》中说：“其根在脚，发于腿，主宰于腰，”和“气如车轮，腰如车轴。”以上论述说明，“腰”在内功太极拳中的重要性。如果不把“腰”练好，所谓的太极内功就没有根基。只有把腰练出来，才能谈得上内功太极拳的功和劲的问题。如果撇开或者绕过腰功，这步筑基功的训练，就不可能练出沾、连、粘、随的懂劲功，当然也就更谈不上其他什么太极内功了。所以，要想学到内功，首先必须将腰功练好。腰功的训练方法主要有：（1）吊腰法（2）单操练腰法（3）辅助练腰法（4）盘拳练腰法等。

内功太极拳所练之腰（中医称之为督脉，或称命门），指的是人后背的两条背肌。通过肾脏外边的两条肌肉的锻炼，从而强化肾脏功能，又可扩展丹田气势。它的中心点，在人的肘弯部的平行线上即是（如图 5－1、5－2）。要求把腰要练活了，使两条背肌不仅可以上下动、左右动，而且可以前后动。在盘拳时，手与脚的任何动作，都必须要在腰的支配引领下进行。腰动多少，手脚就动多少，过与不及都不行。刚开始，练拳挂腰时，可能不能挂的那么多，不要紧，慢慢去体会，是否挂上腰了，一点一点增多，待到整套拳都能用腰盘下来了，方能达到内运外动的太极内功的运动要求。

图 5 -1

图 5 -2

图 5 -3

（1）吊腰法：身体站立，两脚平行拉开，略宽于肩，两膝微弯曲，上身微下俯，两臂自然下垂，周身放松，意念想着两条背肌，自然呼吸，舌抵上腭。左侧腰向上提，左腿膝关节，随之稍直，右腿膝关节弯曲，弯曲的幅度大一些，两臂随之自然摆动；随之，用意念带动右腰向上提，右腿膝关节，随之稍直，左腿的膝关节，稍弯曲的幅度大一些。(如图 5 -3、5 -4、5 -5)。如此循环反复，每次做 20 ~ 30 下为宜。

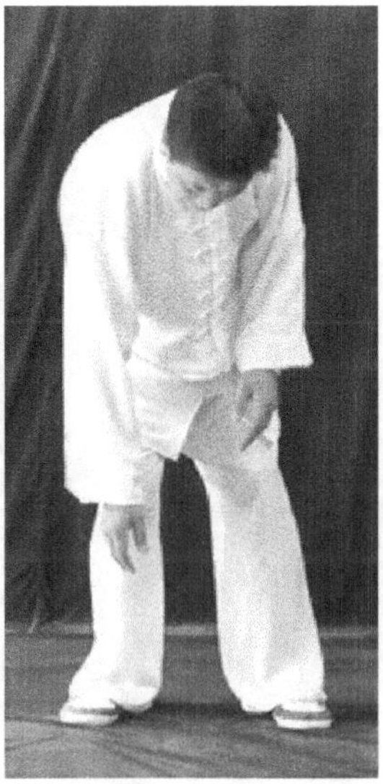
图 5 – 4

图 5 – 5

注意：在练习吊腰时，肩、胯、膝一定要放松，意念必须牢牢的想着腰。只能是腰先动，肩与胯要随腰而动，两腿要随腰的上提、下落，进行虚实互换。

（2）单操练腰法：是指单独反复做一个动作的练习方法，叫作单操，也称单操手。身体站立，微下蹲，向前迈右脚，呈右弓步，两脚尖相距 1.2 尺左右为宜；右手臂向前上方抬起，沉肩坠肘，似直非直，似屈非屈，掌心斜向外，指尖斜向上，高与上额略平，左手臂自然向下垂放，眼神平视远方，意念展开的同时，要牢牢想着腰。意念向远方锁定一个目标；腰向后拱、下沉，左腿膝关节弯曲，重心落在左腿，右腿呈虚步；腰上提，走弧形，用意领腰，去摸远处的目标。随拱腰上提，虚实互换（如图 5 – 6、5 – 7、5 – 8）。如此反复，每次做 20—30 下为宜。然后在左侧练习，方法同右侧相同，也可以用双手

图 5 – 6

练习。

图 5 –7

图 5 –8

注意：在做单操练腰时，周身要放松，下额微收，尾闾中正，意念领腰要走上弧线，不要挺胸，要注意腿的虚实转换。

（3）辅助练腰法：是指在进行练腰时，借助一些辅助工具帮助练腰的一种训练方法。如：椅子，自行车等。借助这些辅助工具进行练腰，要求意念必须牢牢想着腰。

（4）盘拳练腰法：是指在练拳时，用腰盘拳，每一个动作及转换过式，都必须用腰引领的一种训练方法。用腰盘拳，可以感悟“合四梢”，“以腰代手”的感觉。这对于迅速提高练腰的速度，是大有帮助的，并为以后推手进行准备。盘拳是练知己之功，推手是练知彼之功，所以，盘拳练腰法，是以后进行推手的最有效的捷径。在后面，形体动作解析，已作详细讲解。

二、腰功训练的注意事项

太极拳谱云：“太极腰功不可无，缺腰何必费功夫！腰功穷研生不已，身手轻灵自伸舒，不练腰功白费力，十年数载亦糊涂！”腰功，是太极内功三步功法中的第一步，它是整个内功太极拳的筑基功。是炼精化气，以腰变手。只有把腰练好了，才能谈得上二、三步功的训练。如果不把腰功练好，所谓的太极内功就没有根基，当然也就不可能步入太极内功的殿堂，攀登太极内功的巅峰。只有把腰功练出来，才可以谈功和劲的问题。如果没有腰功的基础，就不可能做到沾、连、粘、随的懂劲功，当然也就谈不上什么其他的劲了。从以上的研究中我们不难看出，腰功的训练，在整个内功太极拳的训练中的重要位置。习练者应该加强对腰功重要性的认识，否则，到最后只能对太极内功望而兴叹，悔之晚矣。对于腰功的训练方法，前文已经叙述，这里重点谈如何按照腰功的训练要求练好腰功。首先，初次接触内功太极拳的爱好者，要明确练习太极内功的目的，要树立坚定的信心，不论是为了养生，还是为了研究太极内功的神奇妙用，它是一门科学，是中华武学的最高境界，不要简单的理解为只是一门拳种。学习太极内功的目的，是为了修身养性，陶冶情操。否则，是不可能真正掌握太极内功的。其次，毅力是习练太极内功的基础。习练太极内功，不下一番功夫，只是每天应付，三天打鱼，两天晒网，或借故忙，没有时间，都练不成或收获不大。“十年太极不出门”，足以说明修炼太极内功的难度。再次，思考揣摩是关键。太极内功的武学理论，它是一门综合的人体健康科学。它所提倡的练功理念，形体动作，独特的修炼方式，无一不体现了传统的哲学思想，阴阳五行学说，和丰富的社会学哲理。我们在思考学习这门科学的时候，要去繁就简，摒弃封建糟粕，取其精华，不要被神秘夸张的说教所迷惑。反之，就会走入理论误区，难以自拔。在练习腰功的时候，每一动必须是腰先动，用腰代替手，一举手，一投足，必须由腰引领。出手先出腰，撤身先撤腰；盘拳挂腰，也即用腰打拳，腰要走弧线，等等。做到多少？练的怎样？怎样才能做到？怎样才能练好？带着这些问题，边悟边练，方能有所收获。否则，功夫下的很多，却得道甚微。什么是道？即是一种方法。“得道”也即掌握了学习的方法。最后，要有正确的训练方法。什么是正确的训练方法？就是练功时，要按照太极内功的训练程序，一步步，扎扎实实，不可贪图快，更不可省略程序。就像学习文化课程那样，反复练习，勤奋思考，按照太极内功的三步功法程序，严格而一丝不苟。“以腰变手，以气变手，以意变手”。这三步功是进入太极文化殿堂不可逾越的台阶，否则，是进不了太极之门的。而练好腰功，是进入太极内功之门的最关键的一级台阶。其根本要求是：身随腰动，手随腰走，脚随腰行。

腰功最重要，而且练功过程中，又最容易练错。为什么能练错呢？主要存在以下几个原因：(1) 没有真正找到腰。所谓没有找到腰，就是练腰时，动的是肩或胯。(2) 意念不集中，没有守住腰。(3) 没有真正理解松的含义，不会松，不敢松。凡此种种，使腰功没有练好。那么，腰在哪里呢？就是人的脊背上的两条背肌，将其练活，练通，练的与筋膜有离核的感觉。不仅能上下动，还能前后左右动。盘拳以至于做任何动作，必须是腰驱使做出来的，只有腰练活了，练通了，才能做到周身都是手，也才算是真正达到了一步功的训练要求。其训练的口诀是：“基础功法要练腰，腰在两肘平线找。意念集中守腰住，防止肩胯带动腰。盘拳慢匀加松柔，单操强化很重要。四梢合腰整劲出，两臂松掤弹力妙。尔发吾时用腰接，接力反应用腰跳。刻苦训练加揣摩，周身是腰能做到。”所以说，正确的训练方法，与其他几个训练要素相联系，构成了一个完整的训练体系。如果把几项因素割裂开来，有兴趣，没有毅力，不能长期坚持训练。有悟性，不去身体力行，下功夫训练，理论上夸夸其谈，实际却做不到，成了嘴把式，是很难练出真功夫的。试想我们练腰时，如果把胯或肩当成了腰，一年练下来，腰根本没有动，只能是练的肩或胯，而练出一身拙力。怎样练习才不误入歧途呢？首先，必须认真领会腰功的训练方法，为自己制定一个严格的训练计划。开始必须将老六路的拳架练的非常熟，一招一式力求准确标准，然后才能做到思想集中，牢牢守住腰。并结合吊腰，单操等辅助练习，使腰慢慢地动起来。尤其在盘拳时，每一招一式务必用腰去打，每一动，必须腰先动。拳架一定要展开，腰拱的幅度才能大。这样才符合“先求展开，后求紧凑”的要求。开始练时，腰是不动的，因为它属于不自由肌，但意念必须守住它，随着练功过程的深入，它就一点一点动起来了。但是这个过程是痛苦的，因为人的背肌是粗纤维组织，况且又有筋膜相连，人为的硬是训练它，背肌就非常疼痛，给人一种腰肌拉伤的感觉。有的人就因为疼痛，误认为腰拉伤了，而停了下来。这种疼痛一直持续半年之久，一练就隐隐作痛，习练者不可不知，这说明你已经练着它了。如果没有疼痛之感，就说明你没有练着腰，或者下的功夫不够。半年过后，腰背肌就不疼了，伴随着胀木地感觉，这种感觉随着练功的持久深入，慢慢就消失了。等到练二步功的时候，就会什么感觉也没有了，而这时的腰肌结实有力，想怎么动，就怎么动，这就证明腰功出来了。所谓腰功出来了，就是人的第一反应是腰，不论在什么状态干扰下，意念始终不离腰。只有严格地按照一步功法的练功原则，结合盘拳仔细揣摩，才能一点点地练出感觉。其次，练一步功，就是练好腰变手，达到这个目的的关键在于腰的练习，而腰的练习，又主要靠盘拳来实现。人们往往不注意，在打拳时容易被一些假象所迷惑，而误认为是挂上腰了，其实则不然，腰根本没有动，而是胯或肩在动，自己又不知，造成这种假象的原因是意念没有守住腰所至，只要牢牢守住腰，这种毛病就可以避免了。而要想守住腰，不站好无极桩功是不可能的。其实我们在练腰功时就是在训练意念。练功过程是一个很枯燥的过程，要克服急躁，畏难情绪。随着练腰的逐步深入，腰逐渐动了起来，还要练习透腰等，等腰练的完全活起来了，就能合上四梢了，整体劲也就练出来了。什么是合“四梢”？是指人的双手双脚，称之为四梢。盘拳是练知己之功，腰挂上多少？四梢合得怎样？推手是练知彼之功。通过推手，用内劲听对方的劲，就可知道对方功夫的深浅。我们在练习透腰时，有的人总是出现两下的原因，就是腰没有守住，而靠身体的拥、撞及胳膊的拙力，这一点练功时尤须注意。再其次，练腰时一定要放松。不放松，腰就拱不出来。腰拱不出去，就无法使腰动或松，尤其肩胯。而放松的前提必须是精神上的放松，才能使腰真正的松下来。所以说，松腰才是松的根本。那么，拱腰和含胸有什么区别？其实拱腰和含胸实质是一回事。只不过拱腰的幅度要大些，含胸的幅度小一些。但作为初练者，必须先练拱腰，而后才能做到含胸拔背。《太极拳论》云：“先求展开，后求紧凑。”所以，必须先练大幅度拱腰，但要注意不要腰胯连体，更不能坐胯。等到腰真正的练活了，才能真正做到含胸，所谓“含一个韭菜叶”就可以了。练功要在自然中求自然，思想（意念）静下来，没有杂念，打拳时才能放松，腰才能挂上，但是前提，意念必须牢牢守住腰。如果守不住腰的放松，对腰没有任何意义。尽管有的人练了很长时间，自我感觉很松，一搭手就露出僵劲，就说明意念没有守住，证明意念没有练出来。太极内功的“意,”分广义和狭义。我们在练腰功的时候，练的是广义上的意，即人的思想意识。人的思想意识是非常活跃的，社会实践也是丰富的，势必会使人的意识复杂而多变。通俗地说，就是一会想这，一会又想那，不集中。我们练站无极桩，就是要训练出将人的复杂活跃的意识细胞，练出能受主观意识控制的有意识的运动。等到广义上的意与狭义上的意，都彻底练出来的时候，才能达到所谓的自然下意识。“太极本无法，动就是法。”所以，一定要理解明白什么是松？松的目的，松的原则。什么是松的原则？就是不许有丝毫的拙力出现。《拳论》说：“稍一用力，即落旁门”就是这个意思。那么，松的目的又是什么呢？松的目的有二，一是为了练出三步功，二是为了应用。为了练出纯正的内功，发放出纯正的内劲，四肢关节不放松，根本的神意气不松开，就不可能产生气机。通俗的讲腰或者丹田等就不可能活动起来，也就发不出真正的内劲出来。一句话，松是为了练出神意气，只有松才能练出来。反过来，在神意气作用下的松，才是真正的松。比如，在推手时，有的人看似很松，但内里的功夫没有，或内里的东西并没有真正的松下来，使松变成了弱手，对方稍一运劲，即刻露出拙力，这样的松对内功的作用来讲没有丝毫用处。所以，对于练习太极内功的人来说，弄懂什么是松？为什么松？怎样松？对于指导太极内功的训练，具有根本意义，是能否练好腰功的关键。

第三节　太极内功的三步练法之丹田

太极内功的三步功法，它是一个完整的训练体系，缺一无以成真正太极内功。时至今日，练出真正太极内功者寥寥无几，腰功没有练好是最重要的原因。腰功练好了，二、三步功相对就比较容易练了。因为三步功整个练习方法都是相同的，只是练的部位不同。腰功练出来之后，在思想上要彻底将腰忘掉，集中意念牢牢守住丹田，在盘拳或推手时想着它，用丹田引领盘拳，出手先运丹田，撤身先撤丹田。要注意，撤丹田时要避免出现翘胯，用意念带丹田去找腰，就可以避免翘胯，同时又强化了腰。但它不像练腰时，腰的部位需要用劲，也就是说，拱腰时意念要重的意思，但不是使拙力，而是必须用意行气，意到气方到。而且丹田又是气汇聚之所，我们练活丹田，就是将气运行到四梢，从这个意义说，它又是气功的行功。《拳论》说："以意行气，以气运身。自然随心所欲，毫无阻滞，后天之力化尽，先天之内劲自然增强，由习惯而成自然，则一切意想力，自然支配生理作用，势势存心揆用意，得来全不费功夫，默识揣摩，渐至随心所欲。"这就明确的告诉人们练气时应注意的事项，即"以心行气，意到气亦到，必须周身沉着松静，时间长了内劲自然增长。"但并不是故意运气，一定要顺随自然，这就是与一步功法上的明显不同。练一步功时，周身放松，腰要使劲，否则，腰是不会动的。而练丹田时，丹田不要使劲，只要意念牢牢守住丹田就可以，慢慢的丹田就犹如一个球，随着意念的引领而转动。

第四节　太极内功的三步练法之意

此阶段的"意"是狭义上的"意"，系指人的脊柱神经的末梢，也称底冲神经。三步功意的训练，是形成真正动力电的关键，是进入太极门的最后一步台阶。此时的训练，对松的标准要求更高、更严格了，手上不能露出丝毫的拙力，"心意指胯肘，劲源自上手，内部出虚线，神意领着灌。"这段话的中心意思，就是身体放松，不许用身体和拙力。"有手似无手，神意领手走。"彼力刚触我皮毛，我劲已入彼骨里，一定要先运，而后再动。一定要松空，方显轻灵，此时内里的坚钢才生成。它所反映的劲道特别浑厚，是腰和丹田所不能比的，但它又是在前两步功的基础上练出来的。在这个阶段上，许多人对太极内功之理产生了误解，究其原因，就是没有得"道"和"明理。"也就是说，没有掌握太极内功的训练方法，没有明白太极内功的道理。扎扎实实练好三步功，好比储蓄，当用的时候随时可以支取，可以享用。而没有储蓄，当你想买东西，拿什么买呢？只有将三步功都练出来的时候，才可以想，一想内劲就出来了。只想，而神意气不会动，是没有任何用处的。这里的"想"应做"守住"来解释。所以，必须有扎实的基础，才能练好三步功。三步功练上身了，才是真正的动力电组合，随着功夫的日积月累，它的劲道会越来越大，真正的能量才会出现，也即五年一大成。

俗话说："师傅领进门，修行在个人。"《行功心解》说："进门引路须口授，功夫无息法自修。""三年一小成，五年一大成。"是激励立志专研太极内功者的动力，如果不把刻苦勤奋与悟性有机的结合起来，是很难实现的。太极内功的巅峰，需要每一位立志专研者，穷尽一生之志去研究，才能真正有所大成！

太极内功世稀传，
好者有幸结其缘。
承前启后任重远，
认真揣摩仔细研。
吾辈今朝须努力，
明理辨伪不徒然！
参透拳理其中义，
得道逍遥自成仙。

第五节　"整体劲"与"化，合"

一、什么是整体劲？

整体劲，是指全身各个部分协调一致的整体性的运动。其特征表现为：形体的协调、一致、完整。它是内功太极拳的一种表面上的劲。之所以说它是表面上的，因为它不是内功太极拳的真正内劲。李和生先生在

《杨式太极拳——内功解秘》中说："一身整劲不是真正的内功"，那么，真正的内功发劲是什么呢？应该是在内外相合的条件下，用神意气发劲，才是真正的内功。而这种劲的产生，在意念的引领下，发源于腰等。它所产生的劲道具有弹性，使被发者，犹如被弹簧弹出去一样，而被发者撤身时，也必须是先撤腰，它所产生的撤身之劲，具有一种反弹劲，否则，就与真正的内劲发放相悖。通过上述分析，我们可以看出：整体劲就是全部包括在内，没有丝毫断缺。也就是说，无论发人或被人发，整体没有丝毫缺陷之处，而且必须以神意气，为其根本主导的整体，才称得是真正意义上的整体劲。殊不知外家拳也练就一身整劲。但外家拳的整体劲，是讲神意气的集中，讲究的是刚力。而刚力产生于肢体、骨骼，其力有棱角。内功太极拳的整体劲，讲究的是神意气的化合。化合，是指两种或两种以上的劲，互相结合变成一种跟其原来的劲力不尽相同的劲道。其劲源产生于内气，神与意相合，其劲道深厚浑圆。内功的整体劲的关键，在于内外相合。必须是由神意气主导下，来进行整合训练，才能练出内运外动的整体劲。从某种意义上讲，如果入门之初，内外相合训练不严格，也就很难练出纯正内功。内外相合的理论，在练功实践中是非常重要的。如果"合"的训练不严格，就好比一支枪拆开了，它只是一堆零件，只有将它们组装起来，才是一支完整的武器，再装上子弹，才会产生威力。太极内功的内外相合的训练，也是这样的道理。整体劲与"合"在腰功训练中至关重要。初学者必须认真理解其中的含义，这对于指导腰功的训练是非常重要的。

二、什么是合

是指结合在一起，聚集的意思。内功太极拳的合，是指意念与腰及肢体结合成一个整体，即思维动作的高度协调一致。它有以下几个特征：（1）意念集中的始终性；（2）肢体动作的协调性；（3）内外上下的一致性。以上三个特征，构成了合的完整性。缺一都不能称之为合。

意念的始终性，是指练功过程中，意念必须自始至终守住我们练的部位，积极主动的在意念地驱使下合四肢，也称为合四梢。肢体动作的协调性，是指行功走架必须中正安舒，相互配合得当，没有别扭的感觉。内外上下的一致性，是指练功时，要内外相合，上下相随，一动无有不动。合的完整性，是指在练功过程中，不许有凸凹，断续、缺陷之处。明白了合的概念，对于指导习练内功太极拳，将起到重要作用。“合”作为内功太极拳训练的重要内容，在训练过程中必须严格把握，认真体会。它在整个太极文化体系中，占有非常重要的位置。

在训练过程中怎样做到合，很多太极拳论著都没有系统的讲述这个问题，只是在论述中说，内外相合，上下相随，至于怎么合？与什么合？怎样练？都没有讲述。只有李和生先生系统地讲述了合的根本内涵，以及合的训练方法。那就是初练者，用腰合四梢，中级训练者，用丹田去合，高层次训练者，用意去合。但是令人遗憾的是，许多习练者，却忽略了这个看似无关紧要，但在练的过程中确又是一个非常重要的问题。出现这个问题的原因之一，就是没有系统、全面领会掌握太极文化。殊不知，合的不好，如何谈整？谈合？如何去谈三步功的练法？怎样才能做到合的要求？对于初学者来说，必须扎实的练好腰功，意念必须牢牢守住腰。盘拳中每一个动作，必须在意念的引领下，用腰驱使，才能一点点做到合。反过来说，练腰的过程，就是练合的过程，每一步功都是如此。如果真正的做到了每一步功练的都很扎实，到最后才能真正的做到神意气的合。

三、合的作用是什么

合的作用就在于，它是练习腰功的基础。如果一步功在合的方面下功夫不够，也就不可能将太极内功练出来。只有将腰练习合的非常严实，才能谈得上太极内功。否则，只是空谈内功，一身整劲并不是真正意义上的内功。只有将基础的东西合严实了，它不仅仅是一身整劲，而是在腰的驱动下，带有如弹簧一样的劲道，方称之为内劲。只有将基础的东西合好了，才能真正的将内劲贯穿出来。通过长期的、有计划、有步骤的整合练习，慢慢就会把自然的肢体活动，训练成在意念主使下的神意气的运动。说到底，太极内功的习练过程，就是神意气的整合过程。如果合的不严实，就不会体现太极内功的真谛！

合的训练与应用过程是一个比较难于把握的，每一个训练者，必须认真在思想意念上放松的前提下去感悟它，才能一点点合上。做单操、盘拳挂腰，其实就是在练习合腰。用腰合四梢，而逐渐克服掉人们几十年养成的肢体活动习惯，变成用神意气带动四肢转动。一定要注意“过”与“不及”都不行，说明没有合上。如有的人在与人试劲或推手时，为什么内劲发挥的不好？根本原因，就是神意气与肢体没有合上造成的。“内外相合，上下相随。”每一位习练者，必须仔细揣摩才行。什么是内外相合？它是内功太极拳的练习要领之一。“内”特指意、腰、丹田等。“外”指外部形体姿态、动作节奏、幅度等。

它有以下特征：（1）内运外动的整体性。（2）内外互为交流的双向性。（3）运动统一的趋同性。使运动始终处于动态平衡之中。

什么是上下相随？它也是内功太极拳练习要领之一。是指全身的统一协调运动。对于人体而言，上为阳，下为阴。上下相随，也是阴阳相合的一种体现。要做到上下相随，应注重以下几点：（1）每个动作，手、脚、膝、胯应同时进行，同时到位。不要因某一部位运动匆忙，而造成动作不协调。（2）要特别注意，腰为主宰，腰为连通上下之枢纽、为中心，带动身体运转，就容易做到内外的同步协调。（3）意念要放松轻灵，如此才能达到形体的不僵化，而相随顺畅。

四、什么是太极内功的“化”

内功太极拳的“化”是指化解对方进攻劲力的一种方法。它虽说是一种劲，但更是一种训练方法。它不仅是将对方的来力，化解自身之外，或改变其力的方向，还于对方的一种劲，也是内功太极拳在训练或推手时，经常遇到或使用的一种方法，它与合是紧密联系的。通过化来消除对方的劲力，减弱其威力。“化”是意念与身体高度协调的结果，如果化的训练达到一定的境界，能使对方感到处处落空。在训练或应用过程中，如果只合不化，就会变成呆滞，就会形成“顶”和“双重”之病。反之，如果只化，不能与内里的腰相合上，所化，也是无本之源，枯木而已，那就成了病手。“化”必须用神意气去化，不能用身体去化。每当推手时，为什么不能将对方管住，或将对方来力化开？就是没有用内气，而是用肢体，都不可能将对方来力化开。造成这种现象的主要原因，就是神意气没有练出来造成的。所以，要想灵活的运用化，就必须将神意气练活方可。

思考：

1. 为什么说腰功是内功太极拳的基础？
2. 练习腰功的注意事项有哪些？
3. 为什么说一身整劲并不是内功？
4. 化与合的关系是怎样的？

注释：

［1］（清代）杨氏：传抄老谱（二）太极分大小三乘解//王宗岳．太极拳谱．沈寿点校．第148页。

［2］（清代）杨氏：传抄老谱（二）太极分大小三乘解//王宗岳．太极拳谱．沈寿点校．第148页。

［3］（清代）杨氏：传抄老谱（二）太极分大小三乘解//王宗岳．太极拳谱．沈寿点校．第148页。

第六章

内功太极拳（老六路）形体动作解析

第一节　第一路十一式

预备式（无极式）

动作说明：面向正南，两脚并立，两臂自然下垂，头正直，下额微收，舌抵上腭，齿唇微合，用鼻自然呼吸，吸气意念想会阴穴，呼气想肩井穴，整个身体自然就松下来了。

此式要求：排除杂念，使身心达到虚、静、松、空，全身骨节松开。肌肉和神经不许有丝毫紧张，长此以往，养成习惯之后，全身运动起来会自然产生松、散、通、空的舒服之感（见图6－1）。就好像钟摆一样摆动，如果感觉自己身体也在摇摆，就说明思想已无杂念而达到入静状态。否则，就说明在思想上还有杂念未静。总的说来，从一开始练起就要使身体产生一种特别舒服的感觉。而这种感觉只有自己体会得到，非笔墨所能形容，一直练到收式完了，始终保持使每个动作都能做到松、柔、舒展大方。入静的时间越长，使大脑休息的越好，养生效果也越好。

图6－1

第一式 起式

腰微拱，向右外撑，重心移于右腿上，腰微微下沉，同时右腿膝关节稍微弯曲，意念迅即转落到左侧腰肌上；腰微含，轻轻将左腰提起，左脚的脚跟也随之轻轻抬起，腰向左撑，随之左脚平行向左外侧平拉开，重心仍在右侧腿上。整个左脚掌在左侧腰的带动下，平行轻轻落于地面，然后用右侧腰去合左侧腰，左侧腰去合右侧腰，就会形成自然的两侧来回悠荡的感觉。如钟摆状（意念必须牢牢的守住腰，否则极易造成晃胯。）悠荡四、五下之后，重心平均落在两腿，轻松自然呼吸，上身感觉很舒服，两脚如树植地生根，特别沉稳。腰上提，向后微拱，然后向下松沉，随之两臂向前掤，两肘向上向后画圆，两手掌随肘划圆，掌心向下微微下按；腰上提，随之两臂向前上方平举，至两手腕高与肩略平，宽与肩齐为止。整个的连带动作必须用腰来做，外形上看是手臂在动，实质是内里的腰在动。腰微微下沉，两掌随腰下沉，对向外旋翻，成掌心相对，感觉两只手臂微微发胀（见图6－2至10）。

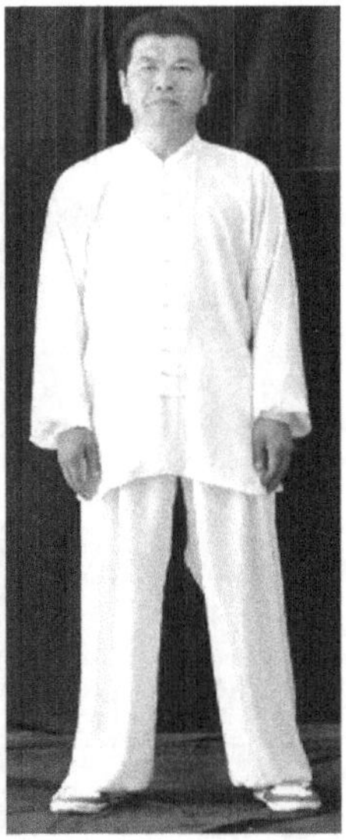
图6－2

图6－3

图6－4

图6－5

图6－6

图6－7

图6－8

图6－9

图6－10

将腰继续下沉，外形成两掌下捋，沉肩坠肘两臂自然随腰回收，两手收至下额前像捋髯状至腹前。与此同时，两个腰肌同时向后轻轻微拱，两膝松开，身体微蹲，形成两手掌翻转掌心向下，膝盖与脚尖略微垂直。感觉大腿和小腿微微发胀，下盘稳固。（一步功用腰、二步功用丹田、三步功用意，以后不赘述。）

第二式　左右掤式

（一）*左右掤*

左腰微向后下沉，随之左手下按，右腰向上后拱，右手掌外旋捌，左腰微微上提，左脚跟提起，向前上步，平行轻轻落下。右侧腰微微含一下，右手臂下放少许，两腰同时弧形上提，上身微俯，重心前移，左腿变成弓步；右手掌心向左，向前伸掌；腰微提，右腿提起，右脚向右转，脚尖转向稍西，腰肌上提，上身微立，向右后方拱转，身体同时右转，面向正西。随转体重心慢慢移至右腿，右腿屈膝侧弓，以右臂向右上弧形掤出，意念在腰上随右臂上掤。上身也随腰同时转向正西，右手臂微屈，同时左手缓缓向右下抄转，左手在下，右手在上，两手心相对成右抱球状，左腰轻轻上提，带左腿向左前上步，脚掌轻轻落地，脚尖转向稍西南，脚落地时两脚跟略宽于肩。

全身的重心都在右腿上，左腰微含，向左侧上提，随之重心移至左腿，左手臂随腰左上提向左肩上方掤靠，坠肘掌心斜向上，右手臂随重心左移，向右胯侧前抹，掌心向下，指尖斜指下方。两腰微含，随即向左外旋转，左手臂翻转随身体转向面朝西南，左掌心向下，右手臂也随腰向左旋转向上掤至西南，掌心向下。两臂平行，呈左侧渐弓步，重心仍在左腿。腰微拱，重心微移，两臂同时向右前方掤转（见图 6－11 至 18）。左脚尖向右转向西北，左腰微下沉，重心随之移向左腿，左手在重心变换时外旋，慢慢翻转手心向上，右手心向下，两臂随重心左移，两掌斜相对向左胯下捋。左腰旋转上提，左手随腰走上弧形，手心翻转向下，高与肩平，右手走下弧，手心慢慢翻转向上至左肋旁，左手在上，右手在下抱球；右腰上提，右脚前上小半步自然平行落地，右手臂随腰上提向前掤，掌心向里朝向胸前，相距尺余，重心前移呈右弓步，左手顺势下滑落至左胯侧旁，掌心向下按之。

注意：打掤时全部动作都要在意念的引领下用腰来完成，靠、肩、肘、捌、掤五种混合劲自然出来，千万不要用意念想什么五种劲，这样及易造成肢体运动，左右臂前掤时须用腰来完成，腰不动手臂就不要动，每个式子都是这样，要做到上下相随，掤出时肩关节不可前探，要身体中正，前移时，膝盖以不超过脚趾与脚掌相连的节缝为度。

图 6－11

图 6－12

图 6－13

图 6－14

图 6－15

图 6－16

图 6－17

图 6－18

（二）捋式

腹微含，腰上提，右手臂随腰上提，向前上方撩掤内旋，使手心朝下，指尖斜朝上，左手跟随右手上掤，向外翻转手掌与右手掌心斜相相对，左手指尖至右手腕部，右手掌高以不超过额头为宜，腰微拱下沉，身体重心渐渐移至左腿，左腿屈膝微蹲，右腿稍直，上身随向右稍侧收腹拱腰，两手随腰拱之势，屈肘缓缓向右胯下方弧形回拉捋之。左手止于右小腹前，右手向右胯下捋至右臂向下舒伸微直为止，重心落在左腿，眼神随两手动，意念守住腰（见图 6－19）。

图 6－19

注意：身体左右动时要以腰为轴，用腰带动，身体要保持中正，防止缩肩低头。

（三）挤式

腰向后微拱，随即向后上方提腰，身体随之向后微靠，微松左膝，头微转向左侧。左手臂随转体，由右小腹前向左肩外上方划弧捌之。腰回转微拱，身体转向西北方向，头随之回转，右臂随身体右转摆回，右手抬高至胸前，手心向内，左手随头右转回摆之势，里旋搭在右小臂腕部。腰微含，轻轻向上提，带手向前打挤，眼神注视前方（见图 6－20 至 25）。

图 6－20

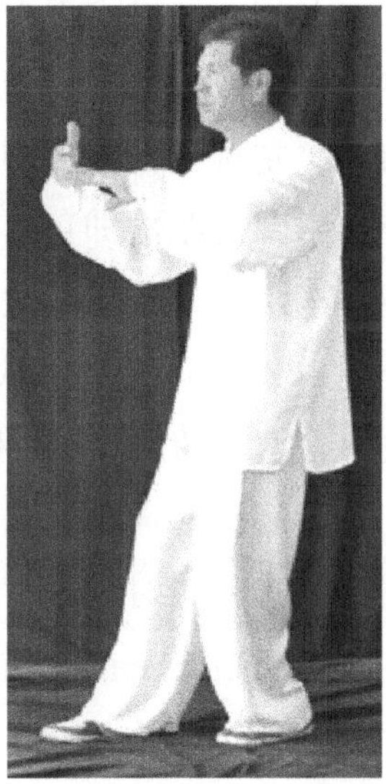
图 6－21

图 6－22

图 6－23

图 6－24

图 6－25

注意：向前挤时手臂及肩部不要紧张，不要僵，两肘不要用力，用腰催着手前进，发挤劲腰必须与形体相合，才会产生弹簧力。

（四）按式

右腰微拱，随即向右外转，右手随腰转，向右外平拉约横手掌半个手掌的距离即可，此时形成左右手指尖相对，左掌心朝外，右掌心朝向前胸之式，成右弓步。左腰微拱向下沉，左腿膝盖微屈，重心稍转向左腿，左手掌微下垂，左腰上提，重心移回右腿，左手随腰上提向外翻转，左右两掌指尖相对，掌心均朝向前胸，左腰微含，随即向左外转，左手臂随腰转将左手平行拉开，相隔一个横手掌的距离即可。腰微拱，两手随腰拱，翻转手心向下成下按式，重心移至左腿。身体随之向后倚，两手随身体后倚向腹前回收（见图 6－26 至 6－30）。两手好似扶在箱子盖上，腰上提，走弧形，两手随之向前上方按出，重心随之移于右腿。

接上式，腰后拱下沉，左手心翻转向上，右手心转向下，同时，向右胯下捋至右胯侧旁，指尖向下掌心斜相对，右臂略稍伸直。左腰向左外上提，左掌向左外随腰外捌，向上回抬至左里肩前，掌心朝向左脸侧，右腰上提向左转，身体向左转，面向正西，右脚随转体内扣，脚尖转向正西，重心在左腿；右臂随转由下向上划弧外翻转掌心朝向胸前，腰向右微转，左手翻转手心朝外轻轻搭于右手腕部。左脚跟随之微向里合，重心落于两腿，腰微拱，其劲向前打挤。

图 6－26

图 6－27

图 6－28

图 6－29

图 6－30

注意：当作挤的动作时，两个肩膀不可用力，只用腰往后一拱即可，挤劲就出来了。

第三式　单鞭

接上式，挤出后，腰微含，右腰向左上方提转，眼神及右脚皆随之转动，右脚向左内转，脚尖转向西南，身体转向正南，顺势右手上翻，手心朝上成穿掌式，左手不动，腰往后微拱，成下採之式，将左右两手拉回右腹前，腰向右外旋转，身体转向西南，左手随转离开右手腕，落至右侧胯上端，面部侧向西北，右手翻转，掌心向下斜指向西北于右胯侧外，重心移落右腿。用左腰提起左脚，脚尖朝向正南，与左肩平行向前迈小半步的距离（见图 6－31 至 6－42）。腰向上提走弧形，两臂随腰向左上划弧，身体随提腰转向正南，两臂抬至略高于肩，重心移向左腿；腰向左撑，随之后拱，带动两臂向左外下划圆收回腹前，重心移向右腿。收回时，左掌翻转掌心向上，右掌心向下两掌微微相合，腰微含，向右侧缓慢旋转打出右肘，腰回转面向正南，眼神转向右平视，腰微拱，随之上提，带右臂往右前方送，右手五指撮拢，指尖朝下变勾手状。臂抬略高于肩，左手仍置腹前，左腰向左外旋转，提左膝身体随之旋转，左脚向左侧迈出一步，右脚尖随身转体内转，朝向东南，身体面向正东。左腰轻轻向上提，借势左手向前打开成掤式，重心前移成左弓步；腰微拱，后腿膝微屈，重心移向右腿，左手随之翻转掌心向下按，眼神向前平视。

图 6－31

图 6－32

图 6－33

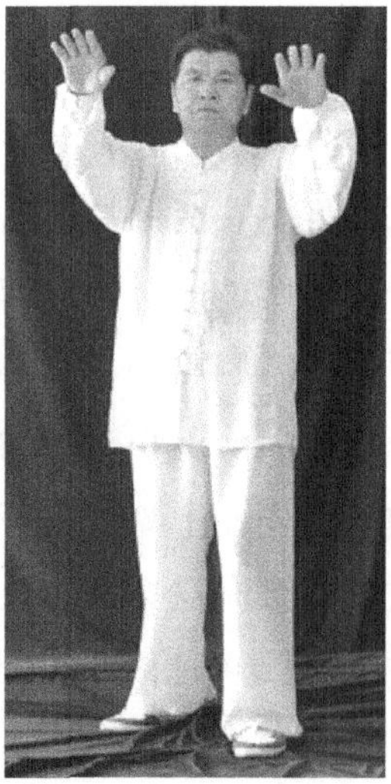
图 6－34

图 6－35

图 6－36

图 6－37

图 6－38

图 6－39

图 6－40

图 6－41

图 6－42

第四式　提手上式

接单鞭式，腰向后拱，重心落在右腿上，身体随之微右转，右手臂随之向右后翻转，左脚尖内转，朝向稍正南，右手由勾变掌打出右掤，左腰向左侧微提，重心随之移向左腿打出左掤。松腰下沉，左手里翻，与右手同时採按，腰微含上提，两手翻转掌心向上，右脚同时上提半步，身体直立，右脚前掌点地，两手随之上提，左手在右手旁护胸，左掌心斜对右肘弯，右手在前，左手在后，两手前后呼应（见图 6－43 至 6－46）。

图 6－43

图 6－44

图 6－45

图 6－46

注意：由单鞭过渡到提手上式，两手要随腰向小腹处採按，周身要保持中正安舒，两手弧形经两侧向前上捧起，成托肘状，而后，两臂虚合，随转体肩背松沉后倚，使肘劲扩散，由两掌挪出。

第五式　白鹤亮翅

腰向后微拱，两手对向翻掌向下採捋，随之腰向左后上方外挒，顺势左掌往左外翻旋成左挒式，身体转向正东，右脚随之内转，脚尖转向正东，右手内旋由掌变松握拳至腹胸前，拳心朝上，左腰随即向右腰靠，左脚跟微里合，左手内翻搭于右手腕部，随即两腰下沉身体微下蹲向下打挤（见图6－47至55）。左腰上提，向后微拱左腿放松，提膝向左前迈出一步，脚掌虚着地面。随即两腰上提走弧形，右掌向前往内旋，手心向上向左，重心随之前移，身体微俯，腰随之向后回拱，重心回移至右腿，右手画圆回收小腹前，手心向下右外翻转向上，不间断右掌向前上方穿出，左掌回放至左胯外侧，腰微含，同时右腰向右外上方旋转，右手向上手心朝内，右手指尖至头顶高，腰继续向右转动，右手掌心转向朝前，左手掌心朝地，重心落至右腿。成后倚坐式身体直立，左脚成虚步。此式要求全身放松，两臂舒展大方。

图6－47

图6－48

图6－49

图 6－50

图 6－51

图 6－52

图 6－53

图 6－54

图 6－55

注意：亮翅时要有朝上的气势，右腿松膝下坐，腰要后拱，除右腿外全身都要放松，这样就有身体拔长的感觉。

第六式　左、右搂膝拗步（三个搂膝拗步）

左搂膝拗步：接上式，腰向左后微拱，随即向右后侧旋拱，身体稍向左转，随之微微向右转，右肘下沉，右掌走大弧形下落至右胯侧旁，下落随着手臂外旋转，手心转向左下落，外翻渐渐翻转向上，左手臂随身转外旋手心斜向上，由左下往左外上方划大弧向右移转。左腰微拱向左外侧，左手臂随着腰带动身体转动，左掌下弧形落于小腹前，左脚向左外侧回拉，脚掌平行着地；左腰轻轻上提，重心移至左腿，身体同时渐渐左转，左脚踏实成左弓步，左手向下经小腹弧形搂至左膝侧旁；右腰上提，右手随着身体重心前移，向上经右耳侧旁向前拍出（正东），手掌心斜向上，眼神向前平视远望（见图 6－56 至 6－59）。意念在腰上。腰向后微拱，右手翻转掌心斜向上切至腹前，重心后移落至右腿，成后倚式；腰微沉，右手旋翻掌心向下，腰往上提，右手向前上方掤推，重心随之前移落在左腿。腰向后微拱下沉，顺势右手掌下按。

图 6－56

图 6－57

图 6－58

图 6－59

右搂膝拗步：接上式，腰向后微拱，成微倚式（见图6－60至65）。

图6－60

图6－61

图6－62

图6－63

图6－64

图6－65

重心移落在右腿上，向左外侧微转，左脚以脚跟为轴，脚尖向左外侧稍转，朝向东北，身体渐渐左转，随身体转动左腰微微上提，慢慢将重心向左腿前移；左腰继续上提，带动左手渐渐以弧形向左后移动，左腰由提变转，左手臂随腰提转外旋，掌心翻转向上，同时，右腰往上提，左腰往下沉，右掌也随身体转自身前弧形向左至右下移，随移手臂外旋，掌心朝下落于右胯侧，眼神随转体向前平视，左掌经左耳侧旁弧形向前拍出，掌心斜朝外。

左搂膝拗步：接上式，腰向左后微拱，随即向右后侧旋拱，身体微微右转，右肘下沉，右掌走弧形下落至右胯侧旁，随下落随着手臂外旋转，手心渐渐翻转向上；左腰微拱向左外侧，左掌随着腰带动身体转动，自左下向前胸而上，成弧形向右移转。左脚上提，身体继续向右微转，随转体，右手弧形向右斜上方移。左掌向右弧形落于小腹前；左腰微拱，向左外侧转，随即左脚向左外侧回拉，脚掌平行着地，左腰轻轻上提，重心移至左腿，身体同时渐渐左转，左脚踏实，成左弓步。左掌向下经左膝以半圆弧形搂至左膝旁；右腰上提，右掌随着身体前移，向上经右耳旁向前拍出（正东），手掌心斜向上（见图6－66至6－68）。

图6－66

图6－67

图6－68

注意：两掌要随腰的转动而动作，腰向左右转时，身体不可摇晃，向前迈步时，上身要保持中正顶头，避免前俯后仰，在迈左右步的过式时，重心那条腿要屈膝不可立直，臀部不可后突，要符合“尾闾中正”的要求，左手自下向上移，要与右脚提起相一致，身体左转变弓步，要与右掌推出相一致，身体右转变弓步，要与左手推出相一致，整个搂膝拗步动作，要做到协调一致，轻松，柔和，不可有停顿和出棱角，松肩时，两肩要保持平行。手掌推出时要微微旋转推出，掌心斜对侧前方，不可坐腕。

第七式　手挥琵琶

接上式，眼神向前平视远望，意念在腰上。腰往后拱，重心移向右腿，右手微外旋随腰后拱收至腹前。掌心朝上；随即腰往上提，右掌旋翻掌心朝下向前掤推，成左弓步。左腰往下沉，右腰往上提，重心前移左腿上，右脚跟随右腰上提轻轻提起。腰向上向后旋拱，身体渐渐右转，右手臂外旋，重心渐渐全部落到右腿，左脚跟随重心渐落在右腿之际，轻微抬起少许，膝微弓成左虚步。右手臂屈肘抽回胸前，掌心翻转朝下；左手随身体向前弧形上举，随举随手臂内旋，掌心也向下，左手在前，肘窝部斜对右手，掌指朝前，高不过鼻，如抱琵琶状，眼神注视前方（见图 6－69 至 73）。

注意：退步与两臂抽回成抱琵琶状，手的动作与脚的动作要协调一致。分清虚实，两肩要下沉，身体要含胸，臀部不要突出，中正安舒，气沉丹田。

图 6－69

图 6－70

图 6－71

图 6－72

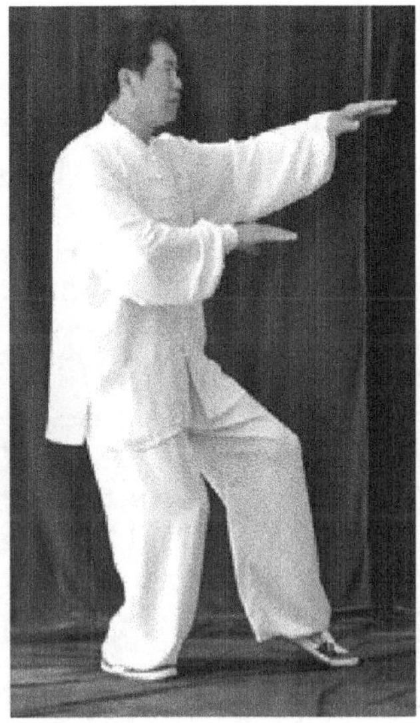

图 6－73

第八式　左搂膝拗步

接上式，腰向右后侧旋拱，身体微微右转，右肘下沉，右掌走弧形下落至右胯侧旁，随下落随着手臂外旋转，手心渐渐翻转向上；左掌随着身体右转向外旋翻，经胸前向右随之向左下经左膝向左胯侧旁，以半圆弧形搂至左胯侧旁，掌心向下；右腰上提，右掌随着身体前移，左脚向左外侧回拉半步，成左弓步，右掌向上经右耳旁向前拍出，手掌心斜向上（见图 6－74 至 6－75）。

图 6－74

图 6－75

第九式　上步搬拦捶

接上式，腰微拱，随即向东南稍转，身体跟随稍向东南，腰微含，右手随身转慢慢外旋，手心向内。面稍向东南，腰向后微拱，右手内翻掌心朝下，弧形向下捋至腹前，右膝微屈；左手随腰后拱抬至胸前，腰微上提，身体随腰上提微向左回转，重心渐渐移至左腿，左膝微弓，左手臂顺势向前掤，手心向内，成左弓步；腰微含上提，右腿跟着提膝上右步，同时右手掌心翻转朝上变松拳；左手随右腿上步向里翻顺势搭在右手腕部，向右前下打捶（见图 6－76 至 6－84）。两臂向前向左里划平弧，右拳拳心向上，左掌掌心朝下，运动至右膝前，两手与右膝成三角。重心渐渐全部移于右腿；左腰微微上提，左脚跟随提起，腰微微含一下，随即向左旋转，右拳跟随向左而上经胸前。腰微拱，右拳跟随收回胸前；腰上提，右拳跟着轻轻打出。随着臂外旋，使拳心慢慢翻转朝上，随即渐渐向下弧形抽回，左掌也同时随转体弧形向右经右臂里侧前拦，掌心朝右。随转体，右拳向前轻轻打出，虎口朝上，拳心朝左，左掌自然坐腕，指尖朝向斜上方，置于右小臂内侧，眼神平视前方。

注意：在连续进步时，要速度均匀，“上下相随，内外相合。”步法和手法要随腰转，右拳打出时拳要虚拢，由腰引领打出，不可用肢体拙力。

图 6－76

图 6－77

图 6－78

图 6－79

图 6－80

图 6－81

图 6－82

图 6－83

图 6－84

第十式　如封似闭

腰向后拱，右腿弯曲，身体后坐式，重心渐渐移向右腿。同时，左掌经右肘下向右外伸，腰轻轻向左旋转并沿右臂向前，边伸边随腰带臂外旋，使掌心翻转朝里；右拳变掌，腰下沉，随即沉肘向胸部抽回。腰微提，随撤臂外旋，使掌心也翻转朝里，两掌高与肩平，指尖朝上，两臂交叉，右臂在里。腰继续拱，重心继续后移，后腿坐实。左腰轻轻提转，两掌向左右分开。（开一个横面掌的距离即可）腰微含，随着两臂内旋，掌心翻转朝下成按式，两腰向上提走弧形，两掌随腰上抬掤推，掌根与肩同高。重心随腰上提，渐渐前移弓左膝，成左弓步；同时两掌向前按出，掌心朝前，指尖斜朝上，眼神向前方远视（见图 6－85 至 6－87）。

图 6－85

图 6－86

图 6－87

注意：两臂须随腰带身体后倚收回，保持立身中正。重心前移。后移时，要用腰带领，齐进齐退，“上下相随，内外相合”。

第十一式　十字手

接上式，腰后拱，成后坐式，重心移至右腿上，身体转向正南，左脚内转，脚尖转向正南。左腰后拱，重心随即转向左腿上。

图 6－88

右腰上提，随即向右外撑，右腿随腰向右外侧上方开步，重心在左腿不变。左腰上提合右腰，重心随腰移向右腿上，左腿随腰合右腰成右坐弓步；左、右两臂也随腰开，左臂与左腿同时合右腰成蹲式，左、右两臂交叉，两掌心向下。腰上提，身体随之直立，两臂随身体直立成十字，两手翻转掌心均向外，两手指尖斜向上（见图 6－88 至 92）。

注意：左脚尖内转踏实后，右脚跟即随腰上提侧撑，渐渐离地提起开步。当右脚落实时，左脚随腰向右合，提起向右脚靠拢。整个十字手动作要求上下相随，内外相合。两臂呈环状，不可端肩抬肘，两腿直立时，全身都要放松。

图 6 –89

图 6 –90

图 6 –91

图 6 –92

观看第一路教学视频请扫二维码

第二节　第二路十五式

第十二式　抱虎归山

接上式，腰微拱，重心落于右腿，右手随腰拱回拉至右侧耳前方，（距右耳约六、寸的距离为宜）掌心向左。左腰微微下沉，左手向下划弧至左膝前，指尖下指；左腰微上提，提左膝，左脚，脚跟着地，脚尖翘起。腰微含，右腰稍重旋转于右外，左脚尖内转踏实。左腰微含，重心移落左腿。右腰轻提外旋，右脚渐渐提起，向前轻轻落步，同时身体右转面向西北；左腰上提，左掌顺势向上弧转，经左耳旁随腰上提向西北推掌，重心在两腿之间。（前腿为重心的十分之七，后腿为重心的十分之三）成右弓步；同时右手掌心翻转向下，顺着腰地转动做右搂式收至胯侧。腰微含，重心后移左腿，左手随之向左小腹前下按，右手渐渐上提到右肩前。右腰上提，右手心翻转朝外，随着右膝微屈前弓，身体前移，向西北顺势推掌，同时左手翻转掌心向上，移至左胯侧（见图 6－93 至 6－99）。这便是左右扑面掌。

图 6－93

图 6－94

图 6－95

图 6 －96

图 6 －97

图 6 －98

图 6 －99

注意：此式的各式动作都是用腰来进行的。第一个左扑面掌，是随着腰的右转动作扑出去的。第二个右扑面掌，是随腰上提，重心前移成右弓步的动作扑出去的。所以，其根在脚运动在腰，腰动掌随。双手轮换打出，也称连环扑面掌。但不要练成右搂膝拗步。

第十三式　上步揽雀尾

接上式，腰微拱，重心渐渐移至左腿，右手随重心转移向左下腹划弧捋至左肋旁。手心翻转向上，左手随腰拱，向外上方划弧翻转掌心向下，高与肩平，成左抱球状。右腰上提，右脚随即向前迈出小半步，右手臂上翻向前打掤（见图 6－100 至 6－107）。

图 6－100

图 6－101

图 6－102

图 6－103

图 6－104

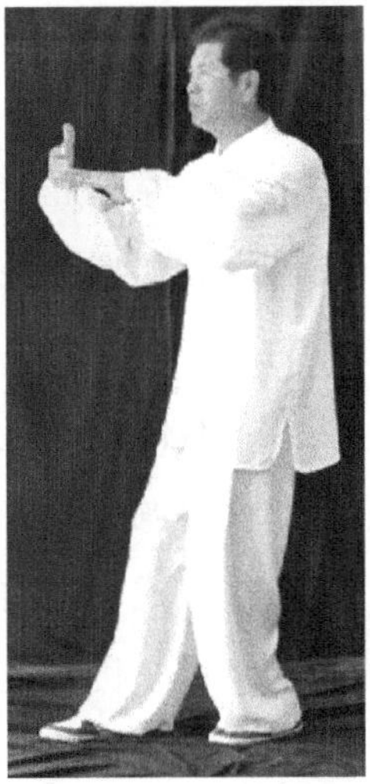
图 6－105

图 6 – 106

图 6 – 107

注意：打掤时，全部动作务必要在意念引领下用腰完成，要在腰的带动下运动。左手动要在左腰的引领下，右手动要在右腰的引领下，腰动多少手动多少，过与不及都不可。动作要柔顺，速度要均匀。手脚的动作在运动中必须同时进行，同时完成，要协调一致。做到“一动无有不动，一静无有不静。”

捋：接上式，腰继续上提，右臂随之上掤，手心翻转朝下。左臂跟随右臂翻转左手，成两掌心斜相对。腰后拱，重心渐渐移至左腿，两手随之向右胯下捋，左腿屈膝后倚，右腿稍直。同时两手随腰后拱之势，屈肘缓缓向右胯下方弧形回抽捋之，左手止于右小腹前，右手捋至右臂向右胯下稍伸直为止。

注意：身体左右转动时，要以腰为轴，由腰带动，身体要保持正直，每个动作要协调一致，同时完成。

挤：接上式，腰向后微拱，左膝微松，左手臂随转向左肩上方捌，头微侧向左，重心仍在左腿；腰微旋提，身体随腰提转面对西北，右臂随身体回转，抬高至胸前，手心向内。左手随身体回转，顺势翻转手心向下，搭在右小臂腕部，重心移至右腿。腰微拱，弓右膝向前打挤，眼神注视前方。

注意：向前挤时，手上一定要放松，两臂及肩部不可僵，两肘不可用力挺直。

按：接上式，腰微拱，右腰向右外微转，右手臂随腰转向右拉开，成两手指尖相对；左腰下沉，左膝微屈，随即左腰微上提，左手上外翻与右手指尖平相对，两掌心均向内，重心回移至右腿。左腰微含，向左外微转，左手随之拉开。（中间拉开一手掌的距离）腰向后微拱，重心移至左腿，两手翻转掌心向下，成按式至腹前回收。两手心好似扶在箱子盖上，随之，含胸提腰两手向前上方推出，重心随之移至右腿，成右弓步，眼神向上平视。

注意：向上按时两手不可高于额头，两手臂要松，用腰按之。两手拉开时要防止手拉和胯动。

接上式，腰微拱，两掌顺势右下捋，左手随势里旋成两掌斜相对。随腰拱，身体重心渐渐移至左腿，左腿屈膝后倚。右腿稍直，两手随腰后拱之势，屈肘缓缓向右胯下方划弧抽回捋之，左手止于右腹前，右手捋至向右胯下舒伸直为止。眼神随两手移动，此为捋式。左腰微含上提，向左外旋转，身体向左外转，左手由腹前向左肩上方挒之。右腰向里合，右脚尖随内转朝向正西，右手随内转提向胸前。左腰向右微合，重心移于右腿，左脚跟向里微靠，左手顺势翻转掌心向下，搭于右小臂腕部，重心移至两腿。腰微拱，向正西打挤。

第十四式　斜单鞭

接上式，挤出后，右腰上提往左旋转，身体随之向左转动，眼神也随之向左看。挤式不变，跟随身体也向左转至正南　向上方穿掌，右脚也随之向内稍转。腰微拱，穿掌的两臂顺势向下採，重心移至右腿成微后倚。腰向右外旋转，身体侧向西北，两臂也随之翻转向右后，两掌指尖斜指向地面两掌心朝下。左手臂置于右小腹，右手臂置于右胯外侧舒伸直。左腰上提，左脚外开脚尖朝向正南，与左肩平行；右腰同时上提，带动两臂向上划弧摆向正南，成左弓步。腰向左外撑，两臂随腰向左外划弧。腰随之后拱重心移至右腿，两臂继续向下划圆，左手向里旋转手心向上，随重心转移后坐收之腹前，两掌相对合在一起（见图 6－108 至 6－122）。腰微含旋转向右，两手相合的双肘也随之微转稍斜向西北，打出右边肘；腰回转微含，随之上提，右臂顺势向右外上方打开，右掌变勾手向右上方平送，略

图 6－108

图 6－109

图 6－110

图 6－111

图 6－112

图 6－113

高于右肩。左手仍置胸前，左腰微拱，向左外转，身体转向东南，随即提左膝，左脚向左前上方迈出一步，脚尖朝向东南，右脚随左脚内转朝向东南。左腰继续上提，左臂随之向前掤出，成左弓步。腰微拱身体稍后坐，掤出左手顺势内旋翻，掌心向下採按至腹前。腰随即上提左掌顺势向左前上方推出。

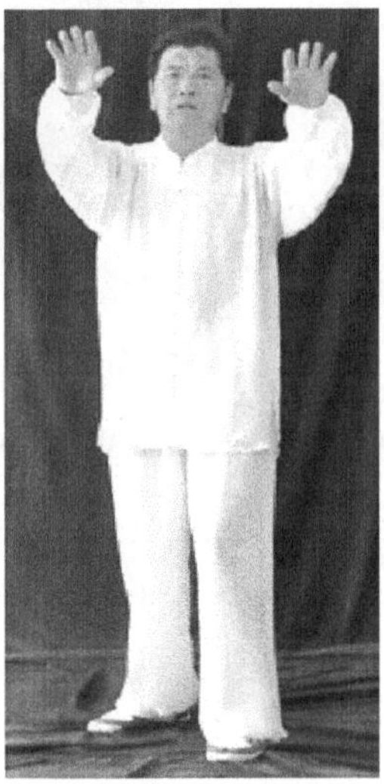

图6－114

图6－115

图6－116

图6－117

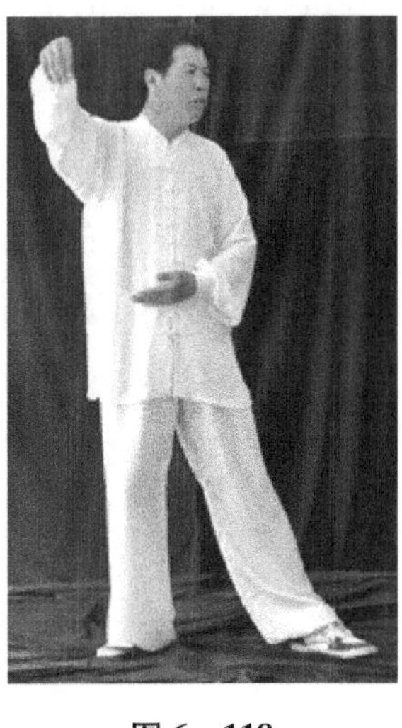

图6－118

图6－119

图 6－120

图 6－121

图 6－122

注意：单鞭在整套拳架中，起着承上启下的作用，应该注意中正。上身不可前倾，肩背不要倾斜。要呼吸自然，如欲左顾，则眼神领先于左顾；欲右盼，则眼神领先之右盼。总之，要做到处处神意领先，才能做到意到气到。

第十五式　肘底看捶

图 6－123

接上式，腰向左旋转，左臂内翻转，手心也随翻转朝向斜外。

右腰微提，顺势右脚向右上方挪半步。腰后拱，重心移至右腿，左脚跟随重心后倚向里合，左手掌心向下顺势划落至左胯旁。右手掌随重心后移回收于胸前，掌心向外。腰向上提，重心前移至左腿上，右掌随腰上提，向前推出（见图 6－123 至 127）。

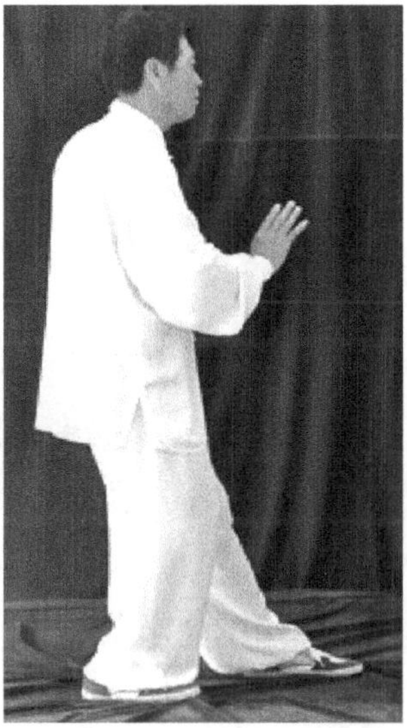

图 6 – 124

图 6 – 125

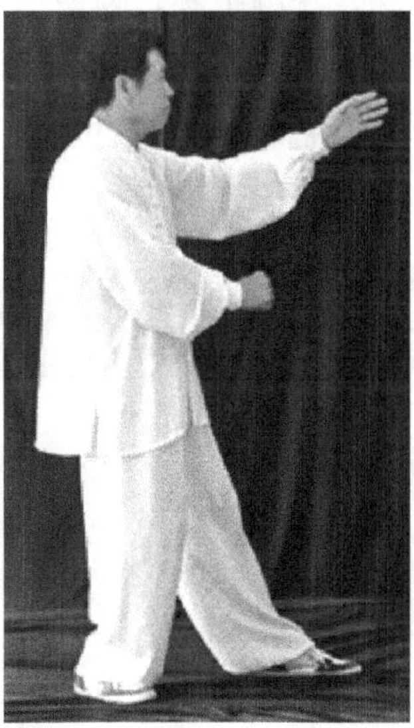

图 6 – 126

图 6 – 127

腰向后拱，重心落于右腿，成后倚靠式，顺势左手跟随腰后拱由左胯旁抬起；右手掌随腰后拱回收变空心拳，抬起的左手掌心向右，贴右手的空心拳眼向前上方穿插而出，穿出的左掌食指抬高与眉齐，大手指对正鼻尖。

注意：从斜单鞭过渡到肘底看捶，手脚要协调一致，步法要轻灵，在腰的带领下要做到“上下相随，内外相合”。松腰胯，两臂须呈弧形，不可挺直，胸部不要正对前方。

第十六式　倒撵猴

接上式，腰微拱右转，身体随之右转，左脚掌点地，左掌向前微伸，手心向右翻向下。右空心拳变掌自左肘下，随腰转划弧至右胯旁，随转撤随着臂外旋，使掌心渐渐翻转向上。左掌随身体右转，向里旋翻，掌心向下按。同时，右掌向后偏右弧形举至与肩略平。腰松下沉，随即上提向左旋转，右臂上旋经右侧脸向前上方切于胸前，掌心斜向里，眼神余光观注右掌（见图 6－128 至 6－133）。

左撵猴：含腰左转，身体随之左转，下沉做切、搓、按。

左脚抬起平行后撤一步，重心移于左腿，左脚踏实，脚尖稍朝东北，右脚尖随即移向正东；随转体，左掌弧形后撤回于左胯旁，右掌弧形经右侧脸颊向上向前切落至胸前，随腰身左转掌心翻转向下向前搓按。眼神随转体向前平视转移，并观之前推之掌。

图 6－128

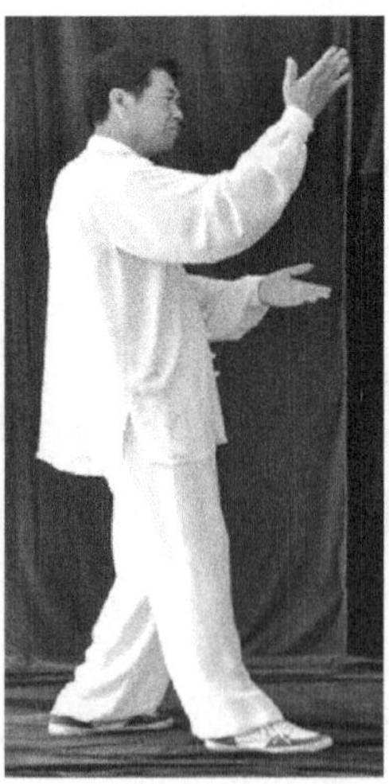

图 6－129

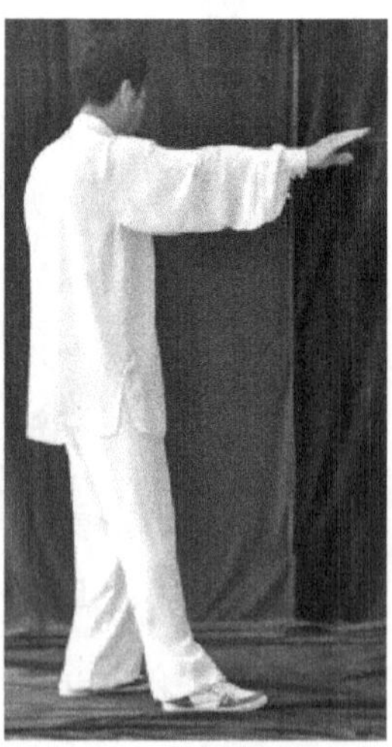

图 6－130

图 6－131

图 6－132

图 6－133

右搴猴：含腰右转上提，左掌向后偏左弧形抬至略高于肩，左臂外旋使掌心朝上，经左侧脸颊向前上方切落于胸前，掌心斜向里，随腰右转向前搓，掌心向下，腰向下沉，左掌随之下按，眼神观注左掌后举。随即含胸提腰微拱，右膝提起右脚后撤一步，随着拱腰，重心渐渐移于右腿，右脚踏实，脚尖稍朝向东南。身体在腰的旋转引领下渐渐右转，左脚尖随即移向正东；随转体右掌弧形后撤回于右胯旁，左掌弧形经左侧脸颊向前向上切落至胸前，随腰身右转掌心向下向前搓按，眼神随转体向前平视转移，眼的余光观之前推手掌（见图 6－134 至 6－135）。

左搴猴：接上式，身体左转，腰微拱下沉，随即上提，向左旋转，身体随之左转。同时右掌向后偏右弧形抬高至与肩平，左臂外旋使掌心朝上；眼神观注右掌后抬。腰微含，左脚随之后撤一步，重心落于左腿，左脚踏实，脚尖稍朝向东北。右脚尖随即移向正东；随转体，左掌弧形后撤回于左胯旁。右掌弧形经右脸颊向上向前切落至胸前，随身体左转向前搓按。眼神随转体向前平视转移，眼神余光观之前推手掌（见图 6－128 至 6－132）。

右搴猴：接上式，身体右转，腰微拱下沉，随即旋转向右上提，左掌向后偏左弧形举至与肩平，左臂外旋使掌心朝上，眼神关注左掌。腰微含下沉，随即上提，抬右膝提起右脚随腰旋转后撤一步，右脚落地踏实，脚尖朝东南。身体随腰渐渐右转，左脚尖随即移向正东；随转体，右掌划弧后撤回于右胯旁，左掌弧形向前向上经左脸颊向前切落至胸前，随腰右转翻转掌心向下向前搓按。眼神随转体向前平视转移，余光观及前推之掌（见图 6 – 134 至 6 – 135）。

左撵猴：接上式，身体左转，腰微拱下沉，随即上提，向左旋转，身体随之左转。同时右掌向后偏右弧形抬至与肩略平。左臂外旋，使掌心朝上；眼神观注右掌后抬，腰微含上提，左脚随之提起后一步，重心落于左腿，左脚踏实，脚尖稍朝向东北。右脚尖随即移向正东；随转体，左掌弧形后撤回于左胯旁，右掌弧形经右脸颊向上向前切落至胸前，随腰左转掌心翻转向下向前搓按，眼神随转体向前平视，余光观之前推手掌（见图 6 – 128 至 6 – 133）。

注意：倒撵猴要做五个，在连续退步时，要走出两条线，不要退在一条直线上。身体要“上下相随”，意气要“内外相合”。向前推掌时，身体要保持中正，不可前俯后仰。

第十七式　斜飞式

接上式，左腰上提，向右回旋，左臂跟随回旋翻转，掌心向下。两臂呈双掤之势，两掌心均向下，重心移向右腿，成右弓步。腰向后拱，右臂随腰后拱向右向下划弧，重心随腰拱落于左腿。腰向上提，右手臂上抬回收身前与左臂呈交叉状，重心移于右腿。腰向后拱，重心落于左腿，右手随重心后移向下穿掌落至左膝外侧，手指向下，掌心向里，好似触摸膝盖状；同时左臂回收向右，经面前划弧至左手背贴右耳为止，身体呈后坐势。右腰上提，随之右膝微提，右脚离地，重心完全落于左腿。松腰下沉以左脚跟为轴，同时腰上提，顺势向右转，身体转向正南，右脚向前脚跟落地。右手旋外翻手心向内置于胸前，左手回收向外旋翻，手心向内置于胸前。左手在前下，右手在后上。腰微含上提，重心渐渐移于右腿至全脚踏实，成右弓步（见图 6 – 134 至 6 – 138）。腰微含下沉，随即上提，右手掌向右上方捌出，高与额齐；左掌里旋翻，向左弧形下採至左胯旁，掌心朝下。眼神随转体平视转移，观注右掌。

图 6－134

图 6－135

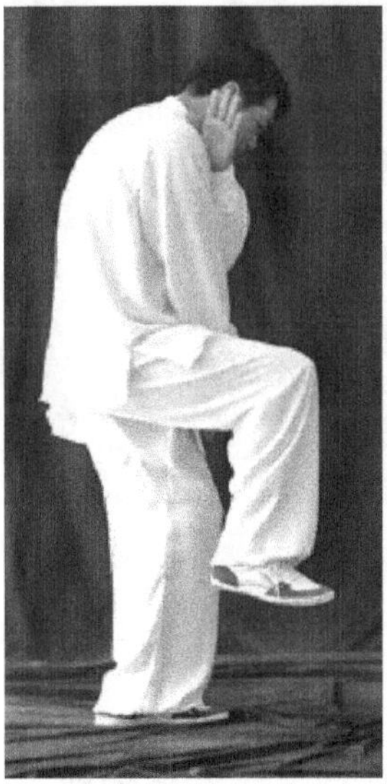

图 6－136

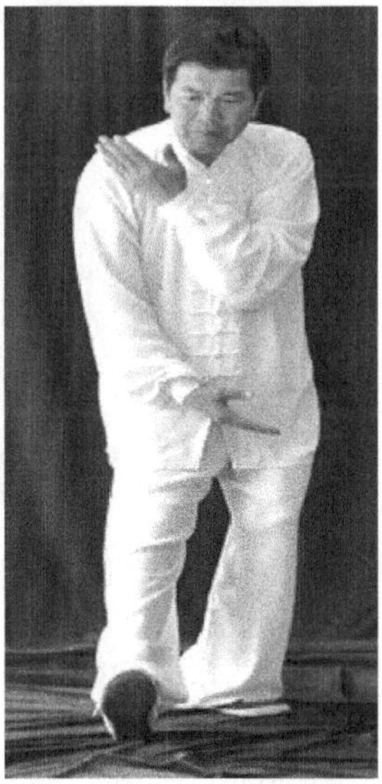

图 6－137

图 6－138

注意：向右旋转时，左腿须坐实，松腰胯。先提转腰，随转腰，右脚自然随转落地。要避免上身前倾，而显得轻灵。右掌向右上方挒出时，要注意上下相随，内外相合。身、手、步要协调一致，不要以单手挒出，以防其他部位跟不严。

第十八式 提手上式

接上式，腰微含，身体重心移至左腿，呈微蹲式。同时两臂翻转下采，眼神下视，接着腰上提，左、右手上翻与右脚同时上提，右脚向前上步，右脚掌前掌点地，左腿直立，重心仍在左腿上。左手在右肘旁护胸，掌心斜对右肘弯，右手掌心朝上，右手在前，左手在后，两手前后呼应（见图6－139至6－141）。

注意：由斜飞式过渡到提手上式，两手随腰向小腹处松沉，周身要保持中正。两手沿弧形经两侧向前上捧起，而后两臂虚合，肩背松沉后倚，使肘靠内劲扩散由两掌掤出。

图6－139

图6－140

图6－141

第十九式 白鹤亮翅

接上式，腰微拱，右手慢慢向右下採，同时右脚落平。左腰随即左外上提，左手顺势左㨃，身体转向朝东。右脚随左手掌左㨃内转，脚尖朝东。右手内旋翻手心朝上，左腰向右微合，左脚跟随向里转，左手顺势搭于右手腕部。腰下沉，两手随向下打挤。同时左膝放松，左腰微提随之后拱，左脚向左前迈出，脚掌虚着地面。右腰上提走弧线，右掌随之向前划平圆，腰回拱上提，右手随之回收胸前翻转掌心向内。不停顿，左掌随右手前送顺势自然回放左膝外侧，身体随腰走弧线向前移动，重心至左腿，成左弓步，眼神向下远视。腰回拱，重心随之移于右腿，右掌回抽至小腹前。腰微含上提，掌心慢慢翻转向上高过头顶，腰随之向后倚靠，右手随之翻转向右外侧上方，手心朝前。左手心朝向地面，重心落于右腿上，成后倚之式（见图6－142至6－148）。

图6－142

图6－143

图6－144

图6－145

图6－146

图 6 – 147

图 6 – 148

注意：此式要求全身放松，两臂舒展，好似白鹤腾飞之势。收腹含胸，精神要提起，下肢要稳重，左脚虚放地面，眼神注视前方。

第二十式　左搂膝拗步

接上式，腰向左后微拱，随即向右后侧旋拱，身体微微右转，右肘下沉，右掌走弧形下落至右胯侧旁。随下落，随着手臂外旋转，手心渐渐翻转向上；左腰向左外微拱，左掌随着腰带动身体转动，自左下向前胸而上，弧形向右旋转。左脚上提，身体继续向右微转，随转体，右手弧形向右斜上方移。左掌向右弧形落于小腹前；左腰微拱，向左外侧转，随即左脚向外侧回拉，脚掌平行着地。右腰轻轻微提，重心移至左腿，身体同时渐渐左转，左脚踏实，成左弓步。左掌向下经左膝以半圆形搂至左膝旁；右腰上提，右掌随着身体前移，向上经右耳旁向前推出，眼神平视远望（见图 6 – 149 至 6 – 153）。

图 6－149

图 6－150

图 6－151

图 6－152

图 6－153

第二十一式　海底针

接上式，腰微拱成后坐式，重心落右腿上，右手臂随腰后拱向外旋转，回收至腹前，掌心斜朝上，随即含胸往上提腰，右臂往里旋转向前向上推出，重心渐渐移于左腿右脚跟提起，右腰往右外上提，左腰向左后下沉，同时右腰向右外旋转。右臂向外旋转，左臂向里大旋转划圆，腰微拱，右脚跟随即向前向里移动少许落下；腰微微下沉，重心渐渐全部移落右腿，左腿成虚步。左臂外旋使掌心朝左，左掌随重心前移向前划伸至胸前正前方，左指上指，掌心向右微屈，屈右肘，腰微含上提，右腕随腰向里提回，左掌翻掌下按，左脚略里收，前脚掌点地，成左虚步；腰向下沉，坐实右腿，右掌随沉腰向前下插掌，掌心向左。左掌弧形下落于左胯旁；眼神前下视，观注下插的右手（见图 6 –154 至 156）。

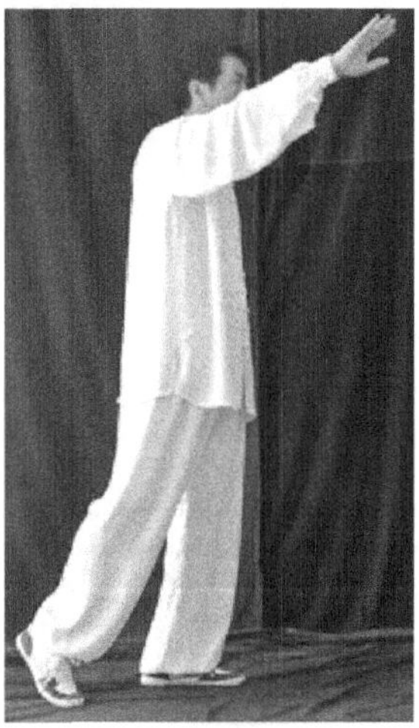

图 6 –154

图 6 –155

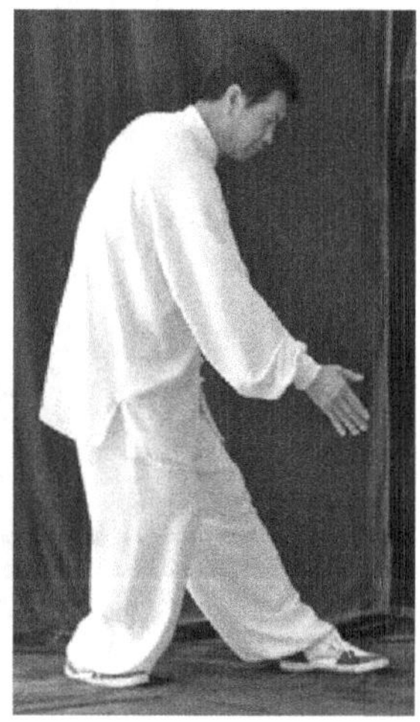

图 6 –156

注意：左脚提起时，右腿要渐渐下坐。左脚尖虚点地面，重心全部落在右腿上。右掌提回下插时，要防止抬肘。做海底针时，两臂不可伸直。要微屈，这套拳演练过程都要求两臂两腿，似直非直，似屈非屈。右掌向前下插时要随右腿下坐同时动作。下坐时，身体要正直，腹微含，不可低头弓背，动作上下左右要一气贯通。

第二十二式　扇通背

接上式，腰微拱上提，随即抽回右插掌，抬起左按掌，两掌同时向前送翻掌，掌心均朝上。松腰上提，重心移至左腿，右脚后跟微微抬起，随即腰微拱，旋转向右外，在向左里回转。右脚随身体转朝向正南。左脚提回向左前上方迈出一步，脚尖朝向偏东南。同时，右掌由身体前上提，随提随着臂内旋转，掌心翻转朝外；左掌回收，翻转掌心向里向外成左侧弓步。同时两臂抽回，随身转体至右向左走大弧形掤出，手指朝左斜上指，掌心向外；左掌与头平行，右掌高于头顶，成上托之式。眼神向左平视，观及左掌前托（见图6－157至6－159）。

图6－157

图6－158

图6－159

注意：摆正右腿，左脚向左前迈时，身体不可站起。变左弓步，左前掌前推，与右掌上托，这三个动作要同时进行，动作要一致。左掌前推时，掌心不可正对前方，右掌上托，要防止纵肩抬肘。两臂划弧时，要用腰带领，弧形要走圆满。

第二十三式　翻身撇身捶

接上式，松腰，右腰向左提转，身体向左微转，右掌跟随向左挥出，重心移向左腿；随即腰下沉回拱，右掌心向下沿胸前抽回，向右外正西打肘，重心移向右腿；左腰向右提转，身体向右微转，左掌向右正西挥出，重心落于右腿；腰回拱向正东转，左掌心向下沿胸前抽回，向左外正东打肘，重心移落左腿；腰下沉，提右腰向右外旋转，随即右脚提起，向右后侧迈开一步，身体随腰向右转，面向正西。同时右手掌变松握拳，随转体向右外撇捶抽回右肋旁；左腰上提，左手掌随腰抬起向正西推出，掌心向外。左脚随之内扣，脚尖稍向西南。腰后拱，左掌随即回抽胸前，落于右拳腕部，腰向右外旋转上提，右拳自右肋起，向右上方划弧打出一拳，高与右额齐，拳眼朝向左里侧。腰向左后微拱，左掌带着右拳沿右侧向左侧慢慢回抽，随抽右拳展开慢慢变掌，重心随之慢慢落于左腿，成左下捋（见图 6－160 至 6－164）。

注意：手势和脚步要随腰转动，要“上下相随，内外相合”。

图 6－160

图 6－161

图 6－162

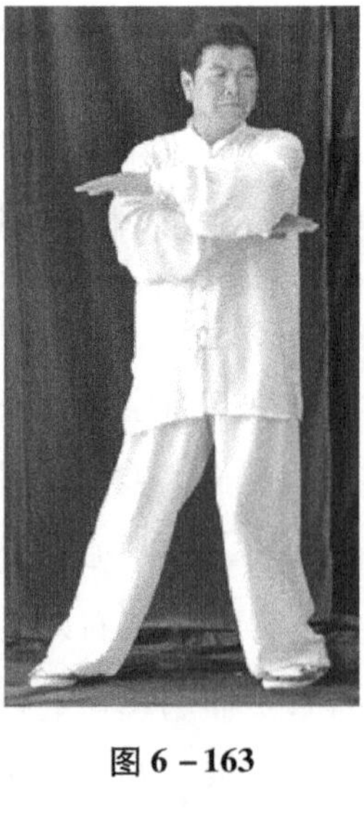

图 6－163

图 6－164

第二十四式　进步搬拦捶

接上式，腰微含，向右外转，重心随腰转落于右腿，两手由捋式变右搬捶，右掌变松拳，左手仍搭在右拳腕部，与右膝成三角。左腰微上提，左脚提起，向前上一步；松腰微拱，向右外平转，上提向左旋转，身体随之缓慢左转。随转体右拳自右肋旁而上向胸前搬出，随搬随着臂外旋，使拳心慢慢翻转朝上，随即渐渐向左下弧形抽回，左掌也同时随转体弧形向右经右臂里侧前拦，掌心朝右，眼神观注左掌。腰后拱，重心移于右腿，右拳弧形收回胸前，左掌护住右拳，左掌在前，右拳在左肘里侧（见图6－165至6－173）。腰微含，右膝微屈，身体后倚，右臂拳随身体后倚，略收胸前。腰右外旋转，随转左脚往右里侧内扣，脚尖朝向西北。左臂回拉，向里翻转掌心朝下，重心移落左腿。腰微含，右拳随重心转移左腿变掌，成左抱球状。

图6－165

图6－166

图6－167

图 6－168

图 6－169

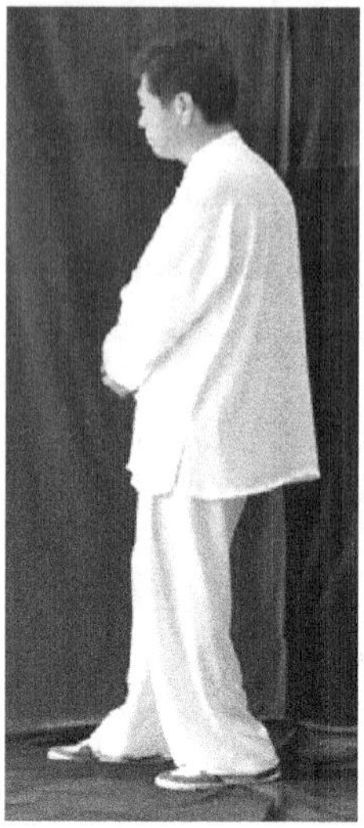

图 6－170

图 6－171

图 6－172

图 6－173

注意：在连续上步时，要求速度均匀，步法和手法要随腰转动，右拳打出时，拳要虚攥，内劲要跟随，不可用拙力。

第二十五式　上步揽雀尾

接上式，腰微后拱，右手随腰后拱之势自胸前方向左划弧抄至小腹前，随抄随臂外旋使掌心翻转朝上，与左手成抱球状，两臂成弧形面向西北。

掤：右腰上提，右脚向前迈步，重心渐渐移至中间，成右弓步；腰继续上提，右小臂同时向右上前方打掤，右掤手高与膻中穴平。左手掌心向下置于左胯旁，意念领腰继续上提，右手随之向右上撩掤，左掌跟随向上，当掤至略高于肩时，两掌翻转掌心斜相对（见图6－174至6－189）。

捋：腰向后拱，重心随拱腰落于左腿，成微坐式，两掌随拱腰向右胯下捋。

注意：身体左右转动时，要以腰为轴，内劲带动，身体保持中正、松肩、松胯、松膝。这套拳自始至终对身形的要求都是一致的，动作要柔缓，速度要均匀，手脚的动作配合更要协调一致。弓步时小腿要垂直，膝盖以不超过脚趾与脚掌相连的指节为宜。

挤：腰向左外上提，身体微向左转，重心渐渐移于左腿，随转体右臂外旋使掌心翻转朝里。左臂随身体向左转，内旋向左外捌。右小臂弧形垂肘横于胸前，左腰回转上提，顺势左手翻转搭在右手腕部。腰微拱，向西北方向挤出，成右弓步，眼向前平视。

注意：向前打挤时，两手臂一定要放松，肩肘不可用力，腰向后微拱，挤劲就自然催出来了。

按：腰微含，右腰向右外平转，顺势拉开右手臂，左手自然拉开与右手指尖相对。左腰下沉上提，左手随即翻转，呈横掌两手指尖相对状；左腰向左外平转，顺势拉开左臂，两手分开。（中间间隔一横掌距离）腰随即向后拱，重心落于左腿上，顺势两手翻转掌心向下，随身体后倚顺势下按至腹前回收，两手好似扶在箱盖上。

松腰：含腹，往上提腰，两臂随之往前上推出，重心随之移于右腿。

接上式，腰微后拱，左手随拱腰翻转斜向里，指尖斜朝上，右手心斜向下，右手在上，左手在下，两掌心斜相对。同时随腰后拱之势，向右胯下捋；左腰向左外上提，左掌随向左上捌，身体随腰转向正西，右脚内转，脚尖朝西，抬起右臂至胸前，掌心向内。腰微含下沉向右微提，左手旋翻顺势轻轻搭于右小臂腕部，重心落在两腿上。腰微拱顺势向正西打挤。

注意：打挤劲时周身放松，两臂不得僵，否则，就打不出挤劲。

图 6－174

图 6－175

图 6－176

图 6－177

图 6－178

图 6－179

图 6－180

图 6－181

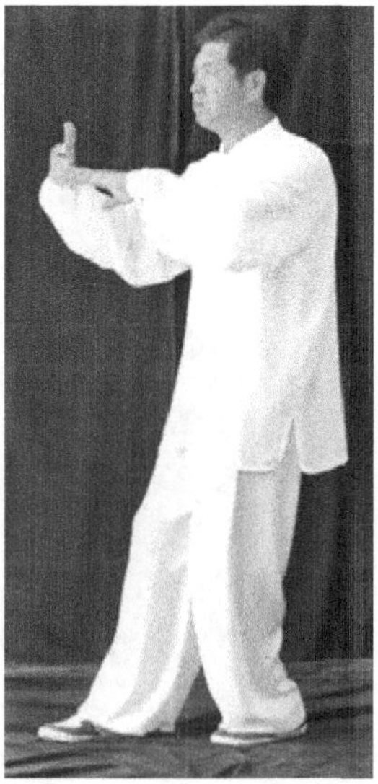

图 6－182

图 6－183

图 6－184

图 6－185

图 6 - 186

图 6 - 187

图 6 - 188

图 6 - 189

第二十六式　单鞭

接上式，腰微含，随即右腰向左上方转动，眼神及右脚皆随之转动，右脚向左内转，脚尖朝向西南，顺势右手上翻，手心向上，成穿掌式。左手仍搭在右手腕部，身体转向正南。腰向后微拱，成下採势，将右手臂拉回右腹前，重心移落右腿；腰向右外旋转，左手离开右腕，停在右肋旁，指尖向下，面侧向西北；左腰上提，随即左脚提起，脚尖朝向正南，与左肩垂直平行，向左转向前迈半步，腰向上提左转，带动两臂手心朝下，向上平云走弧形划圆，撑、拱腰，将两臂收胸前。左手心翻转向上，右手心朝下，两手微微相合（见图6－190至6－195）。腰微含，向右侧方缓慢旋转打出右肘；腰回转，面向正南，眼神转向右平视。腰微拱，右腰上提，带右手向右前上方送，右臂向右前上方伸，略高于肩，五指撮拢，指尖朝下变勾手。左手仍置胸前，左腰向左外旋转；提左膝，眼神向左随身转平视。左脚向左侧迈出一步，右脚尖内转朝向东南，身体转向东南。左腰轻轻上提，借势左手向前打开，成掤按式，手心翻转向下，重心慢慢移至左腿。腰微拱，左手随之向下採按，同时重心移至右腿。腰上提，将重心向前移至左腿，左掌向前按出。

注意：单鞭在整套拳架中，起着“承上启下”的作用，练习者须细心体会，揣摩。练单鞭时要注意中正安舒，上身不可前倾后仰，肩背不要倾斜。

图6－190

图6－191

图6－192

图 6－193

图 6－194

图 6－195

观看第二路教学视频请扫二维码

第三节　第三路二十一式

第二十七式　云手

图 6－196

左云手：接上式，腰微拱，向左旋转，随即后拱成后倚式上提，左脚尖稍微里转，同时右勾手变掌向右外掤，左手在左肋旁随右掤势，自下向上划一小弧，至左膝外掌心向下，身体微向左转，面朝东南。腰微上提，随即后拱，重心落于右腿上，右手掌置于右胯侧旁。腰上提走弧形，右手经腹前向左前下穿掌，掌心向左，上身微俯，随穿掌重心移于左腿。腰上提，身体直立，右脚随身体直立，向左脚并拢。右掌抽回胸前与乳线平，掌心向里；左手弧形上抬至腹前，掌心向里，右手在上，左手在下，两臂撑圆，腰微后倚（见

图 6－196 至6－201）。

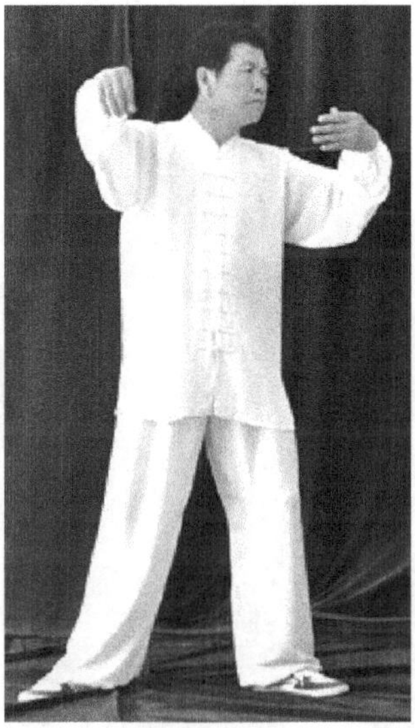

图 6－197

图 6－198

图 6－199

图 6－200

图 6－201

右云手：腰微含，向右外转，右脚以脚跟为轴，往右外转脚尖；左脚以脚尖为轴，往左外转脚跟，身体随腰右转，面向西南。腰向后拱，重心落于左腿，成下坐式。右手随腰后拱向右下划弧至右侧胯旁；左手下划弧落于左大腿侧旁。腰上提走弧形，左掌随腰向上走弧形，向右前穿掌，重心落于右腿上；腰微提，左脚随提起，向左顺开一步，掌心向右，上身微俯。提腰身体直立，左掌抽回胸前高与乳平，掌心向里；右手弧形回至腹前，掌心向里。左手在上，右手在下，两臂圆撑，腰微后倚（见图 6－202 至 6－207）。

图 6－202

图 6－203

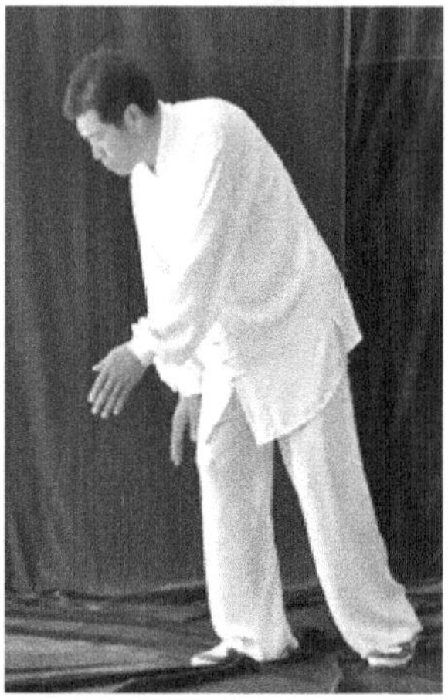

图 6－204

图 6－205

图 6－206

图 6－207

左云手：接上式，腰微拱向左旋转，左脚以脚跟为轴，向外转脚尖，右脚以右脚跟为轴，向里转脚尖。腰随即后拱成后倚式，左手随腰转，下划摆至左胯侧旁；右手随拱腰，下划摆落于右大腿侧旁。腰上提走弧形，右手经腹前向左前下穿掌，掌心向左，随穿掌重心移于前腿。腰上提身体直立，右脚随身体直立，向左脚并拢。右掌抽回胸前，与乳线平，掌心向里；左手弧形回至腹前，掌心向里，右手在上，左手在下，两臂圆撑，腰微后倚（见图 6－208 至 6－210）。

图 6－208

图 6－209

图 6－210

右云手：接上式，腰微含，向右外转，右脚以脚跟为轴，往右外转脚尖，左脚以脚尖为轴，往左外转脚跟，身体随腰右转，面向西南。腰向后拱重心落于左腿，成后坐式。右手随腰后拱，右下划摆至右侧胯旁，左手划落于左大腿侧旁。腰上提走弧形，左掌随腰向上走弧形，向右前穿掌，重心落于右腿上。腰微提，左脚随腰提向左顺开一步，掌心向右。身体直立，左掌抽回胸前，高与乳平，掌心向里；右手弧形回至腹前，掌心向里，左手在上，右手在下，两臂圆撑，腰微后倚（见图 6－211 至 6－215）。

图 6－211

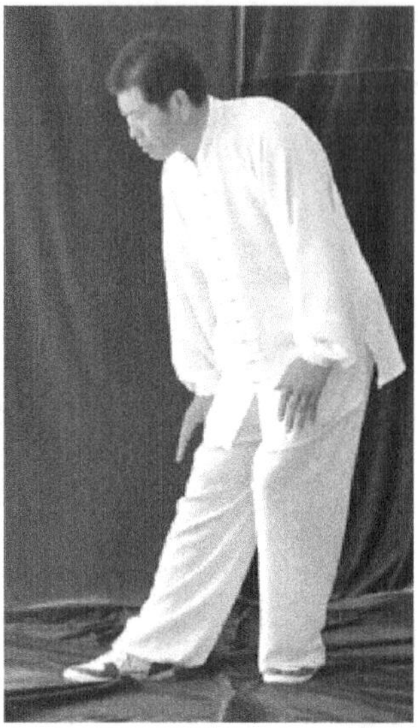

图 6－212

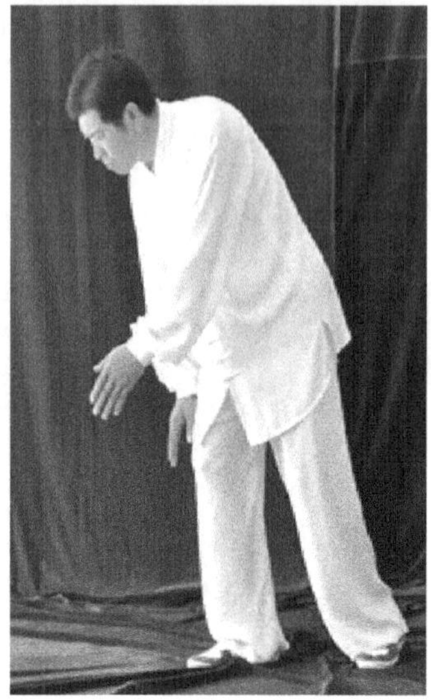

图 6－213

图 6－214

图 6－215

左云手：接上式，腰微拱，向左旋转，左脚以脚跟为轴，向外转脚尖；右脚以右脚跟为轴，向里转脚尖，腰随即后拱，成后坐式。左掌随腰转，下划摆至左胯侧旁，右手随腰拱，下划摆落于右大腿侧旁；腰上提，走弧形，右手经腹前向左下穿掌，掌心向左。随穿掌重心移于左腿，上身微俯。腰上提，身体直立，右脚随身体直立，向左脚并拢。右掌抽回胸前，高与乳平，掌心向里；左手弧形回至腹前，掌心向里。右手在上，左手在下，两臂圆撑，腰微后倚（见图6－216至6－218）。

图6－216

图6－217

图6－218

注意：打云手，身体左右转动时，要以腰为轴慢慢转动。上身微俯时不可倾斜，要保持“立身中正”。两臂转动要轻灵圆活，要和身体的转动，重心的变化保持一致。注意“上下相随，内外相合”。

第二十八式　单鞭

接上式，面向正南，腰微含向右转，两手随腰向右转，翻转手心向下，左手至右侧肋下，右手至右侧胯下。腰上提，两手随腰向左平云，至额前上方。左腰向左外撑，两臂向左下划弧，腰微含收回腹前。回收时左掌心渐渐翻转向上，右掌心向下，两掌微微相合，眼神转向右平视。右腰微含，向右外稍转，右肘随腰打出；腰回转，身体转回正南。腰微含，右腰上提，右臂向右外侧旁平伸，五指撮拢，指尖朝下变勾手，略高于肩。左手仍置胸前，掌心向内。腰微含，向左转腰，提左膝，眼神向左平视，左脚向左横开一大步，右脚随身体左转内转，脚尖朝向东南，面向正东，腰微上提，左臂随之向前掤；腰向左微转，左臂随之掤转；腰微拱向后坐，左手臂随即翻转掌心向下，随腰后拱，向下采按，重心随之移向右腿；腰上提，将重心再向前移动至前腿，左掌随之向前按出，掌心斜向外，指尖斜朝上（见图6－219至6－224）。

图6－219

图6－220

图6－221

图6－222

图6－223

图6－224

第二十九式　高探马

接上式，腰微拱向右外旋转，重心随之移向右腿，右臂随腰后拱，勾手变掌，向右后掤；左腿变为虚步，左臂随腰后拱，向下向里划弧。随即腰向上提，重心移于左腿，左臂随腰上提，向左外上划小圆，翻掌手心朝上；右手臂随腰上提，自然下摆至右胯旁。腰微拱，随即上提，左腿随腰后拱之际变虚，再随腰上提向回拉半步，变左弓步。左臂收回至左肋旁，手指稍向东南；右臂随腰后拱之势自然带至腹前，随腰上提右臂抬起，就左腿回拉半步之际，顺势向前，经左臂上侧弧形向前探，手指朝左向东北方向，掌心朝下，眼神向前平视（见图6－225至6－232）。

注意：重心移向右腿时，要坐实右腿，要收左胯带动左脚回拉，上身不可耸肩或后仰，右掌前探时不可纵肩，要提腰，但不可挺胸或弓背，右手指不可朝前。

图6－225

图6－226

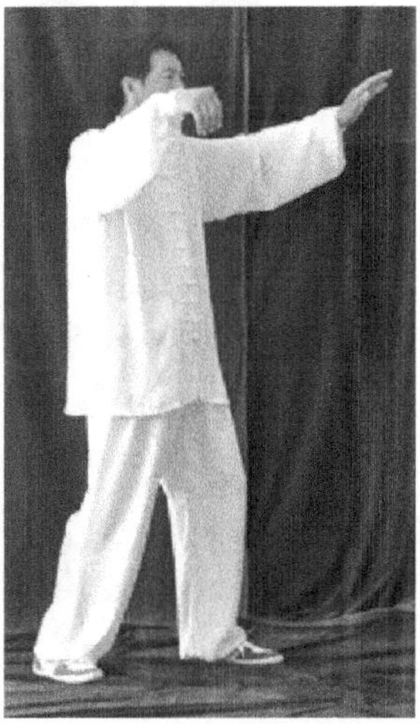

图6－227

图 6 – 228

图 6 – 229

图 6 – 230

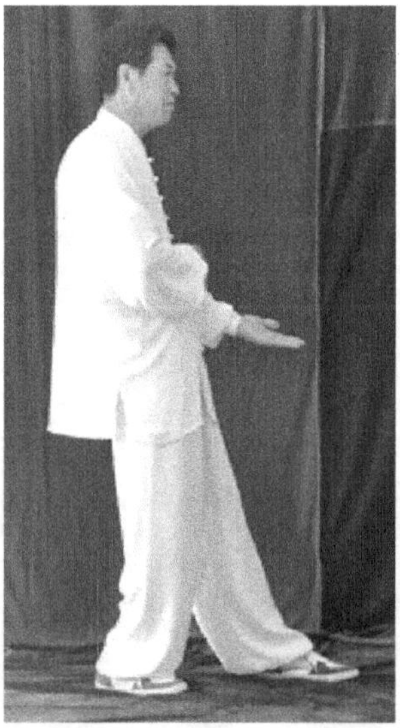

图 6 – 231

图 6 – 232

第三十式　右分脚

接上式，腰微含，向东南稍转，两手随腰外翻转向稍东南，变为横立掌，两手心均向内，成护胸腹之式。腰微含回转，朝向正东，两手臂随之回转划一小圆，旋翻手心向下，腰向下沉，屈膝成半蹲式，两手臂随之下沉，成斜向前立掌。腰微上提两臂随之前撮，腰向左、右外撑，重心移于左腿，右膝微屈，两臂随腰左、右外撑划立圆。腰向下沉，两臂向下划至两膝旁，两腿随腰下沉，成半蹲状。腰上提，两臂随之上搂，双手成交叉状至面部前，重心立于左腿，提右膝，抬右腿，腰向后微含，两臂随之向左右外开，两手旋翻掌心向外，略宽于肩，右脚尖随之向稍东南方慢慢踢出（见图 6－233 至 6－239）。

图 6－233

图 6－234

图 6－235

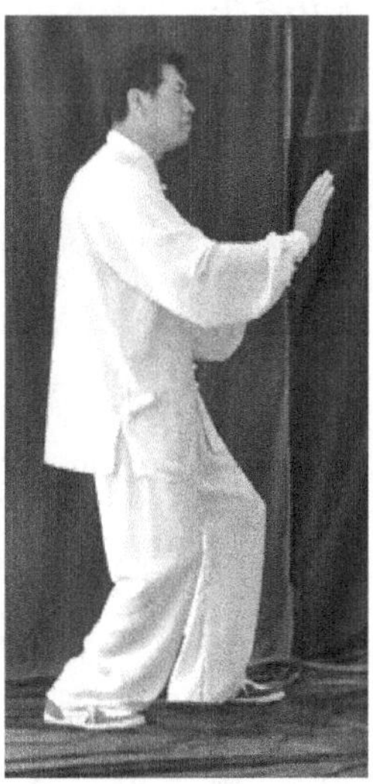

图 6－236

图 6－237

图 6 －238

图 6 －239

注意：转平圆时两臂要呈弧形，肘部要稍沉，旋转平圆要均匀，两臂在抹转后探出时，胸要微含，不可挺直。两掌合抱交叉须随腰腿提立，柔和地慢慢上提。向前踢动作要轻灵、沉着，整个动作要“静、稳、慢、匀”，两手分开要和分脚一致，两臂不要伸直。左腿不要直立，不可俯、仰、歪、倾，两臂即要保持身体平衡，又要避免紧张。

第三十一式　左分脚

接上式，腰向下松，左腿微屈膝，右脚向前落步，重心前移，左前臂随腰微含右脚前落之际，收回胸前，掌指向东南，掌心向下；右手臂收回右肋旁，手心翻转朝上。腰微含上提，右腿屈膝前弓，成右高探马状；向左旋转，至稍向东北，左手在上，右手在下，也随之向东北方向旋转，手掌心均朝向里，划一小平圆，掌心翻转向下向前；左膝微屈，腰微含回旋转向正东。腰下沉向后微坐，两掌随之坐腕下按；腰上提，两掌随之向上撮，重心前移成右弓步；腰向左右两侧外撑，随即向下松沉，两臂随之向外开翻转，掌心向外。右膝微屈，两臂向下划圆；腰上提左膝提起，重心落于右腿，两臂呈上搂之势至面部前；腰微含，左脚随之踢出，脚尖稍朝向东北。两臂随向左右两侧开，略宽于肩，眼神平视（见图 6－240 至 6－246）。注意点与右分脚相同。

图 6－240

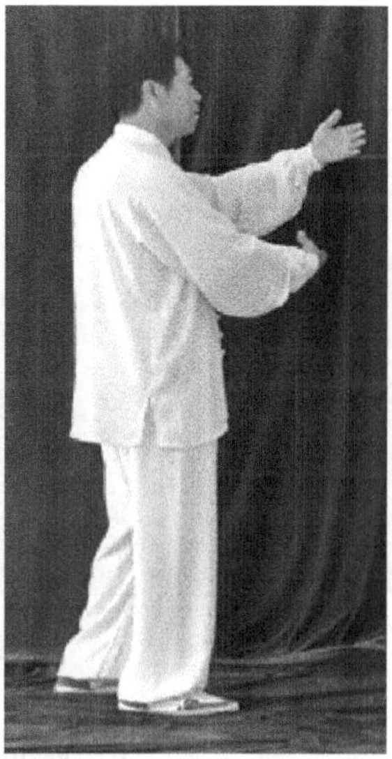

图 6－241

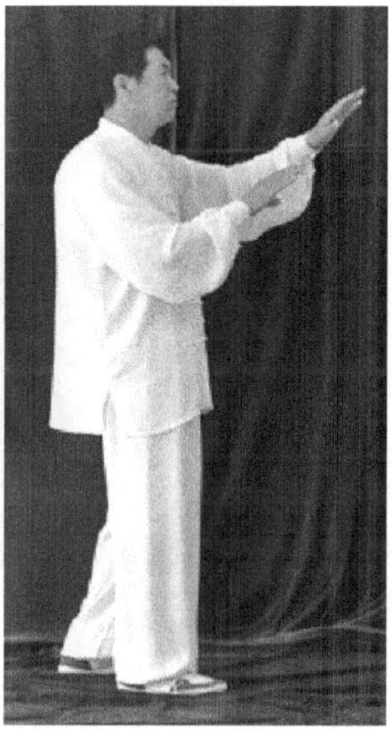

图 6－242

图 6－243

图 6－244

图 6－245

图 6－246

第三十二式　转身左蹬脚

图 6－247

接上式，腰微含，左腿屈膝下垂，左脚向后落步；腰微含，向左转，身体随之左后转，重心落于左腿。右脚尖随身体左转向里转，腰微拱，重心随之落于右腿，左脚跟随右脚内转向里转。腰下沉，两腿屈膝，两臂随腰下沉由掌变松拳，拳心朝上。跟着向下划立圆于腹前；腰上提，重心落于右腿。提左膝，腰微含向前蹬出，脚掌心朝外。两臂随腰上提，由松拳变掌向上搂至胸前，随腰微含向前蹬脚时，两臂向左右开，掌心翻转朝外，眼神注视前方（见图 6－247 至 6－250）。

注意：左脚须随转身收回，注意虚实转换，左脚蹬出时要以足跟为着力点。承担重心的那只腿不要挺直，腿要微屈，胯、膝放松。

图6－248

图6－249

图6－250

第三十三式　左右搂膝拗步

（一）左搂膝拗步

接上式，蹬出的左脚收回向前落步，腰微含，身体微微右转，随转松右肩，右肘下沉，右掌走弧形下落至右胯侧。左掌同时跟随身体右转，向右上划弧；左腰下沉，右腰上提，右手臂随之向上旋，使手心渐渐翻转斜向上，左掌随着身体向左转之势，向下经右膝以半圆弧形搂至左膝旁。左脚随腰下沉，右腰上提身体向左转之际，回拉小半步。随着左手搂膝，重心渐渐移于左腿，成左弓步；右掌随转体划弧向右斜上方移，经右耳旁向前拍出，面向正西，手掌心斜向上朝左；腰向后微拱，随腰后拱之势，右掌回切至腹前。腰往上提，右手掌翻转，掌心斜向上，由腹前向前上方掤推，腰向后微拱下沉，顺势右手掌下按（见图6－251）。

（二）右搂膝拗步

接上式，腰向后微拱，呈微坐式，重心在右脚上，向左外侧微转。左脚以脚跟为轴，脚尖向左外侧稍转，随身体转动左腰微微上提，慢慢将重心向左腿前移，左腰继续上提，带动左掌渐渐弧形向左后移动；左腰由提变转左手臂随腰转外旋，掌心翻转向上（见图6－62至6－70）。同时右腰往上提，左腰往下沉，右掌也随着身体转，自身前弧形向左至右下移，随移手臂外旋，掌心朝下。搂右膝，置于右胯侧；左手翻掌，掌心向上，左腰上提，手掌随腰上提，经左耳旁向前弧形拍出，手掌心斜向上朝右侧（见图 6－252 至 6－255）。面向正西，眼神向前平视。

图 6－251

图 6－252

图 6－253

图 6－254

图 6－255

注意：两掌必须随腰的转动而动作，转腰时不可摇晃。向前迈步时，上身要保持正直，避免前俯后仰，臀部不可突出。要“尾闾中正”，手的转动与脚的提起要一致。整个搂膝拗步的动作，要做的协调、轻松、柔和，不可有停顿或出棱角。两肩要保持相平，推出的手掌不可将臂伸直，掌心不可正对前方。

第三十四式　进步栽捶

接上式，右腰向右外微转，身体随之右转，重心移于右腿。左腰微提，左脚由右脚内侧走弧形向左前方迈出一步；左臂随转腰重心落于右腿之际，往右里划弧形。腰上提，呈左弓步，随之左臂划落至左胯侧旁，掌心向下。右臂随重心落于右腿时向后摆，随右腰上提，由后经右耳侧划弧形拍出，掌心斜向左；腰向后微拱，重心落于右腿，呈后坐式。右手掌随腰后拱之势，收回胸前变松握拳；右拳随之翻转拳心向下，外展后栽落左膝前下方，上身微俯，左掌随向下栽捶之际，顺势搭在右臂肘弯处；腰上提走弧形，右拳向前上方划弧缓缓崩拳，眼神注视前方（见图6－256至6－260）。

注意：在左脚向前迈步尚未着地时，上身要保持正直。当右拳向下栽时，要松沉腰胯，不可弓背。两肘微屈，眼神注视右拳前方，不要抬头。

图6－256

图6－257

图6－258

图 6 -259

图 6 -260

第三十五式　翻身撇身捶

接上式，腰微提，身体直起，重心移落右腿。随即右腰上提，重心移落左腿，向正前方缓缓冲一拳；腰向后拱，边拱边向后转，身体转向朝北，重心移回右腿，右脚尖外转向北落踏实，向东打出右肘；左腰向左下沉，随即上提向右转，左臂随转之势，由左侧胯前向上、向右后划弧，掌心向下，落至右臂肘处，左脚尖向右里转，朝向北。腰向左微含，重心移至左腿，随即左臂向左外打一肘；腰下沉，随即上提右外旋转，身体随腰下沉微蹲，随之向右外转身，右臂拳随即向右外撇崩。身体转向正东；左腰上提，就势左脚尖向里转，脚尖朝向东，左臂向前扑面掌，掌心向外，成右弓步。腰微拱，随腰拱之势，左掌渐渐转向内，对正胸部，重心稍落后腿，左掌置于右拳腕部；右腰上提，重心移于前腿，顺势左送右拳向上打出，拳心朝下。腰向后拱，呈后坐式，重心移于左腿；右拳随即张开变掌，向左胯下捋至左小腹前。腰上提向右外转，重心移落右腿上，右掌向外翻转变拳，拳心朝上，左掌翻转，掌心向下搭在右拳腕部，眼神平视（见图 6 -261 至 6 -266）。

图 6－261

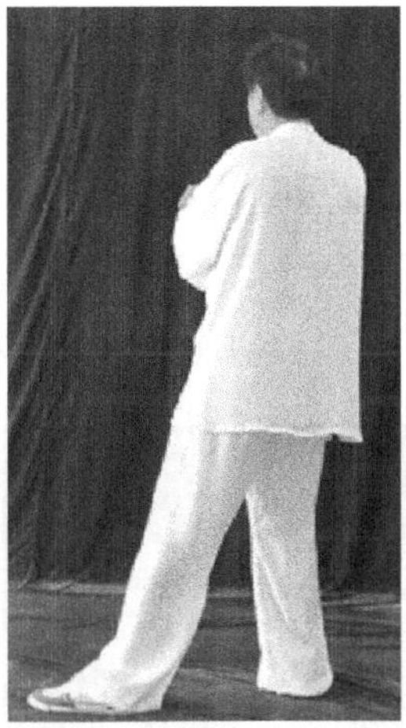

图 6－262

图 6－263

图 6－264

图 6－265

图 6－266

注意：手法步法要随腰转动，要上下相随，内外相合。

第三十六式　进步搬拦捶

接上式，腰微含，向右外转，身体随之慢慢向右转。随转体右拳带左掌转向右肋旁而上，经胸前向前划弧搬出。随搬臂外旋，拳心慢慢翻转朝上；腰向后微拱，随即右臂渐渐向怀里弧形抽回，重心渐渐移落左腿。左掌也同时随转体划弧形向右经右臂里侧前拦，掌心朝右，眼神观注前方；左腰上提，左脚随之前上一步，腰微含右转，身体随之右转，随转体左掌向前探出；腰上提向左旋转，探出的左掌变为立掌，掌心朝右，右拳弧形收回腰际，拳眼朝上（见图6－267至6－275）。随重心渐渐移于左腿，成左弓步；腰上提，右拳向前打出，左掌指尖朝前上，置于右小臂内侧，眼向前平视。

图6－267

图6－268

图6－269

图6－270

图6－271

图6－272

图 6 – 273

图 6 – 274

图 6 – 275

注意：在连续进步时，要求速度均匀，步法和手法及动作要随腰而动，右拳打出时拳要虚拢，内劲跟随，不可用拙力。

第三十七式　小七星捶

接上式，腰后拱，呈后倚式，右拳随之抽回至胸前。腰上提，右拳随之向前打出，重心渐渐前移左腿，左掌向胸前边收边向外翻，掌心朝上；腰向后拱，向左稍转，身体渐渐后倚。右拳随后倚收至胸前，重心移向右腿。左脚向左外转，脚尖朝向东北，左手旋翻为立掌，掌心向右，大拇指对正鼻尖；屈左膝，弓左腿，腰上提走弧形。随之右脚向左脚旁上一步，与左脚并拢。右拳随左臂外旋向左划弧，收至胸前置于左肘下呈托肘状，拳心朝下，身体直立，面向东北，眼神向前平视（见图 6 – 276 至 6 – 277）。

注意：再次进步右拳前冲时，重心虚实的转换一定要随腰而动。内劲要催向两臂，要做到“上下相随，内外相合”。

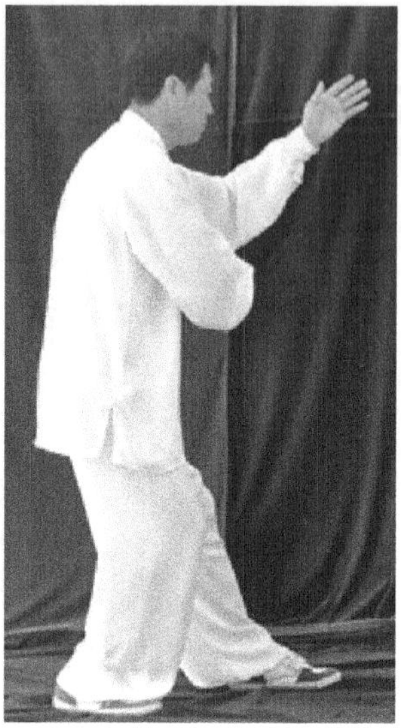

图 6 – 276

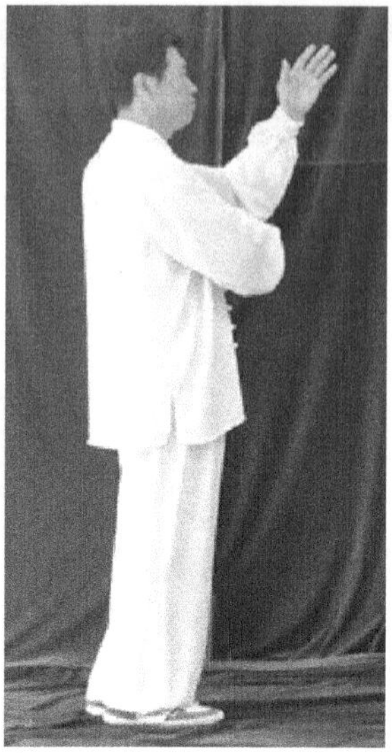

图 6 – 277

第三十八式　右蹬脚

图 6 – 278

接上式，腰向左右外撑下沉，呈下蹲。左掌向左外划弧，右拳变掌向右外划弧，左掌在上，右掌在下，眼神注视前方。两掌微向下划立圆，重心移向左腿；腰向上提，右腿屈膝上抬，两臂随之向上掤开，右脚尖朝上用脚跟向右前方蹬出（见图 6 – 278）。

注意：两掌划立圆时，两臂要呈弧形，肘部要稍沉。两臂在抹转后，探出时不可伸直。两掌合抱交叉后，两腿须微微屈膝，不可直立，要柔缓上提，向外蹬出要轻灵、沉着，不可呆滞或松懈。两手分开要和蹬脚一致，两臂不要伸直。身体不可有俯、仰、歪和倾，意念和周身要放松。

第三十九　左打虎式

接上式，腰微含，蹬出的右腿回收，落于左脚内侧并拢；腰微含，重心落于右腿，左手回收向右前臂下方划落。右手随腰微含回落，随前臂内旋向左上方划弧绕转；腰上提，左脚向左前方进步，右手向前下方绕转按向右胯外，两腿屈膝成左弓步；左手臂外掤，掌心朝向胸前，呈左掤式。腰微左转，身体随之左转，然后腰向后微拱，右腿屈膝，重心落于右腿。左臂随身体左转向左外掤，随腰后拱，左臂顺势向左外挒掌心向上。右手随身体左转后拱之势，划向左侧腹前，掌心朝向腹部，眼神朝左下视。左腰上提转向右，重心移向左腿，左手臂由左外挒，顺左腰上提右转之势，向上朝右里划弧，抬高至左太阳穴上前方；右手掌臂随腰上提右转之势，向右外翻旋转，手掌心斜向上。呈双手上托肘状；腰微下沉，两手同时向里旋翻成松拳。右手拳心朝下，左手拳心朝左外。头微侧，眼神向东南方向远视。呈左打虎式（见图 6－279 至 6－281）。

注意：两手过渡为打虎式时，弧形要走圆，不要有棱角。不要转胯，两臂及背部要撑圆。

图 6－279

图 6－280

图 6－281

第四十式　右打虎式

接上式，腰向后微拱右转，左脚尖里转向东南踏实，身体渐渐右移，重心落于左腿。左拳变掌，沿右前臂向前绕转，向左胯外侧划弧按落，右拳变掌外旋划圆弧；腰上提，右脚轻轻提起向右前方进步，右腿屈膝前弓，右手臂随腰上提向右前挪，眼神注视前方。腰微向右转，身体随之微转。腰向后微拱，右挪的手臂随之下垂绕向右胯外侧捌，左手按掌随之划弧至右小腹侧，重心落于后腿；腰上提，身体向稍左侧转，重心移于右腿，随之两前臂向右上方划弧抬起，呈双手托肘状。腰微拱左转，两臂内旋，左手变松握拳，拳心向下置于右肋旁。右掌变松握拳，拳心向外置于右额前。头微侧左转，眼神注视东北方向（见图 6－282 至 6－286），呈右打虎式。

注意：过渡到右打虎式，要注意虚实转换，右脚进步时，要轻灵如猫行，上身要保持中正安舒。两手做打虎式时，弧形要走圆，不要有棱角。打虎式完成时，两臂及腰背要撑圆。

图 6－282

图 6－283

图 6－284

图6－285

图6－286

第四十一式　右蹬脚

图6－287

接上式，腰微回拱，随之重心后移，收回右弓的腿，两脚并拢，两拳收至腹前，两拳相对，拳心朝下，眼神注视前方。腰微含下沉，两拳微向下沉，两膝微屈。腰上提，向左右外撑，松拳变掌随向左右外划立圆。腰向下沉，两膝弯曲，两臂内旋微向下沉，相对小腹前；右腰上提，重心落于左腿，右腿屈膝随右腰上提抬起，脚尖朝上向前方蹬伸，眼神注视前方（见图6－287至6－289）。

注意：右蹬脚时，两腿不要站直，膝微屈。两掌划立圆时，两臂要呈弧形，肘部要稍沉。两臂外开要和蹬脚同时进行，两臂不要伸直，蹬脚时，身体要稳，不可有俯、仰、歪、倾等现象，要保持身体平衡。

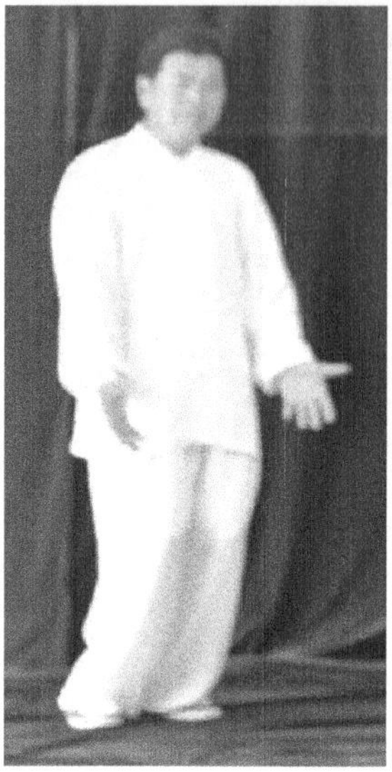

图 6－288

图 6－289

第四十二式　双风贯耳

图 6－290

接上式，腰微下沉，蹬出的右脚随腰下沉落地，脚跟先着地，重心仍在左腿上。腰上提，重心随即前移，右脚踏实，外开的两臂随之向内并拢，手心朝上，相距略小于肩；腰向后拱，呈后倚式，重心移落左腿上。两臂随腰后拱下倚之势，向下收回至两胯外侧旁，掌心仍向上，后腿弯曲；腰上提，重心仍在左腿不变，两臂随腰上提之势，两手继续向后划圆弧，由胯两侧腰后向上至两手手心摸到后腰止，左腿随腰上提稍微直立。腰向后下松沉，左腿随之还原呈弯曲状后倚，两手随之抚摸后腰向下至臀部；腰上提走弧形，两手随向前变松拳，随前臂内旋，向前上方划圆，重心移落右腿，呈右弓步，用两拳灌击对方双耳处，眼神向前平视（见图 6－290 至 6－292）。

图 6－291

图 6－292

注意：两臂向背后划弧下沉时，胯膝一定要放松。两手不可用力，两臂向前击打时，必须用腰催之。

第四十三式　左蹬脚

接上式，腰微拱，随之向右微转，重心微移左腿，右脚尖随腰外转之际朝向正南，重心随之前移至右腿上。两臂随腰后拱右转，向左右外旋开，由松拳变掌划圆弧，随重心前移右腿之际，收回小腹前，两掌心朝上。左腿随腰后拱右转，向前屈膝，呈微蹲式。腰上提，右腿随之稍直立，提左膝，左脚经右腿内侧，屈膝上抬，两臂随腰上提向两侧前方伸开。左脚尖朝上，用足跟向左前方蹬出，眼神注视左脚前方（见图 6－293 至 6－294）。

注意：两手臂划圆时要成弧形，肘部微下沉，两臂在旋转后伸开时，不可挺直。左脚蹬出时，腿不要蹬直，不可后仰。

图 6－293

图 6－294

第四十四式　转身右蹬脚

接上式，左脚蹬出后，腰向右后微转，身体向右后转，左脚随之下螺旋形绕落于右脚外侧，重心移向左脚。两臂屈伸，随身转向正东；腰向下沉，呈半蹲状，两掌变拳收至腹前，拳心朝上，眼神微向内敛，重心移落左腿；腰上提，两拳随腰上提变掌向两侧前方伸开。两前臂内旋微向下沉，右腿屈膝上提，脚尖朝上，用脚跟向前蹬出，眼神注视右脚前方（见图 6－295 至 6－297）。

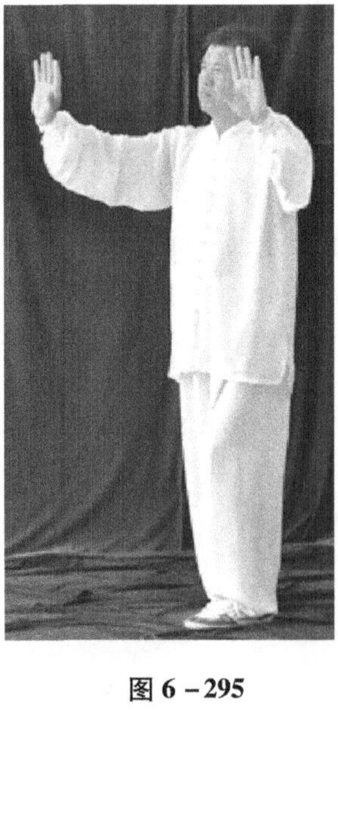

图 6－295

注意：抬腿蹬时，要含腹提腰，不可后仰，要缓缓蹬出。

图 6 - 296

图 6 - 297

第四十五式　进步搬拦捶

接上式，腰微含，收回蹬出的右脚落于右前方。腰微含右转，重心回至左腿，左膝微弓，右掌变拳，左掌同向右下划弧回撤，收至右侧胯旁。左手掌搭于右手腕部，向右前下打挤；腰微上提　两臂向前向左向里划弧，右拳拳心向上，左掌心向下，运划至右膝前，两手与右膝成三角形，重心渐渐移于右腿；腰微拱，随之微向右转，随转体，右拳自右肋旁而上经胸前向前搬出。随搬臂外旋，使拳心慢慢翻转朝上，随即渐渐向下弧形收回。左掌同时随转体，划弧向右经右臂里侧前拦；左腰微提，左脚前上一步，同时腰微含向右转，身体继续右转，随转体，左掌向前探出。腰微拱，右拳划弧收回腰肋旁，拳心朝上。随着腰上提向左转，重心渐渐移于左腿，成左弓步。同时身体渐渐左转，随转体，右拳向前打出，拳眼朝上。左手指尖朝前上，置于右小臂内侧，眼向前平视（见图 6 - 298 至 6 - 302）。

注意：步法和手法要随腰转动，右拳打出时，拳要虚拢，内劲要跟随，不可用拙力，连续进步，速度要均匀。

图 6 – 298

图 6 – 299

图 6 – 300

图 6 – 301

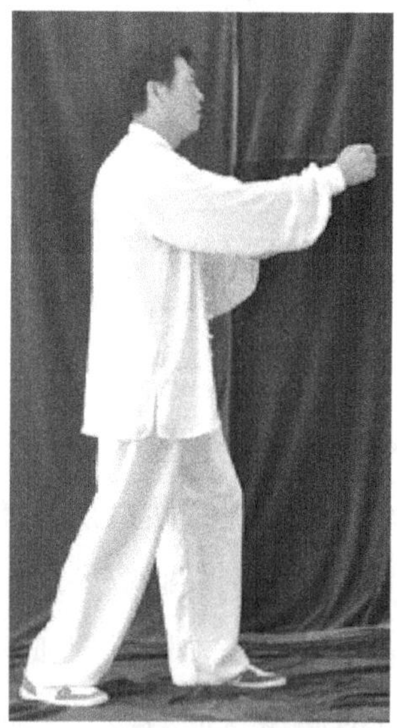
图 6 – 302

第四十六式　如封似闭

接上式，腰微拱，右腿弯曲，重心渐渐移向右腿。同时左掌经右臂下，向右外伸，并沿右臂向前外旋，使掌心翻转向前胸；右拳变掌称平，两掌指尖相对向左右拉开　略窄于肩。腰微拱，随开两臂内旋翻，使掌心朝下。随即腰向上提，两掌向上撮掤，上抬至略高于肩。重心前移呈左弓步，掌心向前，指尖朝上，眼神平视（见图6－303至6－305）。

注意：两臂须随腰带身体后倚收回，保持立身中正，重心前移后移时，要用腰带领，齐进齐退。上下相随，内外相合。

图6－303

图6－304

图6－305

第四十七式　十字手

接上式，腰后拱，呈后坐式，重心移于右腿上。左脚内转，脚尖转向正南。左腰左外后拱，重心随即转向左腿上；右腰上提，随即向右外前方开腰，右腿随腰开，向右外上方开步；左腰上提，合右腰，重心随腰移向右腿上，左腿随腰合右腰，呈右坐弓步；左右两臂随腰开合，左臂与左腿同时合右腰，呈蹲式。左、右两腕交叉，两掌心向下；腰上提，身体直立，两臂随身体直立呈十字，两手掌心翻转朝外，两手指尖斜向上，眼神自交叉处远视（见图6－306至6－309）。

注意：左脚尖内稍转踏实后，右脚跟随即渐渐离地提开步。当右脚落实时，左脚提起向右脚靠拢。这也是步法中分清虚实，及阴阳变化的要求。整个十字手动作要求“上下相随，内外相合”。两臂呈环状，不可端肩抬肘。两腿直立时，全身都要放松。

图 6－306

图 6－307

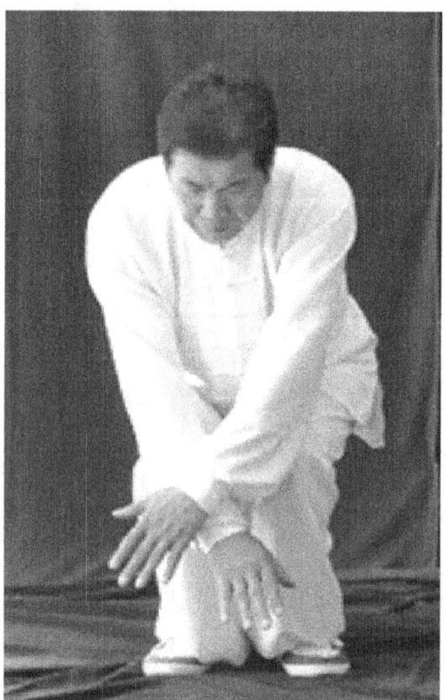

图 6－308

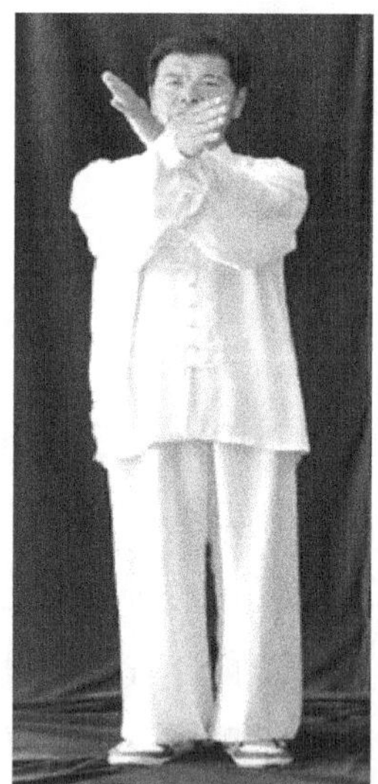

图 6－309

观看第三路教学视频请扫二维码

第四节　第四路二十一式

第四十八式　抱虎归山

接上式，腰微拱，重心落于右腿，右手随腰拱回拉至右额侧旁，掌心向左。左腰微微下沉，左手向下划弧至左膝前；左腰微上提，左脚提起，脚跟着地，脚尖翘起；腰微含，向右外旋转，左脚尖随身转内转踏实。左腰微含，重心移落左腿。右腰轻提外旋，右脚渐渐提起，同时身体右转，面向西北；左腰上提，左掌顺势向上旋转，经左耳旁向西北推掌，成右弓步。同时右手掌心翻转向下，随腰转动做右按式收至胯侧；腰微含，右手渐渐上提至右肩前，提右腰，右手翻转向外，随着右膝前弓，身体前移，向西北顺势推掌。同时左手下按翻转掌心向上，收回左胯侧，眼神平视，这便是左右扑面掌（见图6－310至6－313）。

图6－310

图6－311

图 6－312

图 6－313

注意：此式的各式动作都是围绕腰的运动来进行的。第一个左扑面掌是随着腰的右转动作扑出去的，右手随之收回。第二个右扑面掌是随腰上提至右肩前，重心前移右膝弓出的动作扑出去的。所以，其根在脚，腰动掌随。但不要当成右搂膝拗步。

第四十九式　上步揽雀尾

掤：接上式，腰微拱，右手向下划弧捋至小腹左侧旁，手心翻转向上。左手随腰拱翻转，掌心向下，上抬高略与肩平，成左抱球，重心移至左腿；右腰上提，右脚随即向西北迈出小半步，右手同时上掤，重心随之移向右腿（见图 6－314 至 6－315）。

注意：打掤时，全部动作务必要在意念引领下，用腰带动来完成。左手动要在左腰的驱动下，右手动要在右腰的引领下。腰动多少，手动多少，过与不及都不可。动作要柔顺，速度要均匀，手脚的动作在运动中必须同时进行，同时完成，协调一致。做到“内外相合，上下相随，一动无有不动，一静无有不静”。打掤时呈右弓步，小腿要垂直，右膝盖不许超过右脚指与脚掌的连接指缝。掤出的右手臂与乳线平行，右肘不可翘起，右掌心朝向里，与胸部间隔一尺二寸左右为宜。

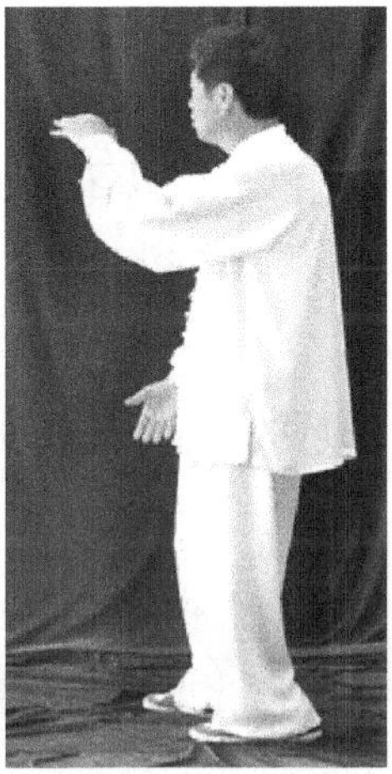

图 6－314

图 6－315

捋：接上式，腰继续上提，右臂随之上掤，左臂跟随右臂翻转左手掌，成两掌心斜相对，右手在上，左手在下；腰后拱，两手右胯下捋，身体重心渐渐移至左腿。左腿屈膝后倚，右腿稍直，上身随向稍右侧微含胸。同时，右前臂内旋使手心朝下，手指朝前。两手随腰后拱之势，左臂屈肘缓缓向右侧下方弧形抽回捋之。左手止于右小腹前，右手由腰带动向右下捋至右臂向右下稍伸直为止（见图 6－316 至 6－317）。

图 6－316

图 6－317

注意：身体左右转动时，要以腰为轴，由腰带动，身体要保持正直，每个动作要协调一致，同时完成。

挤：接上式，腰向左转，带动左掌左捋，随之腰微提，向右上回转，身体随腰上提回转，面向西北。右臂随身体回转，抬高至胸前，手掌心向内，左手掌搭在右小臂腕部，重心移至右腿；腰微拱上提，弓右膝向前打挤，眼神注视前方（见图6－318至6－319）。

注意：向前打挤时，手臂一定要放松，两臂及肩部不可紧张，两肘不可用力挺直。

图6－318

图6－319

按：接上式，腰微拱，腰向右外微转，右手随腰转拉开，呈两手掌指尖相对；左腰下沉，左手随腰外翻。左腰微上提，左手掌翻转与右手掌指尖平相对，两掌心均向内；左腰微含，向左外转，左手随之拉开，两手间隔一横掌的距离。腰向后微拱，呈微后倚式，两手心翻转向下成按式，回收至腹前，两手心好似扶在箱盖上。随之，含胸提腰，两手向前上推出，重心随之移于右腿（见图6－320至6－324）。

注意：向上按时，两手不可高于前额，两手臂要放松，用腰按之。

图 6－320

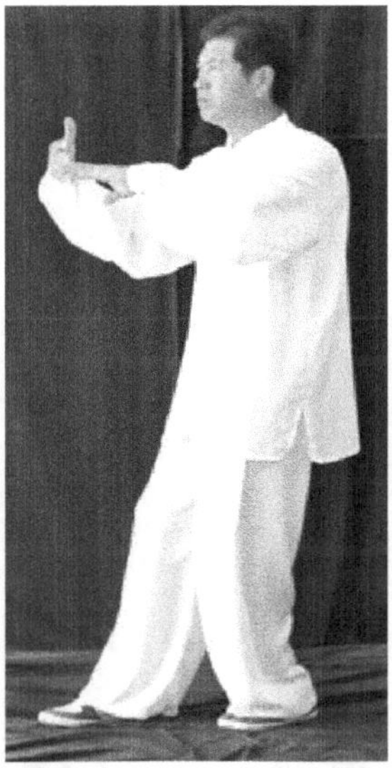
图 6－321

图 6－322

图 6－323

图 6－324

接上式，腰微拱，右手不动，左手掌随势里旋，成两掌斜相对，两掌顺势右下捋。身体重心渐渐移至左腿，左腿屈膝后倚，右腿稍直。两手随腰后拱，左臂屈肘缓缓向右胯下方划弧抽回捋之。左手止于右腹前，右手臂向右下舒伸直为止，眼神随两手移动。此为捋式。

左腰微含上提，左掌顺势向左外捌。右腰向里合，身体随之转向正西，右脚随之内转，脚尖朝向正西，重心落于左腿，右手随内转提向胸前。左腰向右腰合，左手顺势搭于右小臂上，重心在两腿上。胸微含，向正西打挤（见图 6 – 325 至 6 – 328）。

图 6 – 325

图 6 – 326

图 6 – 327

图 6 – 328

第五十式　斜单鞭

接上式，腰上提往左旋转，身体随向左转动，眼神也同时随之向左看。挤式不变，跟随身体也向左转至正南，向上方插掌，右脚随之内转，脚尖朝向正南；腰微拱，插掌的两臂顺势向下采，重心落至右腿，呈微倚式；腰向右外旋传，面侧向西北。两臂随之翻转向右后，左手掌脱离右手腕，两掌指尖斜指向地面，两掌心朝下；左腰上提，左脚提起，向左外开，脚尖朝向正南，与左肩垂直平行。右腰同时上提向左转，两臂随向左划大平弧，摆向正南，呈左弓步；腰随之后拱向左外撑，重心移至右腿，两臂继续划圆，随重心转移后坐，收之腹前。左手里旋翻，手心朝上，两掌心相对合在一起（见图 6－329 至 6－336）。腰微拱旋转向右，两掌相合的右肘也随之微转，稍斜向西北，打出右边肘；腰回转微含，随之上提，右臂顺势向右外打开，右掌变勾手，向右上方平送，略高于右肩，左手仍置胸前；腰微拱向左外转，提左膝，左脚向左前上方迈出一大步，脚尖朝向东南。身体随转面向东南，右脚随之内转。左腰继续上提，左臂随之掤出，成左弓步。腰微拱，身体稍后倚　将掤出左掌顺势内旋翻，掌心向下采按至腹前。腰随即上提，左掌顺势向左前上方推出。

图 6－329

图 6－330

图 6－331

图 6－332

图 6－333

图 6－334

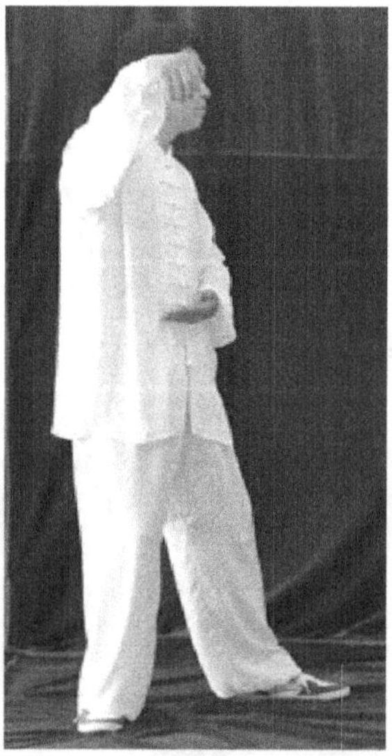

图 6－335

图 6－336

注意：单鞭在整套拳架中起着承上启下的作用，练习者要细心体会揣摩。要注意“中正安舒”，上身不可前倾，肩背不要倾斜，眼神的转动要由意念带领，这样才符合“神为意领”的要求。

第五十一式　野马分鬃

（一）右野马分鬃

接上式，腰微拱向右转，重心移于右腿，随之左脚尖里扣，身体右转。左腰微向左含，重心渐渐移至左腿，左腿坐实；右脚经左踝里侧向前提起，随身体右转向右西稍偏北迈出，随即重心渐渐向前移向右腿。全脚踏实，成右弓步；两臂随身体右转，向右后上方平划弧捌出，随重心向右腿渐移，右勾手张开与左手相同变掌，掌心向下，指尖斜朝上（见图6－337至6－340）。腰微后拱向左下转，身体随之向左下蹲，重心落于左腿。右手臂随腰屈肘向左下转，自上向左下膝旁划弧，指尖向下，掌心向里侧贴近左膝上端。左臂屈肘平收至右耳外侧，掌心朝外；腰微含向右外转，身体随转，面稍朝向西北，右手掌随身体旋转，翻转划小弧至右膝上端，掌心朝外；腰上提，重心渐渐移至右腿，成右弓步。右掌随重心前移，经胸前由面部前向前上方穿掌，翻转掌心向下。左手掌随右腰上提，重心前移之际，由右耳旁向左下经胸腹划至左胯外侧；松左腰上提，左手随腰上提，由左胯侧旁向上掤至两掌平行，两掌心均朝下，指尖斜向上方。

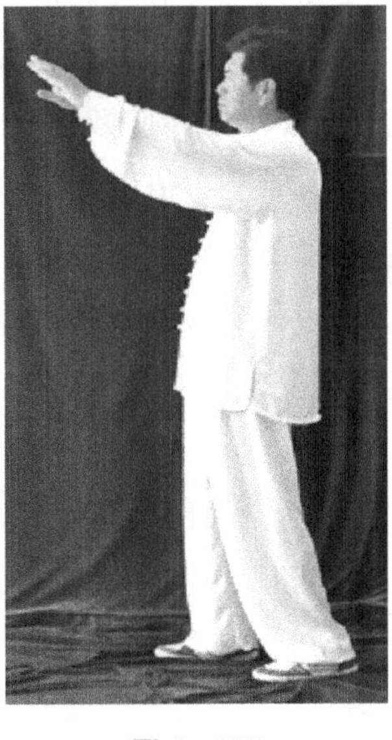

图6－337

图6－338

图 6－339

图 6－340

（二）左野马分鬃

接上式，腰微拱，重心后移，稍向右微转。右脚随重心后移以右脚跟为轴，向右外稍微拧脚尖。随之腰微前提，重心渐渐随腰前提，移至右腿，呈半蹲状。左腿屈膝，左脚跟随屈膝而离地面，斜朝后上立。以左脚前掌为支点，左手掌随重心前移右腿，由左上方向右下划落至右膝外侧，掌心朝内。右手掌屈肘，顺重心前移回划收至左耳侧，掌心向外，眼神右外下视。腰微含向左外旋转，身体随之转向微朝向西南，左手随身体微转，翻掌至右腿里侧，掌心朝上；左腰上提，左腿随腰上提，向左上方迈一步，脚尖向正西，变左弓步，左手掌随腰上提，经腹胸前经面部，向左外上方穿插掌捌出，翻转掌心朝下。右手掌随左腿上步，身体直立，变左弓步之际，屈肘向右胯旁划弧，掌心向下；右腰上提，右手臂随腰上提向前上方掤出，掌心朝下，指尖斜朝上方，眼神平视前方（见图6－341 至6－343）。

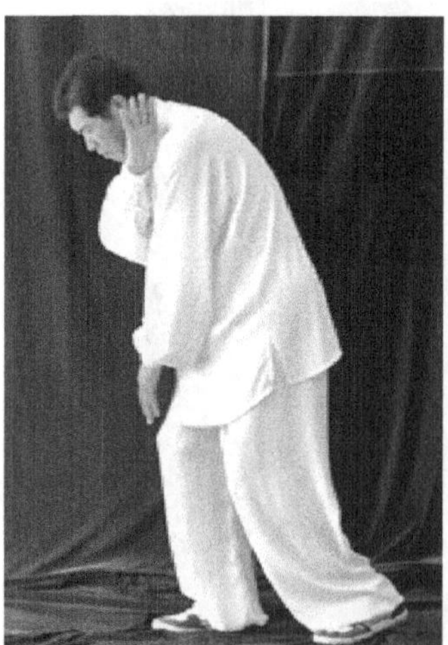

图 6－341

图 6 - 342

图 6 - 343

（三）右野马分鬃

接上式，腰微拱重心移至右腿上，呈微倚式。随即左脚尖向外稍撇，腰上提，重心随之前移至左腿屈膝，呈半蹲状。右腿随之屈膝，右前脚掌点地，右脚后跟离地。左臂随重心前移屈肘，向右耳侧旁划弧，落至右耳侧旁，掌心向外。右手臂由右上前方，随重心前移左腿呈半蹲状时，向左下膝旁划弧，掌心朝向里侧，眼神向左膝旁视；腰微含向右旋转，随之上提，身体直立。右腿随腰上提向右前上方提膝上步，右脚踏实，成右弓步。右手臂随腰翻转，手掌转到小腹前，掌心朝外，随腰上提，上右步之际，经腹胸前，经面部向右前上方捌出翻掌，掌心向下，指尖斜朝上。左手臂随腰上提，身体直立，由右耳旁经右臂里侧，经胸腹前屈肘，向左胯外侧划弧下落，掌心斜立朝下，指尖下指。松左腰随之上提，左手随之向左前上方掤出，与右手平行，掌心均斜朝下，指尖斜上指，眼神平视前方（见图 6 - 344

图 6 - 344

至6－347)。

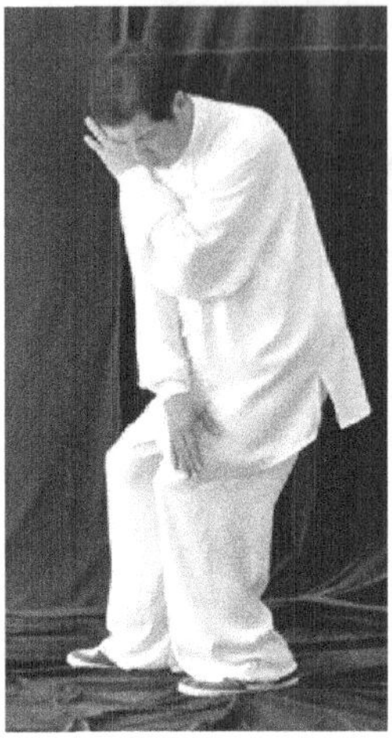

图6－345

图6－346

图6－347

(四) 左野马分鬃

接上式，腰微拱重心后移，稍向右微转，右脚随重心后移。以右脚跟为轴，向右外稍微撇脚尖，随之腰微前提，重心渐渐随腰前提，移至右腿，呈半蹲状。左腿屈膝，左脚跟随屈膝离地，斜朝后上立。以左脚前掌为支点，左手掌随重心前移右腿，由左上方向右下划弧落至右膝外侧，掌心朝里。右手掌屈肘，顺重心前移，回划收至左耳侧，掌心向外，眼神右外下视；腰微含，向左外旋转，身体随之转向微朝向西南。左手随身体微转，翻掌至右腿里侧，掌心朝上，左腰上提，左腿向左上方迈一步，脚尖向正西，变左弓步；左手掌随腰上提，经腹胸面部向左外上方穿掌捌出，翻转掌心朝下。右手掌随左腿上步，身体直立，变左弓步之际，屈肘向右胯旁划弧，掌心向下；右腰上提，右手臂随右腰上提向前上方掤出，掌心朝下，指尖斜朝上方，两手掌抬至略高于肩，眼神平视前方（见图6－348至6－350)。

注意：野马分鬃的弓步比一般的弓步稍微开大一些，但不要过大，以腰的转换舒适为度。脚尖与膝盖的方向一致，左手和右手捌出时要随腰转动，同时捌出与转体变弓步要协调一致。下採的手不要离胯部太近，两臂要成弧形。

图 6 – 348

图 6 – 349

图 6 – 350

第五十二式　上步揽雀尾

掤：接上式，腰微拱重心后移，落至右腿，呈微下倚式，左脚尖里扣，斜向西北。腰微含稍向西北转，随之重心渐渐移至左腿。左手掌不变，随重心的转移，微下落至与肩平，右手则随重心移至左腿，顺势向下至左胯旁划弧翻掌，手心向上，呈左抱球状；右腰上提，右脚经左踝内侧向上提膝，随即向西北迈出半步，右手打掤（见图 6 – 351 至 6 – 353）。

图 6 – 351

图 6 – 352

图 6 – 353

注意：打掤时，全部动作务必要在意念引领下完成，要在腰的带领下运动。左手动要在左腰的驱动下，右手动要在右腰的带领下，腰动多少，手动多少，过与不及都不可。动作要柔顺，速度要均匀，手脚的动作在运动中必须同时进行，同时完成，要协调一致。做到“一动无有不动，一静无有不静”。

捋：接上式，腰继续上提，右臂随之上掤，左臂跟随右臂翻转左手掌，呈两掌心斜相对。腰微拱，两手随之向右胯下捋，身体重心渐渐移至左腿。左腿屈膝微后倚，右腿稍直。上身向右侧稍含胸，右手前臂内旋使手心朝下，手指朝前；两手随腰后拱之势屈肘，缓缓向右胯下方弧形抽回捋之。左手止于右小腹前，右手捋至右臂向右下稍伸直为止（见图6－354）。

注意：身体左右转动时，要以腰为轴，由腰带动。身体要保持中正，每个动作要协调一致，同时完成。

挤：接上式，腰向左微转，左掌随之向左侧挒。腰微回转上提，身体随转面对西北。右臂随身体回转外旋抬至胸前，手心向内。左掌搭在右小臂的腕部，重心移至右腿弓膝；腰微拱向前打挤，眼神注视前方（见图6－355至6－356）。

图6－354

图6－355

图6－356

注意：向前挤时，手臂一定要放松。两臂及肩部不可僵，两肘不可用力挺。

按：接上式，腰微拱，右腰向右外微转，右手臂随腰拉开，呈两手掌指尖相对；左腰下沉，随之上提，左手掌外翻与右手掌指尖平相对，两掌心均向内。左腰微含，随之向左外转，左手随之拉开，中间相离一横掌的距离；腰向后微拱，两手顺势翻转向下成按式至腹前，重心后移至左腿上，身体微含后倚，两手好似扶在箱盖上。随之含腹提腰，催促两手向前上推出，重心缓缓向前移至右腿，呈右弓步。眼神向上平视（见图6－357 至 6－362）。

注意：向上按时，两手不可高于头顶，两手臂要松，用腰按之。

图 6－357

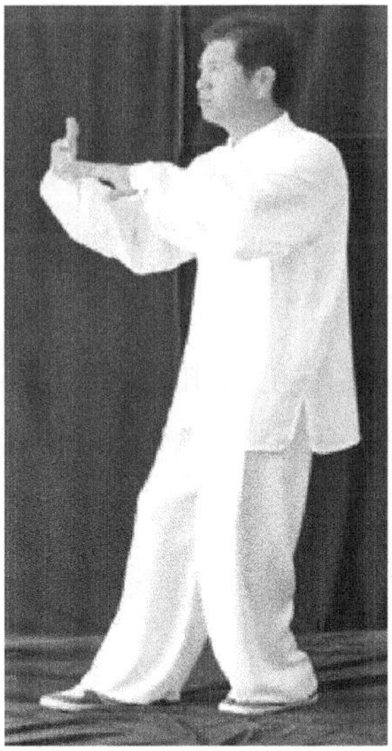

图 6－358

图 6－359

图 6－360

图 6－361

图 6－362

图 6－363

接上式，腰微拱，两掌顺势右下捋。左手掌随势里旋，成两掌斜相对，随拱腰重心渐渐移至左腿。左腿屈膝微倚，右腿稍直，两臂屈肘缓缓向右胯下方划弧抽回捋之。左手止于右腹前，右手下捋至右臂舒伸直为。眼神随两手移动，此为捋式（见图 6－363 至 6－366）。

左腰微左外上提，左掌顺势由右侧腹前向左肩外侧捌。右腰向里合，身体转向正西，右脚随之内扣，右手随转体提向胸前，重心落于左腿。左腰向右合，左脚跟向里微扣，重心落于两腿，左手顺势搭于右小臂腕部。腰微含，向正西打挤，眼神平视。

注意：打挤的动作时，肩膀及两臂要放松，不要用拙力。全凭内劲挤出，才会产生“弹簧力”。

图 6－364

图 6－365

图 6－366

第五十三式　单鞭

接上式，腰上提向左旋转，身体随向左转动，眼神随之向左看。挤式不变，随身向左转至正南，向上方穿掌，右脚随之内转，脚尖朝向南；腰微拱，穿掌的两臂顺势向下採，重心落于右腿，呈微倚式；腰向右外旋转，身体稍侧向西北，两臂随之翻转向右后，两掌指尖斜指向地面，掌心朝下。左掌落置右肋旁，右臂舒伸直落置右胯后侧；左腰上提，左脚外开，脚尖转向正南，与左肩平行；右腰上提，带动两臂平弧向正南，成左弓步；腰向左拱撑，两臂向左下划大平弧，重心移至右腿；两臂继续向下划弧，随重心转移后倚收回腹前，呈两掌相对微合在一起（见图 6－367 至 6－377）。腰微拱旋转向右，身体带右肘随之微转向稍西北，打出右边肘；腰回转微含，随之上提，右臂顺势向右外斜上方平送打开，右掌变勾手，略高于肩。左手仍置腹前；左腰微拱向左外转，提左膝，左脚向左前上方迈出一大步，身体转向正东。左腰继续上提，左臂随之向前掤出。右脚随身内转，脚尖朝向东南，呈大左弓步；腰微拱，身体稍后倚，将左掤出的手掌顺势向内旋翻，掌心向下採按至腹前。腰随即上提，左掌随向左前上方掤推。

图 6 –367

图 6 –368

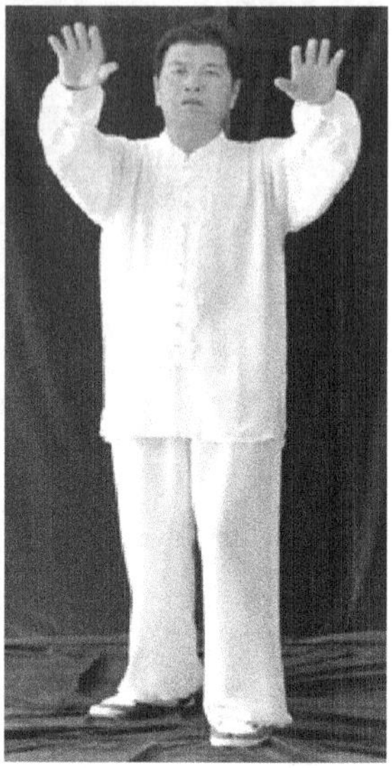

图 6 –369

图 6 –370

图 6 –371

图 6 –372

图 6－373

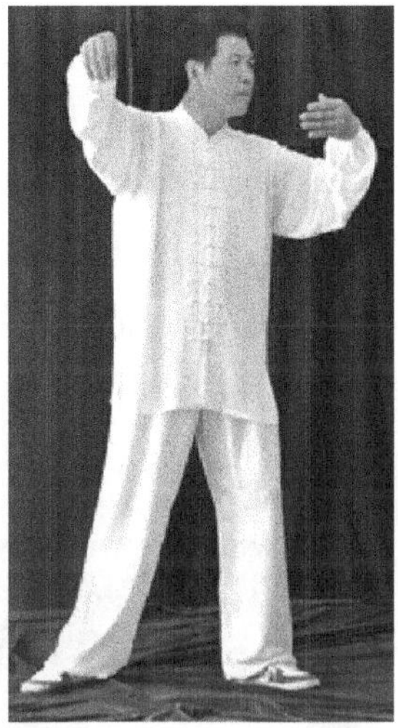
图 6－374

图 6－375

图 6－376

图 6－377

第五十四式　玉女穿梭

第一个穿梭——方向西南角

接上式，腰微拱，重心后移落在右腿上，呈后倚。左臂屈肘回收至左肋旁，掌心翻转朝上。身体向右转面向西南，随之腰向后里转，重心移落左腿上；右腰微上提，右腿提膝向前迈步，同时右勾手变掌向西南推出，掌心向外，高略与肩平，变右弓步；腰微后拱，重心落至左腿。右臂回收里旋，掌心翻转向里。左手经胸前向右上划弧掤，掌心翻转向里，两臂弧形，掌指相对，向外撑圆。腰上提，左膝微提，左脚向左前迈步；腰微拱，重心后移至右腿，腰上提，身体微前移，弓左膝。左手臂向左外翻转上升举过头顶，手腕翻旋，掌心向外架于左额前上方。右掌由胸前外翻旋，向西南推出，眼神向前平视（见图 6－378 至 6－382）。

图 6－378

图 6－379

图 6－380

图 6－381

图 6－382

第二个穿梭——方向东南角

接上式，腰后拱微倚，两手臂随腰向里捋转，左小臂直立，掌心朝向右外，右小臂回收至左臂肘下，呈托肘状，右手心朝下。左脚尖里转向北，腰微右转，重心移向左腿；腰微含，右脚随向东南由脚跟迈出一步。腰微拱，重心移落右腿，随之转腰身体朝向东南，左脚尖向里转朝向正东。两臂随身体转向东南，顺势向下划弧圆撑，两掌指相对，掌心朝里，重心移落左腿；腰微拱上提，重心转移至右腿，身体前移，两臂向前掤；腰微含下沉，重心微移，两臂翻转。腰上提右脚向东南垫步，随即右臂上举至超过头顶，手腕旋转掌心向外架于右外额前。身体微前移，重心落于右腿上，呈右弓步。左手掌由胸前旋翻向东南方推出，眼神平视（见图6－383至6－387）。

图6－383

图6－384

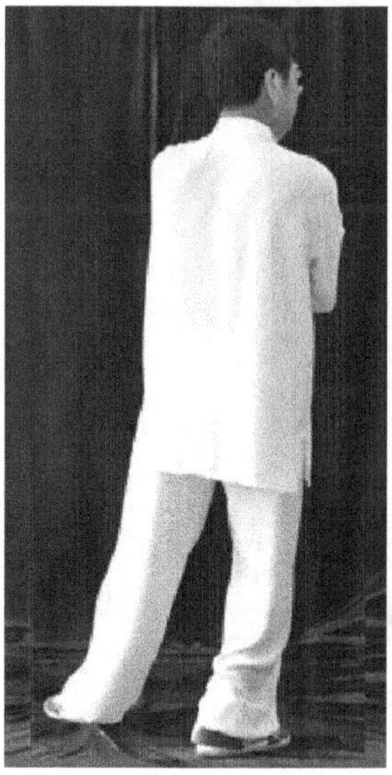

图6－385

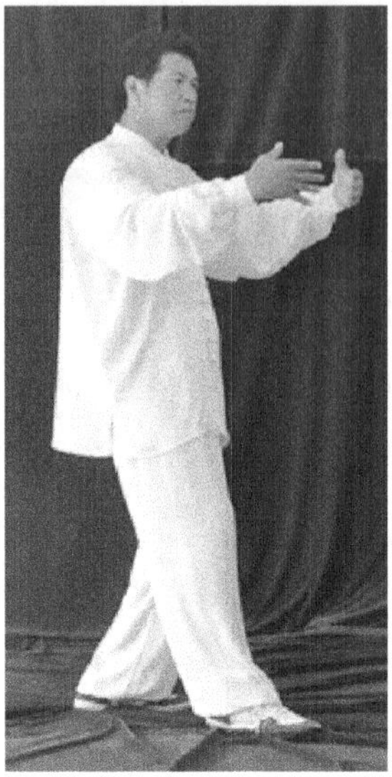

图 6 - 386

图 6 - 387

第三个穿梭——方向东北角

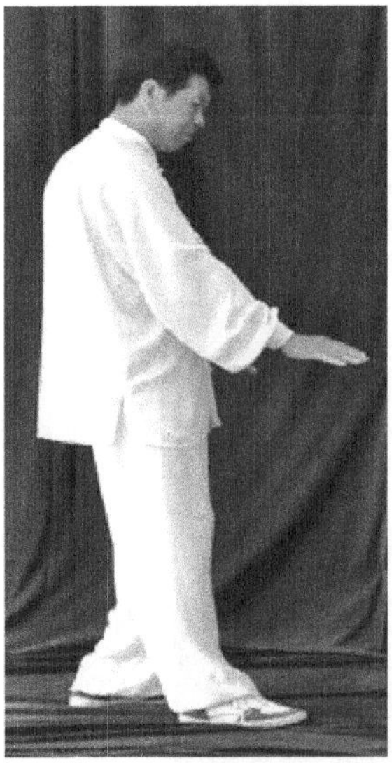

图 6 - 388

接上式，腰微拱重心移落左腿，身体后倚，两臂随之向左胯下捋；腰向左微转，身体随之转向朝东北方向，两臂由捋随身转向东北方向圆撑；右腰微提，随之提右膝抬腿，向东北方向上步；左腰微提，左膝提起，左腿向左前迈进一步，面向东北，呈左弓步圆掤；腰微含重心移落右腿，随即腰上提，两臂随腰含上提之际，向里翻转外旋，左手经胸前向左上方弧形上掤，掌心翻转向外；右手外旋，掌心向外，重心落于左腿，呈左弓步；左手掌随腰上提向上架掤于左额前，右掌由胸前里旋翻向前推掌，眼神向前平视（见图 6 - 388至6 - 390）。

图 6－389

图 6－390

第四个穿梭——方向西北角

接上式，腰微拱身体后倚，重心移于右腿，左脚尖里转朝向正南，两手臂后捋转，左手小臂直立，右掌背托于左小臂肘下，身体转向正南腰微拱身体转向西北，重心落于左腿。腰微提，随之右腿由脚跟先行，向西北迈步；左腰上提随之向右后微拱，重心移落左腿。右脚跟里转，脚尖朝向西北，两臂随腰上提旋转，顺势翻转划弧，两掌拉开圆撑，掌心向内掤之；腰微含上提，右掌翻转上抬略高于头部，掌心向外于右额前。身体前移，左掌由胸前翻转向前推出，呈右弓步，眼神平视前方（见图 6－391 至 6－393）。

图 6－391

注意：玉女穿梭共有四个，方向是四个斜角，在每个转身或上步时，腿不可直立，不可起身。要保持身体中正，动作连贯均匀，上下相随，内外相合，协调一致。手掌翻转两臂架掤时，要防止肩上纵或抬肘。推掌时手臂不要挺直，要微屈用腰推，方向动作一致。

图 6－392

图 6－393

第五十五式　上步揽雀尾

接上式，腰微含重心后移左腿，架推的左手外旋翻，呈两掌心斜相对，顺势向右胯侧捋之。左掌随腰微含屈肘下沉，收于腹前，掌心向内。随内收臂内旋，掌心翻转向下，左肘稍坠，略低于腕部；右掌同时向里划弧抄至腹前，随抄臂外旋，掌心翻转朝上。两掌相对呈抱球状，眼神随转体平视转移（见图 6－394 至 6－395）。

掤：接上式，腰微拱重心稍后移，随之腰上提，右膝提起向右前方迈步。重心渐渐移至右腿，右腿屈膝呈右弓步，右小臂同时向右前方掤出。右掌抬高与胸乳平，左掌顺势下按至左胯旁。眼神向前方远视（见图 6－396）。

注意：打掤时，全部动作务必要在意念引领下完成，腰动多少，手动多少。动作要柔顺，速度要均匀，协调一致。整套拳路都是如此。

图 6－394

图 6－395

图 6－396

捋：接上式，腰继续上提，右臂随之上掤，左臂跟随右臂随之翻转左手掌，成两掌心斜相对；腰微拱，两掌向右胯下捋，身体重心渐渐移至左腿。左腿屈膝后倚，右腿稍直，上身随向右侧稍含腹。同时右手前臂内旋，手心朝下，手指前指地面。左手止于右小腹前，右手向右下捋至稍伸直为止（见图 6－397 至 6－398）。

图 6－397

图 6－398

注意：身体左右转动时，要以腰为轴，由腰带动。身体要保持正直，每个动作都要协调一致，同时完成。

图 6 - 399

挤：接上式，腰向左转，身体随之左转，带动左掌向左侧外捌，重心落至左腿。腰回转上提，身体随之回转面对西北；右臂随身体回转抬高至胸前，手心向内。左手掌随身回转腰上提，顺势翻转搭在右小臂的腕部。重心移至右腿，弓右膝；腰微拱向前打挤，眼神平视前方（见图 6 - 399）。

注意：向前挤时，手臂一定要放松，两臂及肩部不可僵，两肘不可用力挺。

按：接上式，腰微拱，右腰向右外微转，右手臂随腰向右拉开，呈两手掌指尖相对；左腰下沉，左手随腰下沉，左腰上提，左手掌上外翻旋与右手指尖平行相对，两掌心均向内；左腰微含，左外转，左手随之拉开。中间相距一横掌的距离；腰向后微拱，身体后倚，两手翻转向下成按式至腹前回收。两手好似扶在箱盖上；随之，含腹提腰两手向前上方推出，呈右弓步，眼神向上平视（见图 6 - 400 至 6 - 405）。

图 6 - 400

图 6 - 401

图 6 - 402

图 6－403

图 6－404

图 6－405

注意：向上按时，两手不可高于额头，两手臂要放松，用腰按之。

接上式，腰微拱，两掌顺势右下捋，左手掌随势里旋，成两掌斜相对。重心渐渐移至左腿，左腿屈膝后倚，右腿稍直。两手随腰后拱屈肘，缓缓向右胯下划弧抽回捋之。左手止于右腹前，右手捋至右臂舒伸直为止。眼神随两手移动，此仍为捋式（见图 6－406 至 6－408）。

图 6－406

图 6－407

图 6－408

左腰微含上提，向左外旋转，身体向左外转，左掌顺势外挒。重心移落左腿，脚尖外撇朝向正西；右腰向里合，右脚随之内转，右手随内转提向胸前。左腰向右合，左手顺势内旋翻，搭于右小臂腕部，左脚跟微向里扣；胸微含，向前打挤，眼神平视。

第五十六式　单鞭

接上式，右腰上提向左旋转，身体随向左转，眼神也随之向左看。挤式不变，跟随向左转至正南，向前上方穿掌，右脚随之内转，脚尖朝向稍西南；腰微拱，穿掌的两臂顺势下采，重心落于右腿，微后倚。腰向右外旋转，身体侧向西北，两臂随之翻转向右后侧。左手臂止于右肋侧，右手臂舒伸直于右胯外侧，两手下指，掌心向下；左腰上提，左脚外开，脚尖朝向正南，与左肩平行。右腰上提，带动两臂上掤摆向正南，呈左弓步；腰向左外撑，两臂随之向左划大弧。腰向后微拱，重心移至右腿，两臂继续向下划圆，随重心转移后倚收于腹前。左手向里旋转掌心向上，两掌相对合在一起。腰微含下沉，向右外微转，随之向稍微西北打出右边肘。腰回转微含，随之上提，右臂顺势向右外打开。右掌变勾手向右上方平送，略高于肩。左手仍置胸前；左腰微拱，向左外转，身体转向东南，随即提左膝，左脚向左前上方迈出一大步，脚尖朝向东南，重心在右腿上；左腰上提身体向前微移，左臂随之向前掤转，掌心朝向右，右脚尖里转朝向东南，呈左弓步。腰微拱重心后移，左手翻掌下按。腰上提身体重心前移，左手顺势向东南掤按，呈左弓步。即成单鞭式（见图6－409至6－423）。

图4－409

图 6－410

图 6－411

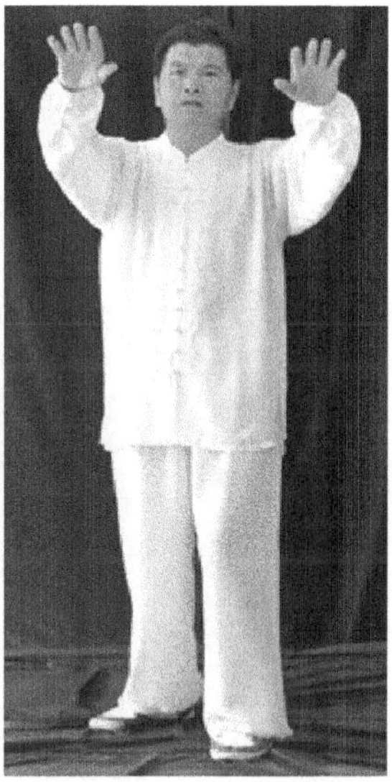

图 6－412

图 6－413

图 6－414

图 6－415

图 6 – 416

图 6 – 417

图 6 – 418

图 6 – 419

图 6 – 420

图 6－421

图 6－422

图 6－423

观看第四路教学视频请扫二维码

第五节　第五路九式

第五十七式　云手

（1）左云手：接上式，腰微拱向右转，呈后倚式。右勾手变掌向右外掤，左手在左肋旁随右掤式，自下向上划一小弧至左膝外，掌心向下；身体微向左转，面朝东南。腰微微上提，随即后拱，重心落于后腿上，右手掌置于右胯侧旁。腰上提走弧形，右手经腹前向左前下穿掌，掌心向左，随穿掌重心移于前腿，上身微俯。腰上提身体直立，右脚向左脚并拢，右掌抽回胸前与乳平，掌心向里；左手弧形上抬至腹前，掌心向里。右手在上，左手在下，两臂圆撑，脊背后倚。身体回转面向正南，眼神平视（见图 6－424

图 4－424

至6－426）。

图6－425

图6－426

图4－427

（2）右云手：腰微含向右外转，右脚以脚跟为轴，向外转脚尖，左脚以脚掌为轴，向左外转脚跟，面朝向西南方向；腰向后拱，重心落于左腿，成下倚式。右手随腰后拱，右下划弧摆至右侧胯旁。左手下划弧落于左腿侧旁；腰上提走弧形，左掌随腰向上走弧形，向右前穿掌，掌心向右，重心落于右腿上，上身微俯；腰微提，左脚跟随提起，向左横开一步。腰微提身体直立，左掌抽回胸前，高与乳平，掌心向里；右手弧形回至腹前，掌心向里。左手在上，右手在下，两臂圆撑，脊背后倚（见图6－427至6－431）。

图 6－428

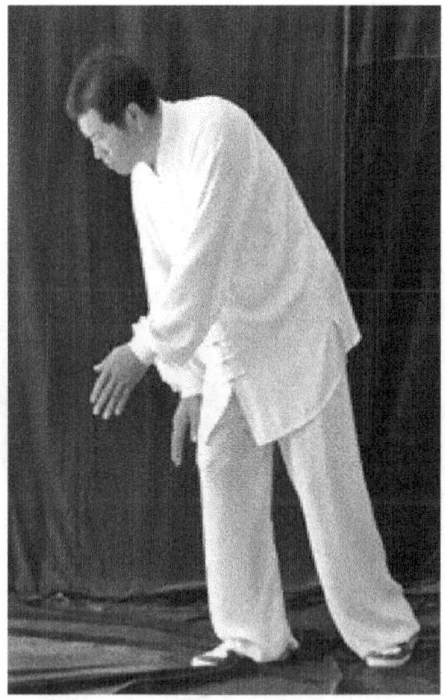

图 6－429

图 6－430

图 6－431

（3）左云手：接上式，腰微拱向左旋转，左脚以脚跟为轴，向外转脚尖，右脚以脚跟为轴，向里转脚尖，身体面向稍东南。腰随即后拱，呈后倚式，左手随腰下划摆至左胯侧旁。右手随腰下划摆落至右腿侧旁；腰上提走弧形，右手经腹前向左前下穿掌，掌心向左。随穿掌重心移至前腿；

腰上提身体直立，右脚向左脚并拢。右掌上抬抽回胸前，高与乳平，掌心向里。左手弧形回至腹前，掌心向里。右手在上，左手在下，两臂圆撑，脊背后倚（见图 6－432 至 6－434）。

图 6－432

图 6－433

图 6－434

图 4－435

（4）右云手：接上式，腰微含向右外转，右脚以脚跟为轴，向右外转脚尖，左脚以脚尖为轴，向左外转脚跟，身体随腰面向西南。腰向后拱，重心落于左腿，呈后倚式。右手随腰后拱，右下划摆至右侧胯旁，左手落于左腿侧旁。腰上提走弧形，左掌随腰向上走弧形，向右前穿掌，重心落于右腿上。腰微提，左脚随腰提向左后开一步，掌心向右；腰上提身体直立，左掌抽回胸前，高与乳平，掌心向里。右手弧形回至腹前，掌心向里。左手在上，右手在下，两臂圆撑，脊背后倚（见图 6－435 至 6－440）。

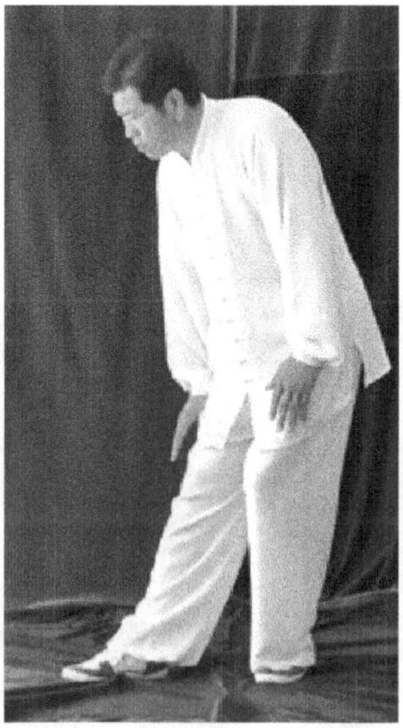
图 6－436

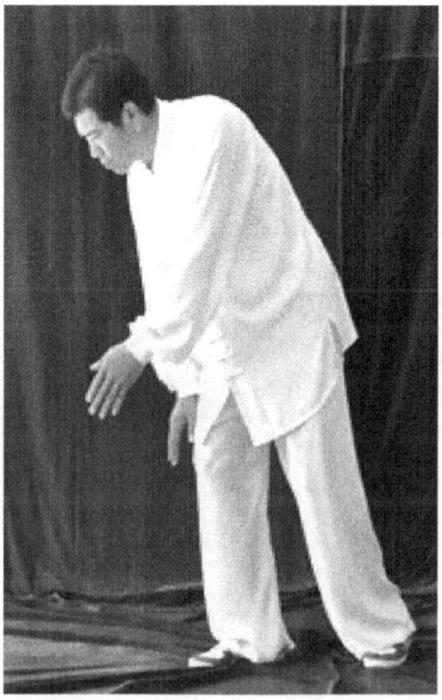
图 6－437

图 6－438

图 6－439

图 6－440

（5）左云手：接上式，腰微拱向左旋转，左脚以脚跟为轴，向外转脚尖。右脚以脚跟为轴，向里转脚尖。腰随即后拱，呈后倚式。左手随腰下划摆至左胯侧旁，右手随腰下划摆落于右腿侧旁；腰上提走弧形，右手经腹前向左下穿掌，掌心向左。随穿掌重心移于前腿，上身微俯；腰上提身体直立，右脚随身向左脚并拢。右掌抽回胸前，高与乳平，掌心向里；左手弧形回至腹前，掌心向里。右手在上，左手在下，两臂圆撑，脊背后倚

(见图6－441至6－443)。

注意：打云手，身体左右转动时，要以腰为轴，慢慢转动。上身不可倾斜，要保持“立身中正”。两臂转动要轻灵圆活，要和身体的转动，重心的变化保持一致。上下相随，内外相合。

图6－441

图6－442

图6－443

第五十八式　单鞭

接上式云手，面向正南。腰微含右转，两手随腰向右转，翻转手心向下；腰上提两手臂随腰向上掤，左腰向外撑，两手随腰向左划弧；腰微含两手回收胸前，左手渐渐翻转向上，右掌心向下，两手微微相合。眼神转向右平视；右腰微含，向右稍转，右肘随腰打向稍微西北，腰回转，身体转回正南；腰微含上提，右臂向右外侧旁平伸，五指撮拢，指尖朝下变勾手，略高于肩；左手仍置胸前，腰微含左转，提左膝，左脚向左横开一大步，眼神向左平视；右脚随身体左转，向里转脚尖，朝向东南，身体面向正东；腰微上提，左臂随之向前掤，腰向左微转，左臂随之掤转，重心移于前腿，成左弓步；腰微拱向后倚坐，左手臂随即翻转掌心向下，随腰后倚向下採按，重心随之移至后腿；腰上提重心前移至左腿，左掌随之向前按出，掌心向外，眼神平视（见图6－444至6－449）。

图 6－444

图 6－445

图 6－446

图 6－447

图 6－448

图 6－449

第五十九式　扑腿下式

接上式，腰微含，右腰向右后提，身体右转稍微前俯，右脚尖外摆朝向西南，重心落于右腿，右腿屈膝下蹲；左腰上提，左脚向左外转脚跟，左手随身体右转，前臂外旋向右肩前划弧绕转；右勾手随身体右转，向右外开，置于前额上方；腰微含向左后回拱，身体随之渐渐向左回转，面向正东，左脚尖外摆，转向正东。右脚尖内转朝向正东，左手随腰划下弧，经裆前沿左腿内侧向前上方划弧穿掌。指尖朝前上方，掌心朝向右。右勾手随身体左转，回划下弧落于右胯后侧，勾尖指朝上。左腿屈膝前弓，眼神注视前方（见图6－450至6－451）。

注意：左掌划弧里收下移时，须随身体重心后移，松肩、松腰、松胯，肘下沉。手掌下移前穿，要圆活，下式动作要防止身体前倾、低头、翘臀。要保持身体正直，不可挺胸。左扑步时，左膝微屈，左腿不可挺直。左掌前穿时，不可低头。

图6－450

图6－451

第六十式　左右金鸡独立

左金鸡独立：接上式，右腰上提，右膝跟随提起，右脚上步与左脚并拢。腰上提，左掌内旋翻随身体直立下按。右腿随身提膝抬起，右勾手随提膝变掌，由下向上撩掌，至右胸前方。指尖朝上，掌心向左，屈肘于右肋旁；右腰上提，右腿抬起，左腿微屈膝，身体直立，左手向下按落至左胯侧旁。右手随之向前上方划弧挑起屈肘，肘底置于右膝上端。重心单落于左腿，眼神注视右手前方（见图6－452至6－453）。

右金鸡独立：接上式，右腰下沉，右脚向右前方落步，右手里翻下落按于右胯侧；左腰上提，左腿屈膝上提，左手向前上方划弧挑起，重心单落于右腿。身体直立，眼神注视前方（见图 6－454）。

图 6－452

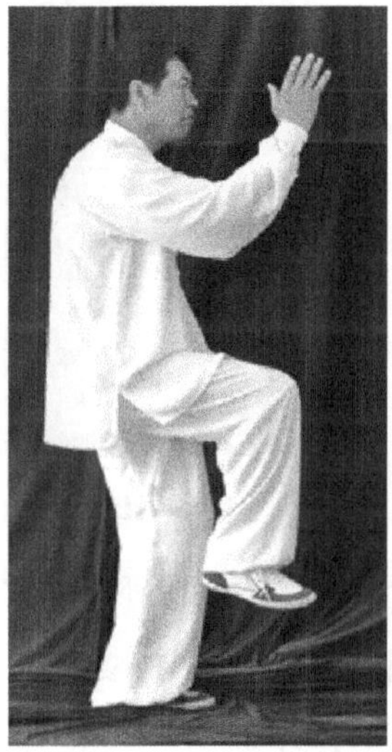
图 6－453

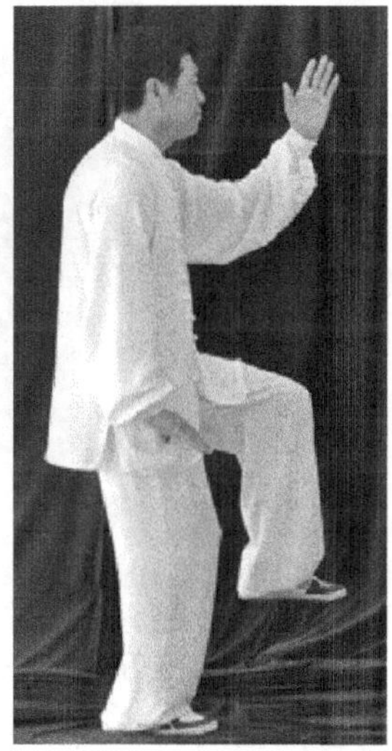
图 6－454

注意：金鸡独立式面向正东。左独立要稍偏向东北，右独立向东。但是手掌、上提的膝与脚尖一定要向正东，不可偏拗向两侧。这叫作“护裆不露”。

第六十一式　倒撵猴

接上式，左腰下沉，左脚掌随腰下沉点地，左掌也随之向前伸按；右腰微外转，身体随之右转，右掌臂划弧外旋，使掌心渐渐翻转向上，重心渐渐移于右腿。身体继续向右微转，左掌向右偏后弧形抬至与肩平；松腰下沉，随即上提向左旋转，左腿经右踝内侧提起，左臂外旋使掌心朝上，眼神观注右掌（见图 6－455）。

左撵：含腰左转，身体随之左转，左脚抬起随腰左转，平行后撤一步，重心移至左腿，左脚踏实，脚尖稍朝东北。右脚尖随即移向正东；随转体左掌弧形后撤回收左胯旁，右掌弧形向上向前推出，眼神随转体向前平视转移，并观之前推之掌（见图 6－456 至 6－457）。

图 6－455

图 6－456

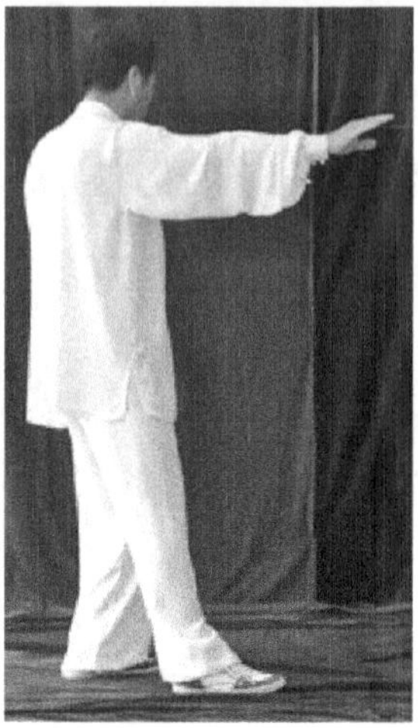

图 6－457

右撵：含腰右转，左掌向后偏左弧形抬至略高于肩。左臂外旋掌心朝上，眼神观注左掌后举；随即含胸提腰微拱，右膝提起，右脚后撤一步，身体渐渐右转，重心渐渐移至右腿。右脚踏实，脚尖稍朝向东南，左脚尖随即移向正东；随转体，右掌弧形后撤回收至右胯旁，左掌弧形向前向上推出。眼神随转体向前平视转移，并观之前推之掌（见图 6－458 至 6－459）。

图 6－458

图 6－459

左攦：身体左转，腰微拱下沉随即上提，向左旋转，身体随之左转。同时，右掌向后偏右弧形抬至略高于肩，左臂外旋，使掌心朝上，眼神观注右掌后抬；左脚后撤一步，重心渐落于左腿。左脚踏实，脚尖稍朝向东北。右脚尖随即移向正东；随转体，左掌弧形后撤回收左胯旁。右掌弧形向上向前推出，眼神随转体向前平视，并观之前推手掌（见图6－460至6－461）。

注意：在连续退步时，要走出两条线，不要退落在一条直线上。身体要上下相随，向前推掌时，身体要保持中正，不要前俯后仰。

图6－460

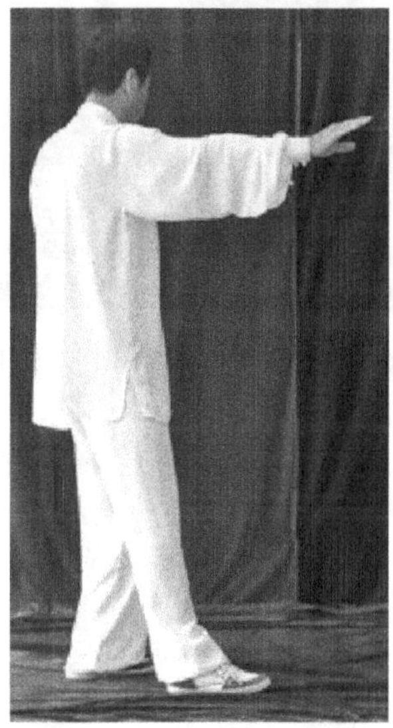

图6－461

第六十二式　斜飞式

接上式，左腰上提向右回旋，左臂跟随回旋翻转，两臂呈双掤式，两掌心均向下，重心移向右腿，呈右弓步；腰向后拱，右臂随腰后拱向右下划弧回收身前，重心随腰拱落于左腿。右掌落至左膝外侧，手指向下，掌心向里，好似触摸膝盖状；同时左臂回收经面前划弧，左手背贴于右耳，身体呈后倚式；右腰上提随之右膝提起，重心单落于左腿。腰微下沉，以左脚跟为轴，同时腰上提，顺势向右转，身体转向正南。右脚向前，脚跟落地；腰微含上提，重心渐渐移于右腿至全脚踏实，成右弓步；随转体，腰上提，右掌向右上方挒出，高略与额齐。左掌弧形向左下採至左胯旁，眼神随转体平视转移，观注右掌（见图6－462至6－466）。

图6－462

图6－463

图6－464

图6－465

图6－466

注意：向右旋转时，左腿须坐实，松腰胯。先提转腰，随转腰，右脚自然随转落地。避免上身前倾，而显得轻灵。右掌向右上方挒出时，要注意上下相随，内外相合。要身、手、步协调一致，不要以单手挒出，以防其他部位跟不严。

第六十三式　提手上式

接上式，腰微含，重心移至左腿，呈微蹲式。同时两臂翻转下採，掌心向下，眼神下视；腰上提，左右手右脚同时上提，右脚掌前掌点地，左腿直立。重心仍在左腿上，左手在右肘里侧护胸，掌心斜对右肘，右手掌心朝上。右手在前，左手在后，两手前后呼应，眼神平视（见图 6－467 至 6－469）。

注意：由斜飞式过渡到此动作是一种合劲，两手随腰向小腹处松沉。周身要保持中正安舒，两手沿弧形经两侧向前上捧起。而后两臂虚合，肩背松沉后倚，使肘靠内劲扩散，由两掌掤出。

图 6－467

图 6－468

图 6－469

第六十四式　白鹤亮翅

接上式，腰微拱，左右手翻转慢慢向右胯下捋，同时右脚跟落地；左腰随即左外上提，左手顺势左挒，身体随之转向面朝正东。右脚随左挒内转，脚尖朝东。右手内旋，手心朝上，左手搭在右手腕部；腰下沉，顺势两手向下打挤。同时左膝放松，左腰微提，随后微拱，左脚随腰向左前方迈出，脚掌虚着地面；右腰上提走弧形，右掌向前划圆，手掌翻转手心向下。左手随右手前送　顺势自然回放左膝外侧。身体随腰走弧线向前移动，重心前移左腿，呈左弓步，眼神向下远视；腰回拱，重心随之移于右腿。右掌随腰回拱螺旋回收至小腹前；腰微含上提，右手慢慢翻转向上手心朝内，上抬高过头顶。腰向后转动，右手随之翻转向右外侧上方，手心朝前。左手心朝向地面，重心落在右腿上，呈后倚之式（见图6－470至6－478）。

图6－470

图6－471

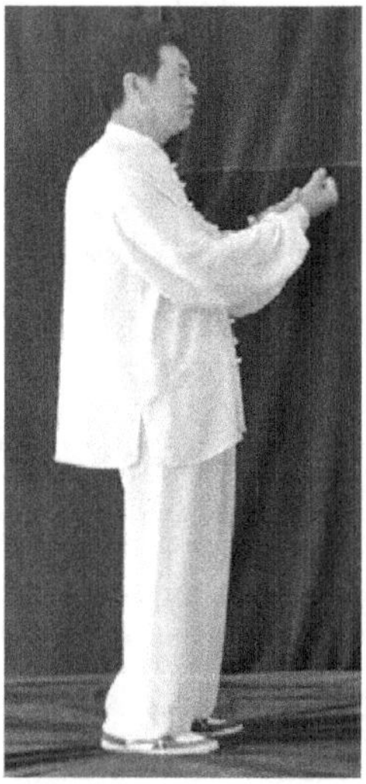

图6－472

图6－473

图6－474

图6－475

图 6－476

图 6－477

图 6－478

注意：此式要求全身放松，两臂舒展，好似白鹤腾飞之势。收腹含胸，精神要提起，下肢要稳重。左脚虚放地面，眼神注视前方。

第六十五式　左搂膝拗步

接上式，腰向左后微拱，随即向右后侧旋拱，身体微微右转。右肘下沉，右掌走弧形下落至右胯侧旁，随下落随着手臂外旋转，手心渐渐翻转向上；左腰微拱向左外侧，左掌随身体转动，自左下向前胸而上，弧形向右旋转。左膝微提，身体继续向右转，随转体右手弧形向右斜上方移。左掌向右弧形落于小腹前；左腰微拱，向左外侧转，随即左脚向左外侧回拉，脚掌平行着地。左腰微提，身体渐渐左转，左脚踏实，呈左弓步。左掌向下经左膝，以半圆形搂至左膝旁；右腰上提，右掌随身体前移，向上经右耳旁向前拍出。手掌心斜向上，眼神平视远望（见图 6－479 至 6－483）。

图 6－479

注意：做搂膝拗步，两掌随腰地转动而动。腰向左右转时，身体不可摇晃。向前迈步时，上身要保持中正，避免前俯后仰。手、脚、身体的动作要协调一致。

图 6－480

图 6－481

图 6－482

图 6－483

第六十六式　海底针

接上式，腰微拱，呈后倚式，重心落于右腿，右手臂随腰向外旋转，回收至腹前，掌心斜朝上；腰微含往上提腰，右臂往里旋转，边旋转边向前上方推出，重心渐渐移于左腿；右脚跟提起，右腰往右外上提，左腰向左后下沉。同时腰向右外旋转，两臂同时，右臂向外旋转，左臂向里大旋转划圆；腰微拱，右脚跟随向前向里移动少许落下。腰微微下沉，重心渐渐全部移落右腿，左腿成虚步，左臂外旋使掌心朝左。左掌随重心前移，向前划伸至胸前正前方，左掌上指，掌心向右，肘微屈。右臂屈肘，掌心向左，手指置于左肘弯处；腰微含上提，右腕随腰向里提回，左掌里翻下按，左脚略里收，前脚掌点地，呈左虚步；腰向下沉，坐实右腿，右掌随沉腰向前下插掌，掌心向左。左掌弧形下落于左胯旁，眼神前下视，关注下插的右手（见图 6－484 至 6－486）。

图 6－484

图 6－485

图 6－486

注意：左脚提起时，右腿要渐渐下坐，左脚尖虚点地面，重心全部落在右腿上。右掌提回下插时要防止抬肘，做海底针时，两臂不可伸直，要微屈。整套拳在演练过程都要求两臂两腿，似直非直，似屈非屈。右掌向前下插时，要随腰腿后倚同时动作。下坐时，身体要正直，胸微含，不可低头弓背。动作上下左右，要一气贯通。

第六十七式　扇通背

接上式，腰微拱上提，随即抽回右插掌，抬起左按掌向前送翻掌，掌心均朝上；松腰上提，重心移至左腿，右脚后跟微微抬起。随即腰微拱，旋转向右外，在向左里回转，右脚尖朝向正南；左脚提回，向左前上方迈出一步，脚尖朝向偏东南。同时，右掌由身体前上提，随提随着臂内旋转，掌心翻转朝外；左掌回收，翻转掌心向外成左侧弓步。同时两臂抽回，随身转体至右向左划大弧形挪出。五指朝左斜上指，掌心向外；左掌与头平行，右掌略高于右额前成上托之式。眼神向左平视，观及左掌前托（见图 6－487 至 6－489）。

注意：左脚向左前迈步时，身体不可站起。变左弓步，左前掌前推，与右掌上托，这几个动作要同时进行，动作要一致。左掌前推时，掌心不可正对前方。右掌上托，要防止纵肩抬肘。两臂划弧时，要用腰带领，弧形要走圆满。

图 6－487

图 6－488

图 6－489

第六十八式　翻身撇身锤

接上式，松腰，右腰向左前方正东提转，右掌跟随向左前方正东挥出，重心移向左腿；随即腰下沉回拱，右掌向左下按，向右沿胸前抽回，向右外正西方打肘，重心移向右腿；松腰，左腰向右前方正西提转，左掌跟随向右前方正西挥出，重心落于右腿；腰回拱，向正东转，左掌向下按，向左沿胸前抽回，向左外正东方打肘，重心移落左腿；腰下沉，提右腰向右外旋转。随即右脚提起，向右后侧迈开一步，身体随腰向右转，面向正西。同时右手掌变成松握拳，拳心朝上，随转体向右外撇拳抽回右肋旁；左腰上提，左手掌随腰提起，向正西推出，掌心向外。左脚内转，脚尖稍向西南。腰后拱，左掌随即外旋回抽胸前，落于右拳腕部。腰右外旋转上提，右拳由右肋起，舒抬右臂向左上划弧至右前额上方，拳眼朝向左。左腰向左后微拱，右拳变掌带着左掌沿右侧向左胯侧回捋，重心随回捋落于左腿（见图 6 －490 至 6 －494）。

注意：手法和步法要随腰转动，要注意“上下相随，内外相合。”

图 6 －490

图 6 －491

图 6－492

图 6－493

图 6－494

第六十九式　进步搬拦捶

接上式，腰微含向右外转，变右弓步。右手外旋翻变松拳，拳心朝上。左手里旋翻搭在右松拳腕部，与右膝外侧平行；左腰微上提，左膝提起向前上一步。松腰微拱右外平转，随之上提向左侧旋转身体随腰缓慢左转，随转体右拳自右肋旁而上向胸前方搬出。随搬随着臂外旋，使拳心慢慢翻转朝上，随即渐渐向左下弧形抽回。左掌也同时随转体弧形向右经右臂里侧前拦，掌心朝右，眼神观注左掌；腰后拱重心移于左腿，右拳弧形收回胸前，左掌护住右拳。左掌在前，右拳在左腕里侧。腰微含，右膝微屈，身体后倚。右臂拳随身后倚，略收腹前。腰右外旋转，随转左脚往里转，脚尖朝向西北。左臂回拉向外上翻转，掌心朝下，重心前移落于左腿；腰微含，右拳里旋变掌，成左抱球状，眼神平视（见图 6－495 至 6－503）。

注意：在连续上步时，要求速度均匀。步法和手法要随腰转动，右拳打出时，拳要虚攥，内劲要跟随。松胯、松膝，不可用拙力。

图 6 -495

图 6 -496

图 6 -497

图 6 -498

图 6 -499

图 6 -500

图 6－501

图 6－502

图 6－503

第七十式　上步揽雀尾

接上式，腰微后拱，右拳随腰后拱之势，自胸前方向左划弧抄至小腹前。随抄随臂外旋，使掌心翻转朝上，与左手成抱球状。两臂均成弧形，面向西北（见图 6－504 至 6－505）。

图 6－504

图 6－505

掤：右腰上提，右脚向前迈出，呈右弓步。腰继续上提，右小臂同时向右上前打掤，高与乳平。左掌下划置于左胯旁；意念领腰继续上提，右手掌随之向前上方撩，左掌跟随向上，当撩至略高于肩时，两掌翻转成掌心斜相对（见图6－506）。

捋：腰向后拱，重心随拱腰落于左腿，左膝微屈，成后倚式。两掌随拱腰向右胯下捋，眼神注视下捋的右手（见图6－507）。

注意：身体左右转动时，要以腰为轴。内劲带动身体，保持中正，松胯、松膝、松肩。这套内功拳自始至终对身形的要求都是一致的。动作要柔缓，速度要均匀，手脚的动作配合更要协调一致。弓步时，小腿要垂直，膝盖尖不超过脚趾与脚掌相连的关节为宜。

图6－506

图6－507

挤：腰向左外上提，身体微向左转，重心渐渐移于左腿。随转体右臂外旋，使掌心翻转朝里，左臂随身体向左转，外旋向左外挒。右小臂弧形垂肘横于胸前；左腰回转上提，身体回转，左手顺势搭在右手腕部，右掌心朝里，成右弓步。腰微拱向西北方向挤出，眼向前平视（见图6－508至6－509）。

注意：向前打挤时，两手臂一定要放松，肩肘不可用力，腰微拱内劲就自然催出来了。

图 6－508

图 6－509

按：腰微含，右腰向右外平转，顺势拉开右手臂，左手指与右手指尖相对；左腰下沉上提，左手随即翻转呈横掌，左腰向左外平转，顺势拉开左臂，两手分开，间隔一横掌的距离。腰随即向后拱，重心落于左腿上，顺势两手翻转，手心向下，随身体后倚之势下按至腹前。腰上提两臂随之向前上掤按推出，变右弓步。腰微后拱，左手翻转斜向里，指尖斜朝上，右手心斜向下，右手在上，左手在下，两掌心斜相对。随拱腰后倚之势，向右胯下捋；左腰向左外上提，左掌随向左外挒。身体随之转向正西，右臂随转上提收向胸前，掌心向内对正两乳间。右脚随之内转，脚尖稍向西南，重心落于左腿；左腰向右提，左脚跟向里微转，左臂顺势里翻，左手搭在右手腕部，重心落于两腿。腰微拱向前打挤（见图 6－510 至 6－518）。

注意：发挤劲时，周身放松，两臂不要紧张。

图 6－510

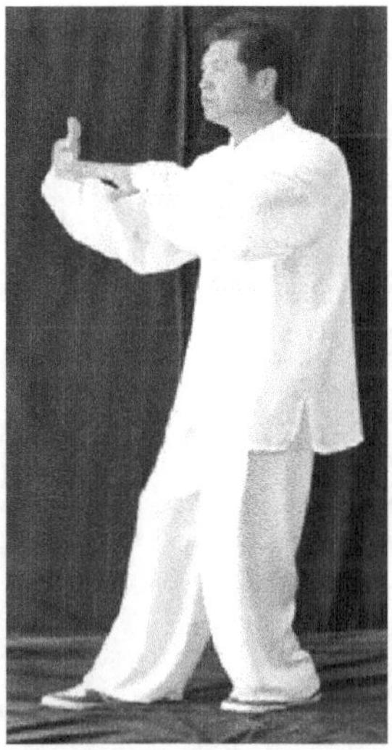

图 6－511

图 6－512

图 6－513

图 6－514

图 6－515

图 6 -516

图 6 -517

图 6 -518

第七十一式　单鞭

接上式，腰微含，随即右腰向左上方转动，身体转向正南。右脚随内转，脚尖朝向西南。右手上翻，手心向上，呈穿掌式。左手仍搭右手腕部；腰往后微拱，成下採式将手臂拉回右腹前。腰向右外旋转，面侧向西北，左手离开右腕置于右肋下，右手里翻向右胯下舒伸，掌心均向下；左腰微提，左脚提起向前迈半步，脚尖朝向正南，与左肩垂直平行。腰向后微拱，带动两臂上掤向左划平弧；撑拱腰，走弧形向左下划圆收回胸前，左手翻转手心朝上，右手心朝下，两掌微微相合。腰微含，向右侧方微转，打出右边肘。腰回转，面向正南，眼神转向右平视。腰微拱，右腰上提带右手臂往右前上方送，五指撮拢，指尖朝下变勾手状，略高于肩。左手仍置胸前；腰向左外旋转，提左膝，眼神向左随转平视，身体转向稍东南，左脚向左侧迈出一步，脚尖稍向东南，右脚尖随左脚内转，朝向东南；左腰上提，顺势左手向前掤，腰微转左手里旋翻，掌心向下。腰微拱，重心移至右腿，左掌随向下按採。腰上提，重心随前移左腿，左掌向前按出（见图 6 -519 至 6 -531）。

注意：单鞭在整套拳中，起着承上启下的作用。练单鞭时要注意中正安舒，上身不要前倾后仰，肩背不要倾斜。

图 6 －519

图 6 －520

图 6 －521

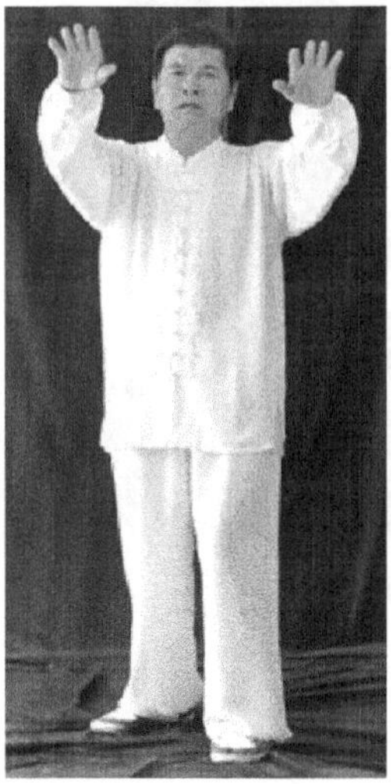
图 6 －522

图 6 －522

图 6 －524

图 6 –525

图 6 –526

图 6 –527

图 6 –528

图 6 –529

图 6－530

图 6－531

观看第五路教学视频请扫二维码

第六节　第六路十五式

第七十二式　云手

图 6－532

左云手：接上式，腰微拱，向右后旋转，右勾手变掌向右外掤，左手在左肋旁随右掤势，自下向上划一小弧；腰微回转上提，身体微向左转，左手随之外旋翻，右手向下划。腰微后拱，重心落于右腿，右手掌落于右胯侧旁，掌心向内。左手内旋翻至左膝外侧，掌心向下，身体面向东南微含；腰上提走弧形，右手经腹前向左前下穿掌，掌心向左（见图 6－532 至 6－534）。随穿掌，重心移于左腿，上身微俯。腰上提，身体直立，右脚随身体直立向左脚靠拢。右掌抽回胸前与乳平，掌心向里；左手弧形上抬至腹前，掌心向里。右手在上，左手在下，两臂圆撑，脊背后倚。

图 6－533

图 6－534

图 6－535

右云手：腰微含，向右外转，右脚以脚跟为轴，往右外转脚尖。左脚以脚尖为轴，往左外转脚跟。身体随腰右转面朝向西南方向；腰向后拱，重心落于左腿，呈下倚坐式。右手随腰后拱，右下划弧摆至右侧胯旁。左手下划弧落于左腿侧旁；腰上提走弧形，左掌随腰向上走弧形，向右前穿掌，重心落于右腿上；腰微提，左脚跟随提起，向左顺开一步，掌心向右，上身微俯。腰上提身体直立，左掌抽回胸前高与乳平，掌心向里。右手弧形拉回至腹前，掌心向里。左手在上，右手在下，两臂圆撑，脊背后倚（见图 6－535 至 6－539）。

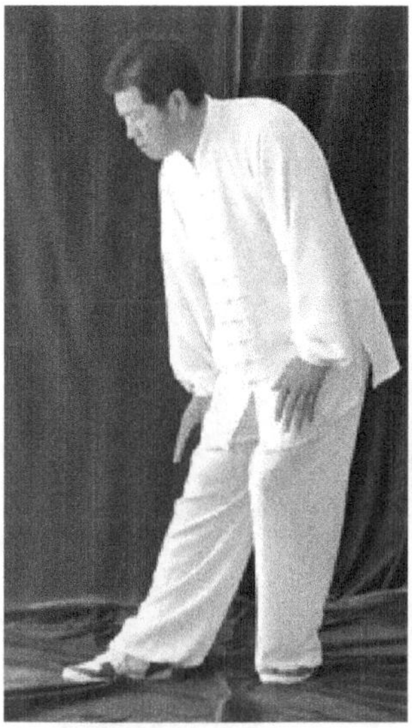

图 6－536

图 6－537

图 6－538

图 6－539

左云手：接上式，腰微拱，向左旋转。左脚以脚跟为轴向外转脚尖，脚尖转向东南。右脚以脚跟为轴向里转脚尖，脚尖转向东南。身体转向面朝东南；腰随即后拱，呈后倚坐式，重心落于右腿。左手随身转下摆至左胯侧旁，右手随拱腰下摆落于右腿侧旁，上身微俯；腰上提走弧形，右手经腹前向左前下穿掌，掌心向左，随穿掌重心移于左腿（见图 6－540 至 6－543）。腰上提身体直立，右脚随身体直立向左脚并拢。右掌抽回胸前高与乳平，掌心向里。左手弧形回至腹前，掌心向里。右手在上，左手在下，两臂圆撑，脊背后倚。

图 6－540

图 6－541

图 6－542

图 6－543

右云手：接上式，腰微含向右外转，右脚以脚跟为轴往右外转脚尖。左脚以脚尖为轴往左外转脚跟，身体随腰右转，面向西南；腰向后拱，重心落于左腿，成下倚坐式。右手随腰后拱，右下摆至右胯侧旁。左手落于左腿侧旁；腰上提走弧形，左掌随腰向右前穿掌，重心落于右腿上。腰微提，左脚随腰提向左顺开一步，掌心向右，上身微俯（见图6－544至6－548）。腰上提身体直立，左掌抽回胸前，高与乳平，掌心向里。右手弧形回至腹前，掌心向里。左手在上，右手在下，两臂圆撑，脊背后倚。

图6－544

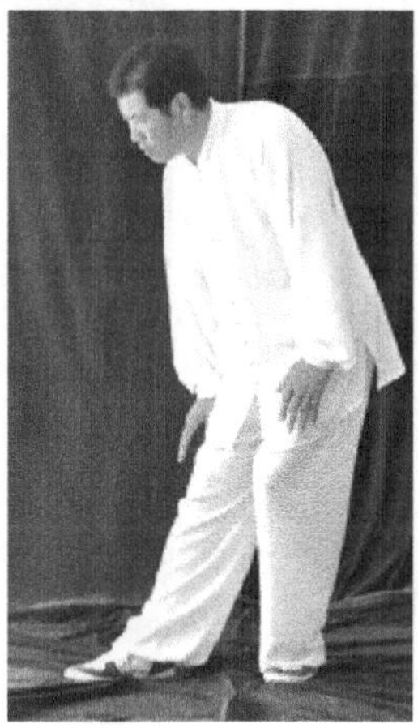

图6－545

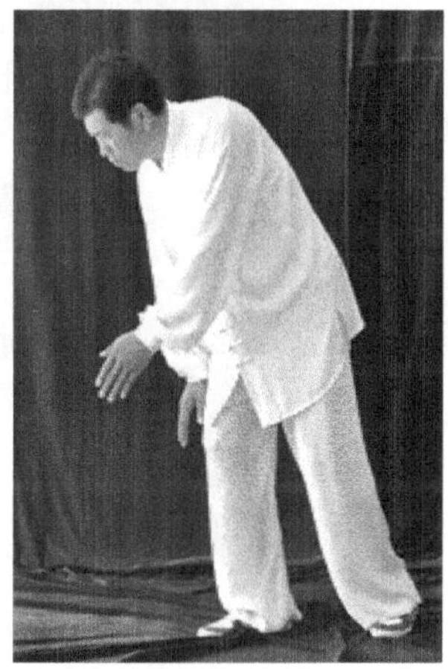

图6－546

图6－547

图6－248

左云手：接上式，腰微拱向左旋转，左脚以脚跟为轴向外转脚尖，右脚以右脚跟为轴向里转脚尖；腰随即后拱，成后倚坐式。左手随腰转下划摆至左胯侧旁，右手随拱腰下摆落于右腿侧旁；腰上提走弧形，右手经腹前向左下穿掌，掌心向左。上身微俯，随穿掌重心移于前腿（见图6－549至6－552）。腰上提身体直立，右脚随身体直立向左脚并拢。右掌抽回胸前，高与乳平，掌心向里。左手弧形回拉至腹前，掌心向里。右手在上，左手在下，两臂圆撑，脊背后倚。

图6－549

图6－550

图6－551

图6－552

注意：打云手，身体左右转动时，要以腰为轴慢慢转动。上身微俯时，不可扭斜，要保持“立身中正”。两臂转动要轻灵圆活，要和身体的转动、重心的变化保持一致。注意“上下相随，内外相合”。

第七十三式　单鞭

接上式云手，面向正南。腰微含向右转，两手随腰向右翻转划弧，至右胯外手心朝下；腰上提两手随腰向上划平弧，左腰向左外撑，两臂向下划弧，腰微拱收回胸前。左掌渐渐翻转向上，右掌心向下，两掌微合眼神转向右平视；腰微含向右外稍转，右肘打向稍西北。腰回转身体转回正南，腰微含右腰上提，右臂向右外侧上方平伸，五指撮拢，指尖朝下变勾手，略高于肩（见图6－553至6－558）。腰微含向左转腰，提左膝，眼神向左平视，左脚向左横开一大步，身体转朝向正东。右脚随身左转向内转，脚尖朝向东南；腰微上提，左臂随之向前掤。腰向左微转，左臂随之掤转，呈左弓步；腰微拱向后倚坐，左手臂随即翻转掌心向下。随腰后拱向下採按，重心随之移向后腿。腰上提，将重心再向前移至前腿，左掌随之向前按出。掌心斜向外，指尖斜朝上。

图6－553

图6－554

图6－555

图 6－556

图 6－557

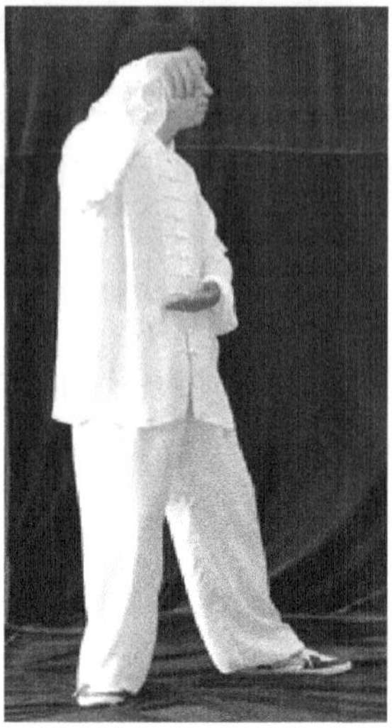
图 6－558

第七十四式　高探马

接上式，腰微拱向右外旋转，重心随之移向右腿，右臂随腰后拱勾手变掌，向右后掤。左臂随腰后拱向下向里划弧；随即腰上提，重心回移，左臂随腰上提向左外上翻掌划小圆，掌心朝上。右手臂随腰上提自然下摆至右胯旁；腰微拱上提，左腿随腰后拱变虚，随腰上提向回拉半步，变左弓步。左臂收回至左肋旁，掌指稍指向东南，掌心向上。右臂随腰后拱之势自然上带至腹前。随腰上提，右臂抬起，顺势向前，经左臂上侧弧形向前探，手指向东北方向，掌心向下，眼神向前平视（见图 6－559 至 6－562）。

图 6－559

注意：重心移向右腿时，要坐实右腿，要收左胯带动左脚回拉，上身不可弓肩或后仰。右掌前探时，不可纵肩。提腰时不可挺胸或弓背，右手指不可朝前。

图 6－560

图 6－561

图 6－562

第七十五式　白蛇吐信

接上式，腰微含向右稍转，身体随即转向稍东南，腰上提，随即提起左脚向东南迈出一步。右手随左脚上步，左手仰掌从右手上向东南方向穿掌，右手稍向下按同时内收，手臂横于左肋下（见图 6－563）。

注意：此式在腰的带领下，手脚动作要协调一致。要特别注意“上下相随，内外相合”。

图 6－563

第七十六式　转身单摆莲

接上式，腰微拱身向后倚，重心移向右腿。腰微上提，向右外旋转，左脚尖内转，朝向正西。腰微沉，重心移向左腿，身体微蹲，左臂向右外旋翻划弧至右耳旁，掌心向外。右手随身体右转下划落至左腹前；右腰上提右外旋转，右腿随之提起微屈膝，向右外摆，左手由右耳旁向左拍击右脚面外侧，右脚落地，重心随之落于右腿。眼神看着手脚相击下视（见图 6－564 至 6－565）。

注意：转左脚时，与左臂内旋要一致。右腿向右摆时，要脚找手，左腿微屈要站稳。

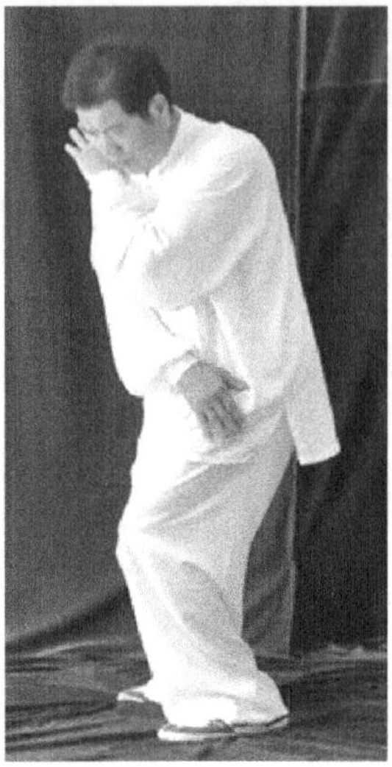

图 6 –564

图 6 –565

第七十七式　进步指裆捶

接上式，左腰上提，左脚向前上步，左臂随上步翻掌向左外下划弧，按落至左胯侧旁。右手变拳向右，经腹前向前下击一拳，对准裆部，身体呈左弓步微俯（见图 6 –566 至 6 –567）。

图 6 –566

图 6 –567

注意：当左脚前迈脚跟尚未着地时，注意上身保持正直。当左掌搂过左膝时，上身随右拳下打微俯。松胯、沉腰，眼视右拳前方，不可抬头。两肘须微屈，不可挺直。

第七十八式　上步揽雀尾

接上式，腰微提，身体直立，随即微拱，重心落至右腿。右臂随之抬起变掌。腰向右外转，左脚尖内转，身体转向西北，左臂随之由下向上划弧抬起，略与肩平，掌心向下；腰微下沉，重心移至左腿，右拳变掌，向下划弧抄至腹前。随抄随臂外旋，使掌心翻转朝上，与左手成左抱球状，两臂均成弧形（见图6－568）。

图6－568

掤：右腰上提，右脚向前迈出，成右弓步。腰继续上提，右小臂同时向右上前打掤，右掤掌高与乳平。左手掌随右弓步置于左胯旁，掌心向下。意念领腰继续上提，右手掌随之向右上方撩掤，左手掌跟随向上，当撩掤至略高于肩时，两掌旋翻，掌心斜相对（见图6－569至6－570）。

捋：腰向后拱，重心随之落于左腿，成后倚坐式。两掌随向右胯下捋，眼神注视下捋之手（见图6－571）。

注意：身体左右转动时，要以腰为轴，用腰带动。身体保持中正，松肩、松胯、松膝。这套拳自始至终对身形的要求都是一致的，动作要松柔缓慢，速度要均匀。手脚的动作配合更要协调一致，身体中正。弓步时小腿要垂直，膝盖尖以不超过脚趾与脚掌相连的关节为宜。

挤：腰向左外上提，身体微向左转，重心渐渐移于左腿。左臂随身体向左转外旋，向左外挒。右臂外旋使掌心翻转朝里，弧形垂肘横于胸前；左腰回转上提，身体回转，顺势左手里旋翻搭在右手腕部，成右弓步；腰微拱向前挤出，眼神向前平视（见图6－572至6－573）。

图 6 -569

图 6 -570

图 6 -571

图 6 -572

图 6 -573

注意：向前打挤时两手臂一定要放松，肩肘不可用力，腰向后微拱，内劲就自然催出来了。

按：腰微含，右腰向右外平转，顺势拉开右手臂。左手自然拉开与右手指尖相对；左腰下沉上提，左手随即外翻成横掌，两掌指尖相对。左腰向左外平转，顺势拉开左臂，两手分开，中间隔一横掌距离；腰向后拱，重心落于左腿，两手里翻掌心向下。随身体后倚，顺势下按至腹前回收，两手好似扶在箱盖上。松腰含胸，腰上提，两臂随之向前上方掤推出，重心随之前移成右弓步（见图6－574至6－578）。

图6－574

图6－575

图6－576

图6－577

图6－578

接上式，腰微拱，左手外旋翻转斜向里，右手在上，左手在下，两掌心斜相对。随腰拱后倚之势，向右胯下捋；腰向左外提转，身体随向左外转，面朝正西。左掌随向左外上例，右脚内转，脚尖转向正西。右臂外旋翻，随转身沉肘上抬，掌心向内；左腰向右上提，左手顺势搭于右小臂上，左脚跟里转，重心落于两腿。腰微拱，向前打挤（见图6－579至6－582）。

注意：发挤劲时周身要放松，两臂不要僵。否则，就打不出挤劲。

图6－479

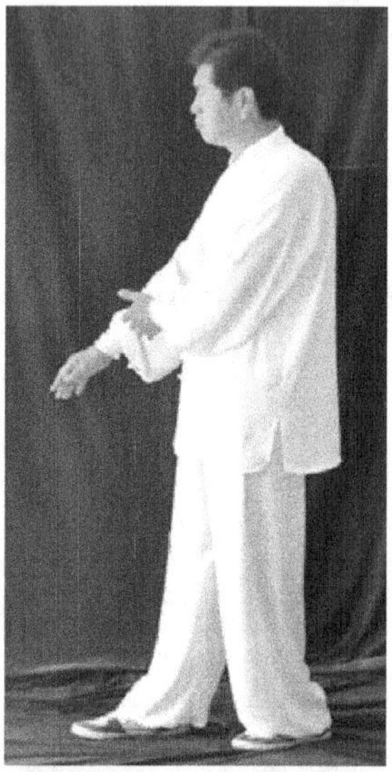

图6－580

图6－581

图6－582

第七十九式　单鞭

接上式，腰微含，随即向左上方转，眼神及右脚皆随之转。右脚向左内转，脚尖朝向西南。顺势右手上翻手心向上，呈穿掌式，身体转向正南；腰微拱，顺势右手下採拉回右腹前；腰向右外旋转，面侧向西北，左手离开右腕置于右肋旁，指尖下指。右手舒伸直至右胯外侧，两手心均向下；左腰上提，左脚随提，向前迈半步，脚尖朝向正南，与左肩垂直；腰向上向左平转，带动两臂上掤；撑拱腰，两臂向左划大弧，左手里旋翻，掌心向上收回胸前。右掌心向下，两掌微微相合。腰微含向右微转，打出右边肘；腰回转，面向正南，眼神转向右平视；腰微拱，右腰上提，带右手往右前上方送，右臂向右前上方伸，五指撮拢，指尖朝下变勾手状，臂抬略高于肩。左手仍置胸前；腰向左外旋转，提左膝，眼神向左平视。

左脚向左外侧迈出一步，身体转向正东。右脚随转体内转，脚尖朝向东南；腰微上提，左手随向前打开掤之，成左弓步；腰微拱，左手里翻转，掌心向下，随腰拱向下採按，重心微移；腰上提，重心前移，引领左掌向前按推，呈左弓步（见图 6－583 至 6－595）。

图 6－583

图 6－584

图 6－585

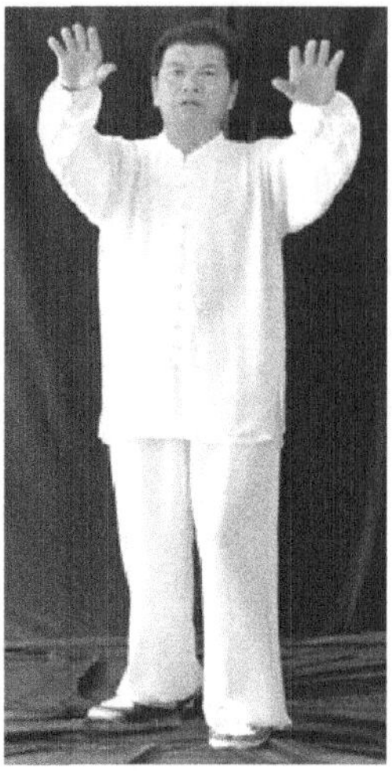

图 6-586

图 6-587

图 6-588

图 6-589

图 6-590

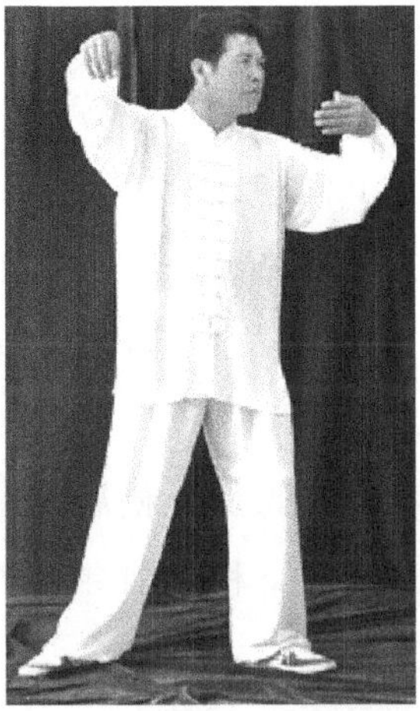

图 6－591

图 6－592

图 6－593

图 6－594

图 6－595

注意：单鞭在整套拳路中，起着承上启下的作用，须细心体会揣摩。打单鞭时要注意中正安舒，上身不可前倾，肩不可歪斜。

第八十式　扑腿下势

接上式，腰向右外上提，身体右转侧向西南并稍前俯，右脚脚尖外开，朝向西南，重心移至右腿，右腿屈膝下蹲。左手随前臂外旋，向右上划弧绕转至右肩前，手指向正西，左腿伸直，向左外转脚跟。右勾手臂随转体，朝向西南；腰向后旋拱回转，身体向左回转，左脚尖向左外转朝向正东。右脚尖向里转，朝向正东。左手臂随身体渐向下向左回转，下落经裆前沿左腿内侧，向前上方划弧穿伸，指尖朝前上方，掌心向右。右勾手向回后划弧，落至右胯侧，勾手尖朝上。左腿屈膝前弓，右腿渐渐蹬展（见图 6－596 至 6－597）。

注意：左掌弧形里收下移时，须随身体重心后移，松腰胯、松肩、肘下沉。这样才能节节贯穿带动左掌里收下移，左掌由里收下移到前穿要圆活。作扑步时，两腿不可用力挺直。穿掌时，不可低头。

图 6－596

图 6－597

第八十一式　上步七星

接上式，腰微含下沉，随即上提，右脚随腰向前上步，成虚步。右勾手变拳，经右肋侧向前上击出。左手变拳与右拳同时冲出，右拳在前，左拳在后，十字形交叉，轻轻搭在右拳腕部里侧。两拳眼均朝向里侧，眼神注视前方，重心落在左腿上（见图 6－598 至 6－599）。

注意：由下式左扑腿起，重心前移时，要左腿渐屈，右腿渐蹬。松腰胯，上身要平行前移，然后渐渐前起，成左弓步，不要两腿伸直而起。由下式过渡到右虚步时，身体不要摇晃，要保持中正。两拳掤击时，不要做成上扬的动作。两臂要成弧形，使姿势屈蓄而又圆满。

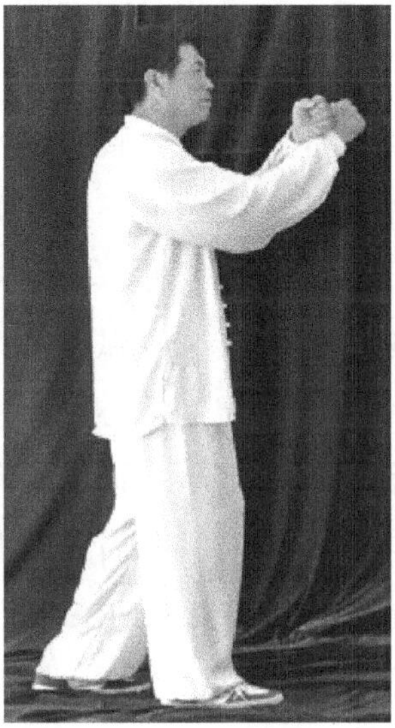

图 6－598

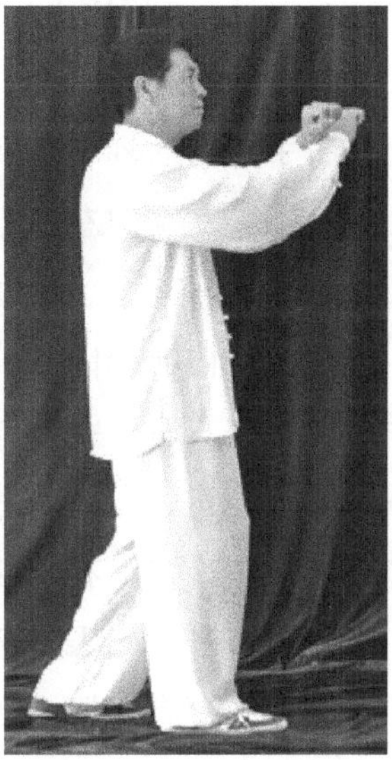

图 6－599

第八十二式　退步跨虎

接上式，腰微拱，右脚随拱腰向右后方撤步，重心渐渐移至右腿，两拳随之下按变掌，右掌落腹前经右胯侧向头部右上方划绕，掌心朝外；左掌经腹前向左胯外按落至左胯侧旁，眼神注视前方（见图 6－600）。

注意：向后退步时，右脚的落地点不要直退踏在一条线上。成退步跨虎时，上身不可前俯后仰。两掌分开后，两臂要成弧形，不可有棱角，也不可开的过大，免得显的松散。

图 6－600

第八十三式　转身双摆莲

接上式，腰微拱，向右后旋转，身体随之右转，带左脚提起，向右前方迈步，脚跟着地，脚尖内转，身体转向西南；腰微含继续旋转，身体转向西北。右脚跟向里稍转，脚尖朝向西北。同时左臂外旋内收至左肋旁，掌心朝上；右手向右后划一大弧，回至胸前，掌心向下；腰上提，提左膝向左前上方迈步，左掌向左前方穿掌，掌心朝上指向西北，右手臂贴近左肘下。腰微拱，向右转，身体随之后移，重心移于右腿。左脚尖向里内转，朝向东北，身体转朝向东北；左手臂随身体右转，划弧回拉至右耳侧旁。右手回拉至左腹侧；腰微向左回转，身随之回转，重心回移左腿；腰下沉，左腿屈膝坐实，右脚掌着地，微屈膝，成右虚步；腰自左向右上旋转，身体随之向右平移，右掌移于身体右前方，左掌移于右腕里侧，稍低于右掌，眼随转体平视转移，观及两掌右移。右脚自左向右上方弧形外摆，膝部自然微屈，脚抬摆不超过腰部，脚背略侧朝向右面。同时左手上抬，两掌自右向左迎着右脚面虚拍打，先左手后右手。眼神观视两掌拍打右脚面（见图 6 –601 至 6 –605）。

图 6 –601

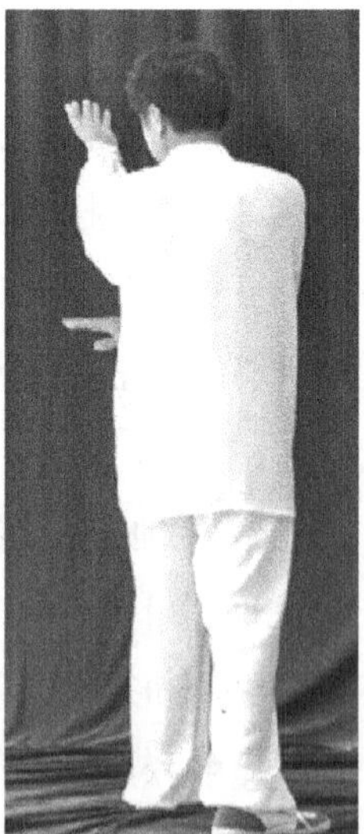

图 6 –602

图 6 –603

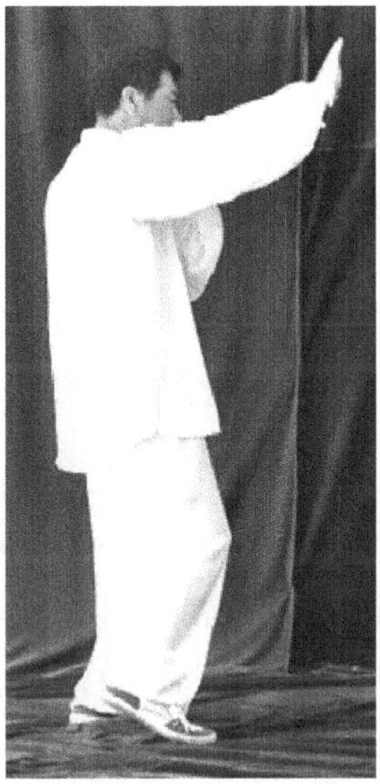

图 6 –604

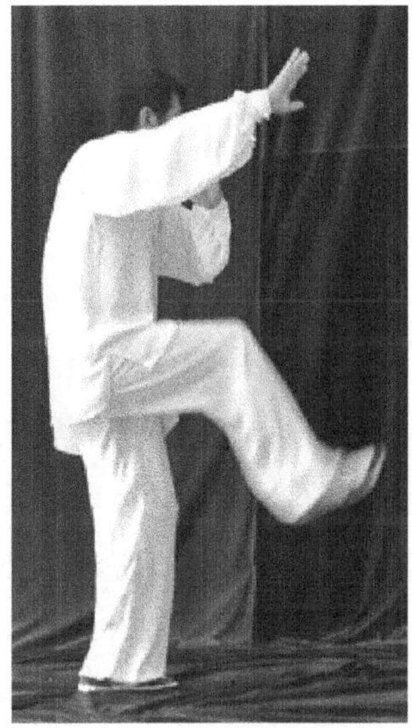

图 6 –605

注意：在转体时，身体不可摇晃。要立身中正，松腰、松膝、松胯，腰腿都不可挺直。右脚摆莲必须由腰转带动，防止胯用力。两手拍打脚面，全凭腰转自然带动，不可故意去用手拍。

第八十四式　弯弓射虎

接上式，松腰下沉，右脚随之下落右前方，成右弓步。同时两掌随转体向左平摆，右臂随着外旋掌心翻转朝前，眼神观注两掌左移。两掌随转体，自左而下经腹前右绕变拳。继续向右弧形上绕，右手随绕随着臂内旋，使右拳心朝下，经右侧向左前东北方打出。高与乳平，置于右胸前，臂弯成弧形；左手随绕随着臂内旋，使拳心翻转朝下，向上经胸前向左前东北方向打出。高与乳平，眼神随两手旋转，向左前东北方向平视（见图 6 –606）。

图 6 –606

注意：两手要随腰转动，腰的转动，带动

两手及腿的摆动，整个动作要协调一致。完成弯弓射虎时，要防止右肘翘起、耸肩、身体前倾。

第八十五式　进步搬拦捶

接上式，腰微拱，带动两拳向右肋下划弧回撤，重心微移至左腿，左膝微屈。同时右拳翻转拳心朝上；左拳变掌，掌心搭在右拳腕部，向右前下打挤。腰上提向左旋转，两臂打开略窄于肩，随向前向左里回划弧，右拳心朝上，左掌心向下，运转至右膝前，两手与右膝成三角，渐渐成右弓步；左腰微提，带动左脚提起向前迈步；腰微含向右转，身体随之渐渐微右转，随即向左转。随转体，右拳自右肋旁而上，经胸前向前搬出。随着臂外旋使拳眼慢慢翻转朝上，随即渐渐向下弧形抽回，拳心朝左；左掌同时随转体，弧形向右经右臂里侧旋翻前拦，掌心朝右，成左弓步；腰微含，重心稍移右腿，随即腰向上提，右拳随之打出，左手回拉至右小臂里侧停置右腕部（见图 6－607 至 6－611）。

注意：在连续进步时，要速度均匀，步法与手法要随腰转动。打出的右拳要虚拢，不可攥实，不可用肢体拙力。

图 6－607

图 6－608

图 6－609

图 6－610

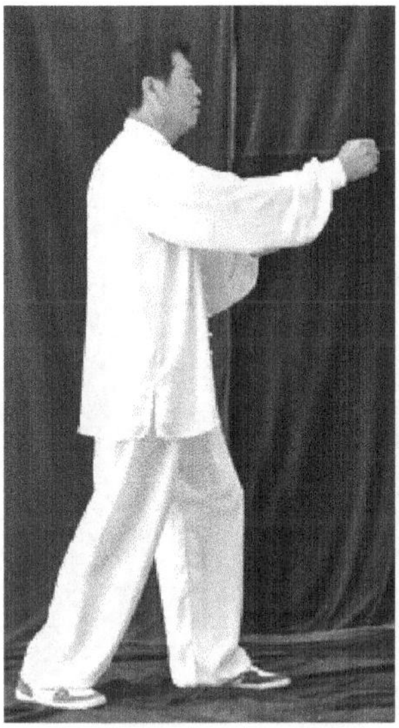

图 6－611

第八十六式　如封似闭

接上式，腰微拱，右腿微弯曲，重心渐渐移向右腿。腰上提向左旋转，同时左掌外旋，手心向上经右臂下向右外伸，并沿右臂向前随伸随着臂外旋，掌心翻转朝里，右拳变掌；腰下沉，随即沉肘，向胸部抽回；腰微提，随撤随臂外旋，使掌心也翻转朝里。两掌高与乳平，两臂交叉，右臂在里；腰继续拱，重心继续后移，后腿坐实；腰上提微左转，重心稍前移，两掌向左右分开，间隔一横掌的距离；腰微拱，随着两臂内旋，使掌心翻转朝下，收至小腹前，重心移落右腿，上身后倚，成下按式；两腰上提走弧形，重心前移左腿。两臂随之上抬向前掤，两掌向前按出，掌心向前，高与额头略平，成左弓步，眼神向前方远视（见图 6－612 至 6－614）。

图 6－612

图 6－613

图 6－614

注意：重心后移要坐实右腿，上身要保持立身中正，重心前移后退时，要齐进齐退，上下相随，内外相合。两臂须随身体后倚坐收回，要松肩坠肘。

第八十七式　十字手

接之式，腰后拱，成后倚坐式，重心渐渐移至右腿上，左脚内转，脚尖朝向正南，身体亦转向正南；左腰上提，重心随即转向左腿上；右腰向右上提，随即右腿向右外上方开步，两臂随之外旋向两侧打开，与肩平行，两手心向下；左腰向右上提，重心随之渐渐移向右腿，两臂随之下垂，左臂置于左膝外侧，右臂落至与右膝垂直；左腰微提，左臂与左腿同时向右并拢，成蹲式。左右两臂交叉，左手臂在上，两手心向下；腰上提，身体直立，两臂随身体直立，呈十字，两掌翻转，手心朝外，眼神平视。（见图 6－615 至 6－618）

注意：左脚尖内转踏实后，右脚跟随腰上提外开，渐渐离地提起开步，当右脚落实时，左脚提起向右脚靠拢。整个十字手动作，要求“上下相随，内外相合。”两臂呈环状，不可端肩抬肘。身体直立时，全身都要放松。

图 6 －615

图 6 －616

图 6 －617

图 6 －618

第八十八式　合太极（收式）

接上式，腰微微向左右两侧撑，随撑随里外转腕，使双手心朝外，平拉按开，与肩平宽；腰缓缓下沉，微后倚，带动两手缓缓向前下按，似凭栏下望。一直下落按于胯前　随即自然垂于胯两侧，眼神自然向内收敛（见图 6－619 至 6－620）。

注意：随着两手轻轻贴身下落，把腰松开。引领内气徐徐沉入丹田，使体内元气渐增。不可强压沉入丹田，然后身心俱静地站立，自然深呼吸六次收功。

图 6－619

图 6－620

观看第六路教学视频请扫二维码

第七章

太极内功的劲

第一节 “劲”到底是什么?

一、太极内功的劲

(一) 什么是太极内功的劲?

它是内功太极拳的特殊力学结构。通过一定的训练程序与方法，在力的大小、方向、作用点及动态传递等方面得到提高，是一种升华了的力。内功太极拳的劲分多种类型，并具有多层次。

(二) 太极内功劲的特征

(1) 它是一种特殊的力;

(2) 它通过一定的训练程序与方法而体现;

(3) 它是由人体内部传导发挥出来的;

(4) 它具有多层次的特点。

二、太极内功的劲与身体拙力的区别

“劲源于筋，力源于骨。如以持物论之，有力能执数百斤，是骨节、皮毛之外操也，故有硬力。如以全体之有劲，似不能持几斤，是精气之内壮也。力由于骨陷于肩背而不能发，劲由于筋而能发，并达于四肢。力为有形，而劲无形。力方而劲圆，力发涩而劲流畅；力发迟而劲速；力散而劲聚；力浮而劲沉；力钝而劲锐。力是本能，而劲由百炼而成。”[1]

第二节　了解运用各种“劲”（上）

内功太极拳的劲，根据用处不同和层次的区别，分很多种类。诸如：沾粘劲、听劲、懂劲、发劲、引劲、沉劲、拿劲、开劲、合劲、掤劲、捋劲、挤劲、按劲、採劲、挒劲、肘劲、靠劲、搓劲、截劲、冷劲、断劲、折叠劲、擦皮虚临劲等，其中尤以沾粘劲、听劲、懂劲、化劲等数劲为内功太极拳所擅长。如果能将这几种劲了解清楚，用之于身，就可以明了太极内功的奥妙。虽然说太极内功至大成时，仅尚意而不尚劲，但初学者升阶由级，入室由门，必须从劲着手。如果不知用劲，即不明运气之功，也就不知内功太极拳的真谛。所谓登高必自卑，行远必自迩。

一、沾粘劲

什么是沾粘劲？不离开的意思，即用内气支配手附于对方肢体上，将其引动起来，如将物沾起一般。粘劲，即相互黏合在一起的意思。因两劲有很多相同之处，故通常将其一并论述。沾粘劲，也称不丢之劲，主前进，属阴劲，是内功太极拳中最主要的基本劲，由推手而来。练沾粘劲时，一定要放松，初时两手不知所觉，犹如木棍，练一段时间后，才逐渐生有感觉。有感觉才可沾粘，这种沾粘，须由内气去沾，只有用内气才可将人沾住，为我所制。这种沾粘，须由“明”师指导身授，就如蓄电池的过电，教练系有电的发电机，学习者为无电的蓄电池，身授指导犹如过电，待功夫成，则如发电机已将电输入蓄电池中，之后蓄电池亦能单独发电。这一教授过程称之为喂劲。练习这种劲至相当程度后，如漆似胶，一搭手即知对方功夫如何。此劲是练习推手中较重要的，必须认真体练感悟。否则，就不能研究其他诸劲。

二、听劲

什么是听劲？指以身体感觉、意念感应、外在劲力的状态及变化方式，以达到料彼在先，彼微动我先动的效果。从以上分析中可以看出，听劲中的“听”，不仅是身体皮肤的感觉，更重要的是意念的反应。练初极功的就是腰的反应，所以，在未练习听劲之前，必须练习沾粘劲，如果不明沾粘劲，就不能听。以推手而论，如果不会听劲，也就不可能懂劲。犹如言语，如不用耳静听，就不能解人意，所以，欲懂非听不可。内功太极拳的听劲亦然，要想练习听劲，非先将己身拙力俗气抛弃，周身放松，敛气凝神，方可以听。不听，就不能懂；不懂，就不能走；不走，就不能化；不化就不能发。由此可以看出，听劲的重要，习者不可不深重视之。

三、懂劲

什么是懂劲？“懂”者，明白之意也。指了解劲力的构成、运动特点和状态为之懂劲。会听劲为懂劲的第一步。懂劲又分自己懂劲和懂人之劲。自己懂劲，即知道自身劲力之阴阳。懂人之劲，即知他人之劲如同己一样。能听，然后能懂，固有一定之理，但是如果听不准确，非能全懂。所以，懂劲一功，亦甚重要，非由“明”师口传身授，与自己切实感悟不可，而且须经相当之时日，方能明其中之理。“在推手中，未懂劲之前，易犯顶、扁、丢、抗等病，然懂劲后，易有断、结、俯、仰各病，因为后者处于似懂非懂之间。断结无一定的标准，都因视听不准确，尚未达到真正懂劲的境界。如能闪、环、撩、了、进、退、转、换行动自然，随心所欲，才可谓真正懂劲。真正懂劲之后，即能得屈、伸、动、静之妙，开、合、升、降之效。见入则开，遇出则合，来则让，去即升，果然能达此境界，即入神明之境。”《太极拳论》云：“懂劲后，愈练愈精。默识揣摩，渐至随心所欲。”

“在未懂劲前，如果先求尺、寸、分、毫，这是小功，不过末技也。所谓能尺于人者，实非懂劲。须懂劲后，神而明之，自能量尺、寸、分、毫，能量，然后能节、拿、抓、闭。到此境界，又分自己懂劲，于人懂劲两种。自己懂劲，阶级神明，能反探身中之阴，时时皆然，俗谓阳得其阴。水火既济，乾坤交汞，性命葆真，此乃修道之要诀。若于人懂劲，视听之际，随遇变化，不着思虑形相而无往不宜，自得太极之妙，此即技击中之要纲。以上乃太极内功大成之标准，习者非懂劲不可，如不明此道，则难与之论说太极也。”[1]

四、走劲

走劲即不顶之劲，主后退，由懂劲而来，不懂劲如何能走？比如人来势，或高或低，或横或直，或左或右，或长或短，原本没有一定标准，如果不懂其势，如何能走？

什么是走劲？指回避、柔化、退防的意思。多用于防守，有引动之效。走者，回避人的重力，而不与之相抵。因此，推手时，手部一觉人有重意，即变为虚。如遇偏重则偏松，遇双重则偏沉之，泻去其力，随彼方而去，不稍抵抗，使人处处落空，毫不得力。正所谓左重则左虚，右重则右杳。然而，初学者不遇大劲不走，是尚有抵抗之意，并不是懂劲后真走。走劲的枢纽全在于神意气，不在身体。习练者不可不知。

五、化劲

什么是化？是指性质或形态的改变。什么是化劲？指化解对方进攻的劲力方法。通常有下列几种方式：（1）改变对方攻击的劲力方向；（2）消解对方劲力的大小，减弱其威力；（3）引导对方向错误的攻击点集中，并还于对方的攻击；（4）高级阶段，使我处处为虚，对方无从下手，谓之“落空。”化劲是神意气与身体综合状态高度协调的结果。化劲由粘劲与走劲而成。不丢不顶，随感随化，前进后退，左顾右盼，相济不离。化劲的要点，全在于我顺人背。若能达此境界，则彼虽有千斤之力，亦无所用。所以，化劲在太极内功中极为重要。它是一种劲，更是一种方法。

化劲中应略含掤劲，无掤劲则不能化。化劲并非以手或肩化之，而全赖于神意气。若用手或肩或身体，是谓硬拨，不能称为太极之化劲。如果能顺人之势，或高或低，或横或直，快慢相合（化之太快，不能引其入榫，过慢乃未化去），即能沾而化之。直来屈化，或左或右，或上或下，顺彼之劲的变化方向，随机应用，不可拘泥。但往还须有折叠，进退须有转换。使彼不知我之劲路，直到对方势背为止，是称之为真化。

化后可拿可发，要点是不化尽。化尽则己的沾粘劲易断，而去势随之远矣。也不能化之过后，过后则势背，不能前进。至于化的发劲，要待彼劲将出而未全出，将至而未全至之际，随势而化，不要太早，或过迟。太早则未到，无有所化，过迟已着，化之无益。至于化圆的大小，技艺愈高者圆愈小，反之愈大。有的人认为太极拳全尚软化，此观点实属谬也。太极内功实乃有化有发，化之得势，则发亦可，化不得势，何能谈发？其中奥妙，全由习练者领悟运用，并无固定之法。技艺高者后化即前进，其上身似往后化退，但脚步同时已前进。这是以退作进之法，奥妙无穷。反之，初学者多以退步为后化，实不知这是逃避，并非真化。“艺高者外操柔软，内含坚刚，此坚刚非有意识的坚刚，实乃练功日久自然增长的内劲。所难者，是内含坚刚而不外露，始终以柔软迎敌，亦以柔软应对坚刚，使坚刚尽化乌有。”[2]到此功夫非常玄妙，若不是沾、连、粘、随已由懂劲而达神明之境，就不能轻灵玄妙，达四两拨千斤之效。

六、引劲

什么是引劲？是指人不动，而引其动，或人已动，而引其入于己之路线的一种劲。“引”者，引领之意。世人仅知化劲、拿劲、发劲，而不知有此引劲，实际上引劲处于化拿之间，而较化劲更难把握，因为对方来势不能随己心愿，所以必须引之。比如两物行走，方向不一，则无法相合，必须引之，然后才能相合。

至于引的方法，须化到对方的劲将尽未尽之时，才能引之入彀。换言之，引劲是欲引出对方背势中的焦点。如遇对方是技艺平平者，固易做到，若是稍有功夫者，还须用假引之法。如引高打低，引直打横，或故意出一虚掌以引之，使其丹田气上升，重心不稳，在惊惶之际出其不备，即可拿而发之。所以，在发之前，须有拿；在拿之前，须有引；在引之前，须有化。是一定之理，不可不知。

上述引劲之法，须刻苦专门潜研，因为引劲不仅手引，同时神意气必须予以引之，加之身法步法的紧密配合，方之为引。引之愈长，发愈有势。但其要点终不离沾、粘二字。

七、拿劲

什么是拿劲？是指拿锁对方的一种劲，进而拿住对方进攻或走脱之变化，予以攻击。（1）拿其关节，为拿劲之形，使其身不能动；（2）拿其神经，扣住其内劲变化的枢纽，使其气不能顺，神不能移。在拿劲中，多结合採、按之法，内外相合。

拿劲较引、化两劲更为难学，并且在太极内功中颇为重要。因为不能拿，就不能发，能拿才能发，发之不中皆因拿之不准，拿是发的先锋。通常拿至敌发呆顿而己之意到时，即发其焦点，未有不中。只是拿时须动作轻灵，重则易为人知觉，而变化脱手。其难点亦在将拿未拿到之际。若拿到后，敌即不能脱去，所以，拿之妙，妙在人不知不觉之间。

此外，拿人一定要拿其关节，如腕、肘、肩等处，否则，易被人化脱。双手拿人，犹如以秤衡物，重则秤砣移于外，轻则移于内，切勿失其衡。拿时除沉肩坠肘，含胸拔背，敛气凝神外，己之重心尤须注意，一定要尾闾中正，顶悬步稳，重心稳定。所谓“拿人不过膝，过膝即不拿。”如果相距较远，必须进身，调整距离，否则，有重心不稳之虞。拿人非手拿，手拿钝而易化，拿之枢纽全在腰腿。拿人非力拿，力拿呆而易脱，拿之主使全在意气。同时拿的步法、身法、方向亦很重要，非口授身传不可。功深者拿人，一搭手无论何处，一索即得，且能使被拿者身不自主，随其所欲，俗曰入榫。但艺高者往往拿而不发，其理在于拿到后，人既知势败必损，已认屈服，可毋庸再施发劲，令人更觉难堪，这亦是君子之道。拿又分有形、无形两种。有形拿，拿的圆圈愈小，功夫愈深，圆圈愈大，功夫愈浅；无形拿，在二人皮肤相粘各施引拿时，艺浅者的圆圈常被艺深者遮蔽。这种奥妙功夫虽由明师教授，然而非本身持之以恒，不会有成。

八、发劲

什么是发劲？是指劲力释放的一种方法。将通过练习而具备的内劲积蓄、传递条件综合起来，实现对外界的作用。发劲质量，是衡量内功太极拳水平高低的一个重要标志。欲击人，非发劲不可，不知发劲，焉能击人？更谈不上技击。对于以太极拳养身者，可不谈发劲，而对于练功防身者，就非知发劲不可。因为就太极内功而言，如仅知化而不知发，是只知守而不知攻。须知化中有时不能手手化净，岂能安然无事？一有失败，即牵连全部。进而言之，即使不求胜于人，至少也应不败于人。所以，必须一化一发，这样可使敌不能致全力于发，而同时也须顾及于化。故太极先辈有发人有“出手见红”之说，意为一出手就使对方跌倒，不令人攻而守，或己守而对方攻，免得多费时间与精神，实为至理名言。否则，既须注意于守，又须注意于攻，反使己之精神分散，为人所乘。此点不可忽视。内功太极拳的发劲，分为截劲、长劲、钻劲、沉劲、分劲、寸劲、冷劲、抖跳劲等。其中截劲比长劲为猛，钻劲较沉劲为厉，分劲较寸劲为狠。其发人能将人双脚离地，以一次腾出为佳。如人双足不能离地，仅是带跳带退，这是次等功夫。后者的原因是气与劲不足，不能摧敌根腾起。至于冷劲，因为引发人于不知不觉中，所以，其势甚猛，用起来固然不容易，而且为艺高者所不取，概因有损于君子之道。

九、断劲

何谓断劲？是指在引人得势后，霎间内劲藏起，随即突然以全身蓄之内劲发于对方。此劲猛烈异常，用于不知太极内劲或知而不精者，最为灵验，被发者心惊胆战。此劲练成实非易事，必由明师口传身授不可，且为技艺高超者所不取。因为发劲时，内劲藏起，暗昧不明，乃非大丈夫所为。相传昔日班侯发人，能使人双足离地，一跃腾出三丈六。在今天看来，其功夫可谓高超，但其父杨露禅却不以为是，其理在于他的发劲，实含有冷断劲，而非光明磊落，用心意巧发。

十、抖跳劲

什么是抖跳劲？是指当己劲与彼劲粘住时，即用神意气抖拍，彼则双脚腾跳起，亦应之而拍于地，如同拍球一般。更奇者，若拍若干下，再以长劲发之，敌被发出后亦能腾跳若干下，此劲非常奥妙。

发劲中除借劲、钻劲外，其他诸劲在未发之前，都须有化引拿。拿之得势，方能言发，否则发也无效。以劲发人时，必须把握三个要点：一、机势；二、方向；三、时间。所谓机势，是指己势顺而彼势背，彼之重心偏于一方，暴露其焦点。所谓方向，是指或上或下，或左或右，或正或隅，须随彼之背的方向发之。所谓时间，是指须恰当其实时，应在彼旧劲已完，新劲未生之时（发呆时），或后退时，不可过早或过迟。过早则彼势未完，易生顶抗之弊，过迟则彼已发觉，而生变化。此三者，缺一不可。如知机势而不知方向，易犯落空或与彼相顶之弊。知机势与方向而不知时间，也易犯顶抗或发之不足等弊。三者俱全，掌握得当，则发人容易，犹如弹丸脱手，无往不利。反之，发势虽然猛烈，也不会有太大效果。此外，顾及了机势、方向和时间外，还要注意与彼之距离。过远则劲不能达，太近则己劲易被憋住，不能发出。而且，发劲的高低、上下也有关系，人低我低，人高我高。人过低则发其上部，人过高则发其中部或下部。而彼身躯的高矮、大小轻重，都须留意。一般对矮者，宜发其上部；高者宜发其中部、下部之间；上下轻重相当者，宜发其中部；上轻下重者，宜发其下部；上重下轻者，宜发其上部。这种轻重，可于推手时用沾粘劲和引化劲探知。发的位置，有时发其虚而不能变化处，有时用手指引出其力，再用意发之。总之，虚虚实实，先使彼意气散乱，引出其死点，然后发之。并随屈就伸，人屈则随其屈以发之，人伸则就其伸以发之，可随机运用。一般技艺高者，自己的死点很小，但发现对方的死点却很大，并且在彼方身上任何地方都能引出死点而发之。同时，自己身上的任何部位都能发人，而且其发人，又可在一刹那之间，随引随发。

发劲时要周身一致，并且出于不知不觉。发劲者本身自觉愈无劲，而被发者愈觉沉重。反之，本身自觉发劲很猛，但被发者并未受到如其想象中的力道。其原因在于发劲自觉有劲，其劲并未完全透出；其自觉无劲，他的劲却像射箭一样。屈中求直，应当完全吐出力量，不要稍停留于手臂中。就发而不畅者而言，其多有三停，如在上肢，一停于肩穴，二停于拐肘，三停于掌根。在下肢，一停于胯，二停于膝，三停于踝。在身体中部，一停于胸；二停于腹，三停于丹田。造成这种现象的原因，多由姿势和动作不正确引起。

在发人时，应保持尾间中正，虚领顶劲，含胸拔背，沉肩坠肘，松腰松胯，发出的劲如枪弹出堂。

发劲的特点是，薄、顺、短、脆、远。薄，即找对方薄弱的环节发劲，只要微微一动，即可将对方击出。顺，顺势、顺随、顺力之意，但并不是化，这一点要注意。顺劲有；一是顺到对方身上；二是顺到与对方和己都没有关系的地方；三是也可顺到己身上，然后将其卸掉。短，短促之意，如发弓。脆，干脆，爽快之意。发劲不要犹豫、要脆，要冷。远，即发劲时意念要往远处想，眼神远看的意思。

发人之劲，有如抛物，欲抛则抛，切不可稍有疑虑。如果迟疑，意气则断，意气即断，何能发人？所以，发人时须敛气凝神，目视对方。须知神之所在，意气随之，劲虽发出而意气依然不断。正所谓劲断意不断，意断神可接。

技艺高者能随化随发，其中含有一个小圆圈，功愈深则圈愈小，半圈化而半圈发，故而发人常不见其形。此即所谓进即是退，退即是进，收即是放，放即是收。

注释：

［1］摘自《太极拳谱》（沈寿点校清代杨氏传抄老谱）。

第三节　了解运用各种“劲”（下）

十一、借劲

发劲为太极内功中奥妙无穷的上乘功力，非艺高者不能应用。而因借劲发人，更是无引无拿，其间仅含有少许化劲，可以不加思考，随时而发，其速度犹如风驰电掣。什么是借劲？即在发人时乘人之势，借人之力而予以发之的一种劲。其特点是：高来高往，低来低去，无须觅其死点背势，能使对方在不知不觉中被发出。

更令人称奇的是，彼来亦去，彼不来亦往，来势愈大，则被击之劲愈猛。打手歌中所谓“牵动四两拨千斤”正是借劲的妙用。能借劲则劲小能挫力大，弱者可攻强者，如果更能精于此功，则人的任何部位都可借力，而自己的任何部位都可发人。发人时必须腰腿一致，沉肩坠肘，含胸拔背，尾闾中正，用意气发出。

借劲也要顾及时间，不可或早或迟。早则敌劲未出，无法借力，迟则己身已被击中，无能为力。最恰当的时间，是彼劲将出还未全出，或将到而未全到之际，就在这一刹那间借劲，才能有效。犹如人之入室，一足正将踏入而室门忽闭，人不仅无从入内，反而被门叩出。又如人说话，正待开口发音时，将嘴掩住，口被掩住，气阻音塞，则话语被阻。由此可见，借劲的练习实属不易，如果能达到运用自如的程度，就可以说进入了太极内功的上乘境界。

十二、开劲

什么是开劲？是指化开、分开对方攻击的一种劲。与身法配合，有开展之势。多以近身之势迫敌。“见人则开”是指见人劲来时化开的意思。开劲用以达人之内门，其势非常勇猛。用时与身法、步法关系密切，距离也不能太远，太远则不能运用。开时须用神意气，身法、步法紧密配合。发力的部位并非只用于手臂，如果仅用手臂硬开，就会发呆迟钝。

开劲与发劲应配合使用，当开至适当程度，恰到好处时，就应当立即转为发劲。否则，开劲太过则己劲易断，就会失去效用，而开劲不足，反被人所乘。总之，开的最佳程度应开至己顺人背时为止。

应用时，开之得势，即可直迫彼身，任意所为。但艺高者往往故意自开其门，任人进入，待其深入，即乘机反击。此种反施之法，合于老子的“欲先取之，必先予之”之意。开劲在老六路拳架中应用很多，如提手上式、白鹤亮翅、如封似闭等，习练者应加以体悟。开劲不仅可以化人，也可以发人，其发劲要含有掤劲，所以，开后就须发，不发就会失去时机。

十三、合劲

什么是合劲？是指聚集、合拢，身形内合，圆整浑厚。开的反面为合，俗称一阴一阳。一开为阳，一合为阴。有开必有合，有合必有开，所以，开合二字，紧密联系。顺去则合，合为圆劲，亦即紧凑之意。合时用腰腿劲，须沉肩坠肘，含胸，气贴脊背。

合劲在太极内功中非常重要，发劲时多含此意。如果能将周身之气合而发人的死点，则人无不受创，十三式行功心解所谓“行气如九屈珠，无往不利”。就是指发劲时集周身之气一鼓而发，如九珠合而为一。因为发劲没有合气的前提，则气不能凝，不凝则散，发亦无效。

十四、提劲

什么是提劲？内功太极拳基本劲法。为上提之劲，以意上领，将人沾起。“提”即提上拔高之意，亦即太极内功中沾之一字。其效用在于调动对方，破坏其稳定，使其重心倾斜，重心已歪，其势必败。只是提时，本身体重大的人提体重轻的人较易，反之较难，不用内劲难以奏效。

提的巧法即乘人不知不觉时，往前进步，用腰腿劲向上沾提，使人在不知不觉间重心倾斜。提时要用腰腿，不能用肢体提，手提则重而笨，易被人发觉。所以，提的时候脚部要稳，丹田气松，虚领顶劲，气贴脊背，尾闾中正，敛气凝神，眼神注视对方，大有拔山提岭之势。此外对于方向、距离、身法及步法，应根据对方的情况而变化，得机得势而提之，否则也是无效的。运用者如能做到随机应变，一旦提之得势，并加以后引，则无论何劲都可发击，人没有不被发出的，此即打手歌中所说：“引进落空合即出。”

提劲难度较大，非技艺高超者不要轻易使用，否则，反会被人乘虚而入，弄巧成拙，习练者不可不注意。

十五、沉劲

什么是沉劲？内功太极拳的基本劲法。是指松沉、下按的意思。周身放松，意念下放，安心舒体，能下放才能沉，能沉才能提，才能聚。沉与重，不可理解为同义词。重为有形，沉为无形，重呆而滞，沉劲活而有似松非松、似紧非紧之形，与重绝不相同。人们在学习推手时，对于沉、重、轻、浮大都不能分辨清楚，所以易入歧途。“运用中双重为病，其因在于填实，填实则不明虚实而气闭力呆；双沉不为病，因为它能活泼变化；双浮为病，由于缥缈；双轻不为病，因其自然轻灵。但轻浮则不同，亦为病；半轻半重不为病，偏轻偏重才为病，因半者，半有着落，偏者，偏无着落。偏无着落则失方圆，半有着落不出方圆；半沉半浮为病，它失于不及；偏浮偏沉为病，它失于太过；半重偏重为病，它滞而不进；半轻偏轻为病，它灵而不圆；半沉偏沉为病，它虚而不实；半浮偏浮为病，它虚而不圆。”[3]

那么，怎样才算适度呢？太极拳谱云“双轻不近于浮，是乃轻灵；双沉不近于重，是乃离虚。”[4]这两者才算最佳境界。总之，内须轻灵不昧，而外气清明，能留于肢体，才算正法。发劲能沉，则发人更有威力，劲道也更猛。因为神之意气，由背而臂而手，达于人身，使之腾空跃出，犹如拍球，拍得愈急，球升的愈高。此劲颇猛，为发劲中的重要劲力之一。《太极拳论》所云：“如意要向上，即寓下意，若将物掀起而加以挫之之意，斯其根自断，乃快之速而无疑。”对此，习练者必须详加揣摩，方可领会其中之意。正所谓“拳打万遍，其意自现。”

十六、掤劲

什么是掤劲？内功太极拳重要劲法之一，指向外的弹性进攻之劲。《太极拳谱》云：“掤劲义何解？如水负舟行，先实丹田气，次要顶头悬，全身弹簧力，开合一定间，任有千斤重，漂浮亦不难。”掤劲在推手中非常重要，推手时如果没有掤劲，一搭手后就会被对方压制而无以相抗。掤劲不仅用手臂，更须用腰腿，再加以神意，使人不易攻入，此为防守之法。如果想发人，则在未掤之先，往后向下用引劲诱之，使其劲出而显露焦点，然后再借其劲而掤之，无不获胜。否则，对方势必空虚，无以借劲，也就无法打出掤劲。所谓发劲“三要”素之一“机势”已失。

掤的位置以人的关节或拗处为佳。这些部位一旦掤住，对方不易化解。掤上手后，掤至适当时机就须发劲，不然就难以制住对方，也达不到控制的目的。掤劲发人时要敛气凝神，眼神注视对方，否则，就不会收到好的效果。

十七、捋劲

什么是捋劲？内功太极拳的基本劲法。是指顺人之势而取之，舍已从人，变被动为主动的一种劲法。在应用上捋为一手沾人小臂腕处，一手粘人上臂近肘处，将其捋至已身后。捋劲可以补其他发劲的不足，因为其他发劲，被发者多往后跌出，如果对方已注意这一弱点，故意将重心前倾，不使身体后仰，这时就应用捋劲，乘其前倾，即引捋之，使其前倒而跌至已身方。然而，功夫浅不懂沾粘劲者，不宜用此劲，易被对方乘隙而入。即使懂沾粘劲者，如果捋之不得法，也达不到制人之效果。其原因有二：一是不能引敌。在未捋之前须故意先用掤劲，掤则对方必然抵抗，有此抵抗力，借力引之方可捋；二是不明捋的方向。初学者捋的方向多用直线，而技艺高超者，则借助身法、步法而捋之。直线捋容易被对方滑脱，斜方向捋可借人之劲。《太极拳谱》云：“捋劲意何解？引导使之前，顺其来势力，轻灵不丢顶，力尽自然空，丢击任自然，重必自维持，莫为他人乘。”

捋的关键动力在于腰腿与神意，而非手臂。在捋之初，已身腰腿应略上升，掤至人背已顺时，坐腿松胯，用神意引领转腰而捋发之。这里时机很重要，捋的太过则不能发，未到发也无用。因为太过则势尽，发亦不能，未到难以得势。以捋发劲时，须全身精神贯注，眼神更须注视对方，即使对方跌倒，亦须注视不能离开，十三式行功心解中所云：“劲断意不断。”

捋劲在推手及散手中运用甚为重要，不能捋就不能使对方前俯，更不能移动其重心，重心不动，取胜则困难。

十八、挤劲

什么是挤劲？内功太极拳基本技法。是指在推手中破解捋、採劲的一种技法。顺人之势，变在人先，劲力集中在单一方向上，乘虚而入，抢得主动。《太极拳谱》云：“挤劲意何解？用时有两方，直接单纯意，迎合一劲中，间接反应力，如球碰壁还，又如钱投鼓，跃然声铿锵。”挤，即用小臂挤击人身，是推手中经常用的主要技法之一。挤式手臂圆环，身形如弓，手背向外。挤时不可过高或过低。挤劲生于人捋己之后。所以，要想挤之势足，先要故意让对方捋足，然后以虚为引导，虚中含实，迅速变式挤之。挤也可以用于对方靠之后，但挤不能用手臂之力，而要用腰腿劲，再加以神意。其姿势应圆满，不要有棱角，立身中正，顶头悬起，沉肩坠肘，含胸拔背，尾闾收住。上身勿向前俯，以免重心倾斜。如果用力挤，则己臂反容易为人借劲。所以，技艺高者能将气贯于对方的足部，使人处背势，身体不得自由，其发可用截劲、长劲、沉劲等。通常初学推手时，在四正手中多缺挤一手，使推手盘圈不甚圆满，习练者应多加注意。

十九、按劲

什么是按劲？是内功太极拳的基本劲法。是指用来防守、化解对方进攻的一种劲法。具体可破挤、肘、靠地进攻。将进攻之势阻截，并引而向下，卸于无形。有平按、斜按、截按之分。《太极拳谱》云：“按劲意何解？运用如水行，柔中寓刚强，急流势难挡，遇高则膨满，逢低向下潜。波浪有起伏，有孔无不入。”按用单手或双手按人身体，手心向外、下，迎截进攻劲，身体后坐稳固。整体下沉，劲走下盘。按以顺步为得势，否则不易成功。按中有开合之意，并含有由前往后的纵向圆弧动作。如果只是直按，即不会有太大的效用，也易为人所制。

按的开合须手脚相互照应，前进后退有升降之势。技艺高者用按劲以起步为虚，落步为实。虚则为引，实则为发。按要用腰腿，并加以神意，眼神注视对方，虚领顶劲。按时速度要适中，不可太快，太快反而易被对方借劲。如果按时能借腰腿的前伸，手臂徐徐按出，对方必觉累而受制。

按时需顶悬身正，沉肩坠肘，含腹拔背，坐腰松胯，收住尾闾。上身不要前俯，俯则重心向前，易被捋出，所以要小心谨慎。技艺高者按人，大都在其真劲未发之前，即可让对方势背，自动倾仰跌跳。按的发劲也有长劲、截劲、沉劲之分，运用者应当随机选择，灵活运用。

二十、採劲

什么是採劲？内功太极拳的基本技法。是指在推手中变守为攻，配合沾粘劲，综合运用其他技法，瓦解对方进攻，并进而引其失势，逼其跌翻的一种劲。採分为单採、双採等。《太极拳谱》云："採劲意何解？如权之引衡，任尔力巨细，权后知轻重，转移知四两，千斤亦可平，若问理何在，杠杆之作用。"採，即以手抓住对方手腕或肘部，往下沉採，其效用与捋相似，可在敌重心前倾时，乘机施以採劲使其更向前倾。採时发劲并非在手，如只用手劲採功效小，採时应用腰腿劲，并加以神意。採之得势，能使对方头昏目眩，重心上浮，身体抬起。当对方被採得重心上浮，脚下无根时，即可施以发劲，将其发出。

採时应当注意，採人不可採两边，因为只一边，可使对方重心偏于一方，易被採倒。如採两边，对方重心不偏，可顺势借劲稳定重心，化解採劲。採时也不能用劲太轻，轻则易被对方借劲。所以，不採则已，採则必须採足，令其无法借劲，猝不及防。

採时自己要保持身体中正，沉腰坐腿，收腹拔背，沉肩坠肘，气沉丹田，眼神下视。《太极拳论》中所谓"仰之则弥高，俯之则弥深，"就是这个意思。海底针一式，就是採的运用。海底针后连以扇通背，就是採后随发的应用。

二十一、挒劲

什么是挒劲？内功太极拳基本劲法，为攻守合一之法。是指推手中，在锁住对方的基础上，侧向外或向内横向牵动，逼其就范。《太极拳谱》云："挒劲意何解？旋转若飞轮，投物于其上，脱然掷丈寻。君不见漩涡，卷浪若螺纹，落叶坠其上，倏而便沉沦。"其使用上，多配合以身体的转向。此劲为旋转之劲，宜先松后紧，迅猛快脆。

挒劲在太极推手中运用不多，所以，知之者甚少，与掤、捋、挤、按、採、靠等劲相比，更不为人所熟悉。但此劲很重要，习练者不可不知。假如自己处在倾仰势背之际，想转顺争取主动，就非用此劲不可，其他劲做不到这一点。

挒劲一般用在捋或採之后，其方法是一手按住对方的臂，另一手即用手背反挒人之用劲，使对方后仰倾跌。如果自己被对方用野马分鬃制于势背后仰时，就可用挒法转为顺势，并反借其势，使对方后仰。正所谓“吃什么样还人什么样，其欲使我仰跌，我即以仰跌还其身也。”挒分横挒、採挒等，具体哪种挒法最实用，要根据具体情形而论，正所谓“周身都是腰。”挒不能单纯用肢体挒，必须配合腰及神意。用时应注意与对方的距离不可过远，远则无法挒，挒亦之无效。所以，应用时必须手眼身法步紧密配合，以调整距离，方更为有效。此外，在应用时要看护好自己门户，否则，弄巧成拙，反被人乘隙而入，习者不可不注意也。

二十二、肘劲

什么是肘劲？内功太极拳基本劲法。是指在技击中，近身集中使用肘部力量的一种劲法。为近身搏击时所常用，具有较大的杀伤力。包括挤、撞、点、压等方法。具体应用招式，如穿心肘、腋下肘、脑后肘等。《太极拳谱》说：“肘劲意何解？方法用五行，阴阳分上下，虚实须辨清，连环势莫挡，开花锤更凶，六劲融通后，运用始无穷。”肘劲，顾名思义，以肘为主，其劲力多爆发力，短劲。

肘为人的二门，较手短，发之得势，也较手猛，可直攻人心窝，可谓毒手。用手击人，应有一定距离，太远易犯手未到而劲已断之病，过近则势闭而不能发。所以，要弥补此缺点，在距离过近而不得势时，只有用肘劲相助。

发肘劲时，应肘膝相合，用腰发劲，再加以神意，身体保持中正，虚领顶劲，含腹拔背，沉肩坠肘，尾闾收住，眼神注视对方。

大捋中的肘，含于人捋己时，用肘还击。推手中的肘，含于分开人手之时，一手抓住对方手，另一手用肘击其胸部。

应当注意，此劲虽然凶猛，但用不得法，反会被对方借势，所以用时应多加注意。

二十三、靠劲

什么是靠劲？内功太极拳基本劲法。是指在推手或技击中用肩或背靠击对方的一种劲法，是一种综合运用全身各部位的近距离搏击。包括肩靠、背靠、胯靠等。《太极拳谱》中说："靠劲意何解？其法分肩背，斜飞式用肩，肩中还有背，一旦得机势，轰然如捣锥，仔细维重心，失中徒无功。"靠劲，其势比肘劲更为凌厉。一般用手于己身与人距离极近，肘被闭而不能发劲时。靠时自己身法要中正，肩与胯合，不能用肩硬撞人身，而是在己身与人身体稍有接触之际，用腰腿劲，再加上意气靠之。靠时或上或下，要随机而行。此外，身法、步法也要注意。顺步须插入裆内，成丁字形，否则不能得势。

靠劲，在散手的大捋中运用较多。靠时应灵活多变，虚领顶劲，含腹拔背，尾闾中正，眼神注视对方，就是在对方已跌倒亦须注视不怠。同时更要注意防护自己的面部，及所靠的手臂，否则一有疏忽，易被对方击己面部，或被对方抓拿手臂，所以靠时另一手要护于靠人的手臂肘弯处，以防不测。能自如地运用靠劲，即使身瘦劲小者，也可以攻击力大者，因为肩比手劲、肘劲更大，所以威力也更大。

二十四、长劲

什么是长劲？内功太极拳的一种劲法，是基本劲力的延长运用。是指在防守或进攻中，将其劲道用意念放远、加长，并使全身力学结构形成延长的气势，造成绵绵不绝的状态。长劲的特点是对方触不到底，防不胜防。所谓长劲，即柔慢而伸长之劲，可用于手臂、肘、肩、腰、胯、膝、腿、足，或全身各个部位。在推手中，在引拿人之后，将己劲渐渐伸长发于彼身焦点之上，如果对方向后化我之劲，当其化至不能再化时，势必腾出。如果发劲时遇到对方阻挠，则己劲应随屈就伸向里进，随其势，不丢不顶，有隙就进，仿佛一线穿九曲珠，劲大线折不能进，劲小遇阻也不能进，非随其屈弯之势，以巧劲穿之不可。十三式行功心解所谓“行气如九曲珠，无往不利”正是此意。

发劲时应沉肩坠肘，尾闾中正，用腰腿劲，并配合神意而发。技艺高者用长劲，通常先用截劲再参以长劲，或先用长劲，至彼劲将出未出时补以截劲。先截劲后长劲则对方先倒退，退至长劲完时即腾出。先长劲后截劲则对方先腾出，后倒退。因为先后所发之劲都蓄于对方，先入后出，后入先出，譬如弹簧，施加的劲越大，反弹的劲越大，施加的劲越小，非反弹至尽处不止。内功太极拳的奥妙也在于此。所以，练习者对于长劲不可不知。

二十五、截劲

什么是截劲？截劲又名刚劲，内功太极拳的一种劲法。是指堵截对方攻击之力，一般以斜向或垂直方向截击；在化解对方之力并使之落空后，以短促刚猛之力截击之。可用于手、臂、肘、肩、腰、胯、膝、腿、足或全身各处，其作用全在引人落空，在对方已知受力，但不能变化之际，随即对其中心发劲，所以其势快而短促，被击之人跌势甚猛。

发劲之时应虚领顶劲，含腹拔背，沉肩坠肘，尾闾中正，敛气凝神，用腰腿劲，并加以意气，眼神注视对方，就是对方被击倒仍须注视。此劲发出有弧线及直线两种形式，要随势应用。初学者要多加揣摩、研练。

二十六、钻劲

什么是钻劲？内功太极拳的一种劲法。是指直接侵入对方防守范围的一种劲，多为直线螺旋劲。钻劲可破对方内气，直接攻入其身体内部。钻劲的使用往往结合人体穴位及关键身体部位，提高打击效果。发劲时全身先蓄为弓形，继而释放。

所谓钻劲，即入劲，在与彼皮肤相触时，以指或拳出击，如钻之入木，旋转而入。此劲非常勇猛，可以击伤人的内里。

发钻劲时应含腹拔背，沉肩坠肘，虚领顶劲，气沉丹田，全以神意气发出。此劲还可以破人内功，如气功中的闭口功之类，确系内功太极拳中的专长劲。钻劲运用的位置极易伤人，所以，初练者不必探究，以免伤人。钻劲的发人位置和穴道，要经明师口传身授，否则难以掌握。

二十七、凌空劲

什么是凌空劲？内功太极拳的一种劲法。是指在发劲的瞬间没有身体的接触动作，而发出的一种劲。需要精神、意念、眼神、肢体的综合作用。在运用沾、粘、引劲等的基础上，使对方失控，再施以精神威慑。凌空劲奥妙无穷，近于神秘，实乃一种精神上的作用。艺高者发此劲时，仅须口中一哈，对方即双足离地而后退。大概是因为被发者精神已被发者所吸引，无法抵抗。对此被发者如果已先知沾、粘等劲，在对方一哈之后，即由感觉而后退，发者也不会产生效果。对于此劲，习练者可不必深究，仅做游戏看待即可。

相传建侯、少侯父子，能吸引烛火近尺，一手隔之，火光遂熄，这是凌空劲的一种。据传这种功夫今已失传。

以上为内功太极拳中主要劲力，或粘或走或引或化或拿或发，均为常用的劲力。此外，还有拨劲、搓劲、撅劲、卷劲、寸劲、分劲、抖擞劲、折叠劲及擦皮虚临劲等，种类甚多，因非必需，故从略。

总之，功夫先练开展，后练紧凑，紧凑得法，再研究尺寸分毫，由尺而寸，而分、而毫，达于缜密，才能不动而变。至于用法，能懂、能化、能拿、能发后，则内功太极拳中任何一招一式，或散手，以至任何拳种的招法，均可结合应用。得机得势，随机运用，不必拘于一式或一法之束缚。学习者如欲彻底了解各种劲，并能应用，艺高“明”师的口传身授必不可少，但重要的是把三层功夫练出来，方能达到，本节所述只是概要。

思考：

1. 什么是内功太极拳的劲？
2. 劲与力有什么联系与区别？
3. 各种劲的概念和特征是什么？

注释：

[1]（清代）杨氏：传抄老谱（二）太极武事解//王宗岳．太极拳谱．沈寿点校．第 131 页。

[2]（清代）杨氏：传抄老谱（二）太极下乘武事解//王宗岳．太极拳谱．沈寿点校．第 149。

[3]（清代）杨氏：传抄老谱（二）太极双重沉浮解//王宗岳．太极拳谱．沈寿点校．第 155 页。

[4]（清代）杨氏：传抄老谱（二）太极双重沉浮解//王宗岳．太极拳谱．沈寿点校．第 156 页。

第八章

内功太极拳的技击防身——推手

内功太极拳是一门武术，技击防身是内功太极拳的一项重要功能。而太极推手是技击防身的主要运动形式，是一项对抗性强、较积极的竞技运动。学习太极推手，应在学会太极拳架，且具有一定水平的基础上再练习。所谓一定水平，就是指要把腰练活。不仅能上下动，还能左右、前后动，做到腰与四肢能紧密配合，协调一致。遵循太极内功的“沾、连、粘、随”的要求，运用“掤、捋、挤、按、採、挒、肘、靠”八种手法，“前进、后退、左顾、右盼、中定”五种步法，坚持“无过不及，随曲就伸，不丢不顶”的原则。

盘拳是练知己之功，推手是练知彼之功。内功太极推手的要求与盘拳的要求是一致的。即“上下相随，内外相合，一动无有不动。”

上下相随。上是指头顶，下是指脚心的一个整体。这个整体是相互连接，又各自为一的。要使这一总体能做到上下相随，就要保持立身中正安舒，从头顶至尾闾到脚掌要相互配合，动作协调，这样才能做到一动无有不动。如果不用内气，而用拙力，那么，包括四肢在内的躯干就会各自为一，又互相牵制。身体分为上、中、下三段，也称作三盘。上盘为头、胸部分；中盘为腰际上下；下盘为腿以下。上盘和下盘可各自行动，产生的各种情况称为半截拳架，半截拳架是启动不了气机的。所以，这就要求两臂的运动要在身体周围的气场之内，松软圆活，不能用拙力运动拳架。以腰带动下肢，两胯放松，两腿放松，使意气得以下沉到脚心，移转重心，四肢要相互配合。手的摆动需要脚心去跟随，脚心跟着手心走。这种跟随主要是意念的作用，即意的跟随。同样，脚的移动也需要手的扶持。这样才称之为上下相随。

内外相合。内，是指神、意、气。外，是指头、肩、肘、手、胯、膝、足等人体躯干，它是人体的“活力。”此活力充实，身体就强壮，反之，身体就虚弱。内功太极拳是以培养内气为主，通过内气培养，来充实体力。通过锻炼使“内气”充沛，来供给肢体，发展外形。

内功太极拳所练在神，故云：“神为主帅，身为躯使，精神能提得起，自然举动轻灵，架子不外乎虚实开合。所谓开者，不但手足开，心意也随之俱开；所谓合者，不但手足合，心意也随之俱合，能内外合一气，则浑然无间矣。”[1]

按照太极内功的训练方法，练一天有一天收获，如果训练偏谬，则下的功夫愈深，离道之愈远，习者不可忽视。

一动无有不动。这里的“一”，就是指的腰。腰动则全动，腰静则俱静。肢体运动，必须在内气的支配下，这样才符合太极内功原理。

第一节　内功太极拳推手要诀

一、什么是太极内功推手？

推手，也称为揉手或靠手的，是内功太极拳对练形式，以双人训练为主。是指运用太极内功的劲力、技法，遵循太极内功的“以静制动、以柔克刚”的原则而进行的运动。在其过程中综合运用各种身法、步法和招式，是内功太极拳体系中训练技击能力和感悟体会各种劲力的重要手段。它有以下特征：

（1）必须是双人训练。单人训练推手动作不能称之为推手。

（2）是各种身法、步法和招式的综合运用。

（3）必须遵循一定的原则。

（4）是检验体会各种劲力的重要手段。

盘架子为拳之体，推手为拳之用。学会了盘架子，三步功法练到一定程度，还要学习推手，这才算体用兼备。所谓练到一定程度，是指三步功都基本练活了，才可学习推手为好。太极推手是一种训练知觉的运动，是训练身体神经末梢的灵敏性和反应，练的犹如蟋蟀头上的触觉一样敏感。它的动作反应不仅快速，且能指挥身子的进退、变化及闪展腾挪等技巧的机智灵活。

内功太极推手以懂劲为其中要诀。懂劲的初步是使皮肤富于感觉力，这种感觉力的训练方法，在于两人的肘、腕、掌和指互相搭着循环推动，通过相互间皮肤的接触感觉，以察知对方用力大小、轻重、虚实及经过方位。这样练习久了，神经系统的感觉就会特别灵敏，并能沾、粘互助，对方稍微一动，就会立即知道对方发劲的目的和可能的变化。这样才算是懂劲，懂劲后愈练愈精。由此可见，推手是训练感觉，以为应用。

拳架子主要是从练姿势中训练身体的平衡，不论怎样运动，要始终保持身体重心的稳定。推手是在双方的推动逼迫下，仍要不失掉重心。相反，还要设法引对方失掉重心。所以说，“盘架子以求懂自己之劲，推手以懂他人之劲。”[2]无论是练习推手，还是盘拳架子，都必须要循规蹈矩，力求姿势、身法、手法正确。初学推手，一定要先学练打轮，待练习熟练之后，才可以问劲。如此按规矩把动作姿势练的正确，没有偏差，养成习惯，有了扎实的基础，再进入高级阶段就容易了。

二、怎样练习太极推手

练习推手须先由单手按化推手法、单手立圆推手法、双手平圆沾粘推手法、双手按化推手法、双手捋化推手法、双手折叠推手法等着手，然后学习定步四手。

因此，习练初步基本功是需要一定时间的。不能求捷径，要想练好推手，亦须从单手练起为宜。如能将上述基本练法熟练掌握，并下苦功，则四手即能分清楚，且腰腿也能做到沾粘连随，身形就能和顺舒展得以自然，无丝毫拙力，随感随应，便可造就太极内功的基本功夫。

（一）练习听劲

即练习感觉灵敏度，俗称听劲。听不是用耳朵听，而是通过人的皮肤神经感应探明判断对方的发力。它不同于其他外家拳术，外家拳是用眼看准对方的空隙出击，而内功太极拳是通过两手边听劲边进攻，并能准确判断对方虚实。太极内功的原则是以静制动，以柔克刚，无中生有，有若无，实若虚，逆来顺受，不丢不顶。推手要求思想及周身放松，特别是两手臂更要放松，这样才会使感应更加灵敏。

（二）练习互动平衡

盘拳是练运动中自身的平衡，而推手是要练随遇互动平衡，在对方的各种逼迫下要保持平衡。

怎么样保持平衡呢？就是要做圆的运动，就像球在运动一样。如果对方管住推着你了，就证明你已经不是圆了。这个圆并不是身体呈现圆，而是我们练的神意气像圆球那样转起来。要想神意气转，首先必须周身放松，如果全身放松了，就灵活了。活的就像一个球，对方一动手推我们就转开了，正所谓："形体圆球转，周身是弧线。"太极推手的要求是："彼不动，己不动，彼微动，己必动，己动在先。"[3]先动的是意念，而不是身体，这一点在推手时，尤须注意。

（三）练习沾粘劲

歌曰："沾粘连随劲更神，内外相合似车轮，只要对方被粘住，轻轻一动掷丈寻。"沾，为提上拔高的意思；粘，留恋缱绻，不舍不离的意思；连，连绵不断舍己不离的意思；随，跟随，彼动此应的意思。在推手中，掤、捋、挤、按等八手为阳劲，看得见，摸得着。而沾粘连随是属于阴劲，无形看不见。有歌曰："纯阴无阳是软手，纯阳无阴是硬手；一阴九阳根头棍，二阴八阳是散手；三阳七阴犹觉硬，四阴六阳显好手；唯有五阴并五阳，空空跡化归乌有。"[4]做到阴阳相济，才是高手、妙手。这就说明，要想扎扎实实练好推手，就必须对沾粘连随四字原则进行认真的领会，它是太极内功推手的基本原则，如不能神而明之，力求体会，则不能懂劲。习练者如想懂劲，就应对这四字进行体悟，并真正弄懂弄通，方才能往下练。许多人学习推手到一定程度，便急欲知道什么是沾粘连随，什么是顶偏丢抗。而事实上，这些人不是知之不详，便是只知其名而不知其实。如能将这八字真正弄懂，并能应用，即达到高层之境。

然而，如果不明这八字，就不能懂劲，不懂劲，则推手有失效用。沾粘连随前面已作说明，什么叫顶偏丢抗呢？顶，即出头的意思；偏，不及的意思；丢，离开的意思；抗，太过的意思。这四字与沾粘连随四字相反，如有顶偏丢抗，则不能生沾粘连随。反言之，能沾粘连随，则无顶偏丢抗之病。在初学推手时，最容易犯这四种弊病。所以，初练者需于推手时仔细揣摩，并由“明”师随时指导更正。更正尽善，才感觉灵敏，做到沾粘连随，方能达懂劲之境界。

三、练习太极内功推手应注意的问题

（一）要克服急躁情绪，练功要循序渐进，避免急于求成

功夫是由积累而成的。推手也是这样，推手有定步推手、活步推手、大捋等。初学推手要先从打轮练起，轮分单人练打轮和双人练打轮两种。定步推手，是指在推手过程中，双方脚下固定不移动的推手训练方法。活步推手，是指双方在推手过程中，脚步不断变换移动的一种推手训练方法。打轮，推手的训练方法之一。因推手双方互相配合，往复揉转，进退交互，双臂交叉如摆转轮子，故名。定步推手是推手的基本功，学推手应先从定步推手学起。初学推手要多打轮，（单手轮和双手轮）即推四手（掤、捋、挤、按），轮要打的够度，而且要打“圆”，即不许有凹凸、断续、缺陷之处。在练习推手时，只要求放开身手互相推逼，在被逼迫时主要用双腿的虚实来顺势化开，不许用拙力拨开，在进退过程中要始终保持与对方的接触点不脱离开。照此练习久了，沾粘连随就随之练出来了。有了一定的功底之后，再练折叠，大捋等。

（二）不要过早问劲

俗话说，“熟能生巧，功到自然成。”推手也是这样。待真正懂劲之后，就自然会使用了，就能以小胜大，以弱胜强，以柔克刚，也即四两拨千斤。而要做到以上的要求，就要在练习推手中做到“不丢不顶。”不丢，即不丢掉或者不离开之意。不顶，即不脱离，不硬抗，粘住随之，舍己从

人。也就是说随着对方的劲，牵着对方的劲，并且不让对方对己造成破坏。话是这么说，但在实际上做到这点并不是容易的。不丢是用意念和感觉去粘住对方的手臂，自己的手臂一面跟随，一面微微运劲，逼迫对方陷入不利或者不稳。如感觉对方没有反抗之力，便可随时将其发出。如觉对方的接触点感到沉重发不动时，应及时将接触点微微一松，使对方感到一空，随即发之。这是利用“不顶”之法，先把对方拿住，然后再用“不丢”之法将对方发出去。“不顶”二字，从字面上很好理解，只要手上不用力，任凭对方摆布就是了。但是，推手时并不完全是这样，因为任凭对方摆布是处于被动消极地位，而“不顶”则是以主动的精神去接受任何动作。在推手时，能够接受对方的摆布是必要的，但同时还须用感觉来了解对方动作的虚实变化，然后以自己的积极动作去适应它，最终将其制住。

（三）注意忌犯“双重”之病

所谓“双重”，即是不分虚实之状态。它包括神意气及相关的形同为虚或同为实，从而丧失了“以柔克刚”原则，出现僵拙之态。在推手时，如果遇到对方打来，立即还手抵抗，那么就违反了内功太极拳中最重的也是最忌讳的“双重”之病。像这种见招打招，见势打势的攻防手法是属于先天自然之能，而内功太极拳是不采用这种打法的。内功太极推手所采用的手法是以“先化后打”，而且在打击之前要造成“我顺人背”的形势，然后趁势攻击，用劲不多就可取胜。这就是《太极拳谱》所说的“人刚我柔谓之走。”也就是说，无论对方发出来的力大或小，都把它喻为“刚”不和它作对抗，而是以柔化为主，故谓之走。所谓“我顺人背谓之粘”的意思，是在未发劲之前首先要求“顺”，顺即是得机得势。所谓“背”就是不得势。当自身势顺得机得势时，对方就处在不得势之时。当自顺之时，也就是发劲之时。此时发劲要刻不容缓，稍一犹豫，机会即失，也就前功尽弃。所以说：“机不可失”这一点在推手时是很重要的。

“不丢不顶”这项准则，在推手中训练进攻或防守时占据重要位置。要使进退得当，做到不即不离，而达到连绵不断形成一体，就要多练习推手的打轮。其练习方法是：两人轮换做进攻或防守动作。例如，对方只进一寸，己就退一寸，进一尺，就退一尺（注意，退身先退神意气），绝不多退，也不少退。少退犯“顶”的毛病，多退犯“丢”的毛病，应掌握好“度”。《太极拳论》说：“每见数年纯功不能运化者，率皆自为人制，双重之病未悟耳”。所以说双重之病是不容易自悟自觉的，除非真正懂得了虚实变化的道理后，才能避免双重之病。反之，则被人所制。双重之病在内功太极推手中最容易犯，假如对这一点没有充分认识和了解，绝不会练到高层境界。很多人练了很长时间不能运化，就是由于犯了双重之病的缘故。

在姿势上两脚不分虚实同时着地，使身体的重量分布于两脚上时，即叫作双重。反之，两脚虽着地，但身体重量并不是均衡地落在两脚上，而另一脚的用力和躯体的用力相平衡，符合力学上的支点定律，便不是双重，这是对双重之病的一般解释。一般习练者对于不是双重的姿势并没有真正明白，每以为虚脚无须用力，特别是不知虚脚用力才合于力学上作用力点和反作用力点相平衡，而使身体的重心才能达到稳定。要注意：“虚非全然无力，实非全然站煞。”假如虚脚用力站煞，则身体必然僵死，重心必致孤偏，而最易受人制。

双重之病从实际上不难理解，为什么花费多年工夫尚未领悟呢？主要的是缺少松功的训练，身体尤其是膝关节僵而不能转化。双重是一种形体现象，并不是固定的形态，是指全身任何一部分在任何时间不发生呆滞，要保持高度的灵活性，这就需要周身放松。尤其在推手时，之所以会受人制或被人打着，其原因就是僵，犯了双重之病。

（四）推手要加强腰腿功夫的锻炼

腰腿功的练习在前面章节里已经论述，这里所要讲的是如何结合推手来加强腰腿功的训练。这里所说的加强，是指在打轮过程中要特别注意用腰来打。要打的圆满、够度，要把腰展开。同时腿部要紧密配合腰的转动，要松腰、松胯、松膝。不论是听、问、答劲，都要用腰，虚实的转换也是如此，尤其是回应更要用腰。否则，就变成了肢体动作而失去了内功的真义。锻炼腰腿除了注意基本功的练习之外，还应注意两点：第一，先求开展；第二，后求紧凑。所谓开展，就是练腰腿的幅度要大一些之意。所谓紧凑，就是在应用时要求动作一致严谨而不留缝隙之意。这和学习临帖是一样道理，欲要写好小楷应先从大楷入手，等大楷写得有相当功夫了，再写小楷也就容易了。所以，不论临帖也好，盘拳也好，推手也好，都要按照规矩循序渐进，先求开展，后求紧凑。过去推手有闭住门户和敞开门户之说，意思是防人进攻之时应紧守门户。但也不完全如此，如果腰腿有相当功夫的话，就可以敞开门户，诱敌深入把他放进来；相反，如果只是在紧守门户上用功夫，没有开放门户的素养，在应用时，一旦遇到门户被人打开便会惊慌失措，所以练功夫要先求开展，后求紧凑。如果练惯了紧凑，在应用时开展就比较困难了。内功太极拳的推手功夫，要求先练开展的目的是为了能够做到“上下相随人难进”和扩大“粘连粘随不丢顶”的高深功夫的训练手段。而这种训练方法，可以使感觉更灵敏，听觉更清楚，问劲更准确，虚实更分明。所谓感觉，是指客观事物的个别性质作用于人的感官（眼、耳、鼻、舌、皮肤）所引起的直接反应。正所谓，身有所感，心有所觉，有感必有觉。一切动静皆为感，感则有应，所应复为感，所感复为应。所以，互生不已，感通之理，精义之髓以致用。推手初步专在磨炼感觉和反应，只有感觉和反应灵敏了，才会创造出我顺人背之势。所谓顺，是得机得势；其次，是解除“背”，所谓背，就是不得机不得势而别扭。而要使身体由别扭变为得势，就必须按《行功心解》所说，“有不得机得势处，必于腰腿求之”的要求去做，反之，便是舍近求远。也就是说，在推手时，当腰部感到别扭不舒服，腿的关节一松就解决了；如果感到腿上背着劲，就赶快松腰，并使之转起来，立刻就会得势，也就由“背”转“顺”。当自身感觉得势之即，就是对方背势之时。当我顺人背之时，也就是发劲之时。切记：发劲之时，要刻不容缓不能犹豫，一缓机失，即前功尽弃，这一点必须注意。内功太极拳锻炼的不是在自然本能上使它快而有力，而是抑制自然本能，即“用意不用力”，反而使“力”用的更为有效。所以，不可轻视推手感觉和反应的训练。只有感觉而无反应，这种感觉没有意义。反应不仅是意念，更主要的是意念驱动下腰腿的反应，才是灵敏变化之精义。

所谓听劲，听谓之衡量，即衡量其轻重的意思。在推手中用于侦察了解对方的劲力变化。听之于心，凝之于耳，行之于气，运之于手。所以说以心行意，以意导气，以气运身，听而后发。听劲要准确灵敏，随其伸就其屈，乃能进退自如。

所谓问答，彼有所问，己有所答。即对方出劲进攻，己要有所反应，谓之问答。一问一答方生动静，既存动静又分虚实。在推手时，以意探之，以劲问之，俟其答复，即可辨清其虚实。目的是听其动的方向与重心，即侦察敌情之意。所谓量敌，即在彼己尚未进行攻击之前，应以静待动，毫无成见。彼不动己不动，彼微动己必动，己动在先。若问而不答则可进而击之；若有所答，则须听其动静之缓急及进退之方向，始能辨别出对方真正的虚实变化。

所谓虚实，如交锋之用兵。兵不厌诈，以计胜之。推手之中的“计”即是指虚实变化多端的意思。在实际推手应用中，知虚实而善利用。虽虚而实，虽实而虚，以实击虚，避实就虚，指上打下，声东击西，或先重而后轻，或先轻而后重。隐现无常，沉浮不定，使人不知我虚实，而我却处处知彼之虚实。彼实则避之，彼虚则击之，随机应变。听其劲、观其动、得其机、攻其势。要切记“虚实宜分清楚，一处自有一处的虚实，处处总此一虚实。”了解了道理之后，再默实揣摩，才能渐至随心所欲。

思考：

1. 什么是内功太极推手？
2. 怎样练习内功太极推手？
3. 练习内功太极推手应注意哪些问题？

第二节　定步推手单式练习法

一、单手按化练习法

预备式，甲、乙面对而立，腰微含下沉，双膝弯曲，膝盖以不超过脚趾尖为度，右腰上提，各将右脚跟提起，向前踏进一步，重心前移，呈右弓步；右腰上提，同时，双方右手臂屈肘前伸，以右手背腕部互相粘贴，置于胸腹前，左手伸掌向下，自然下垂。甲的右腰微含，右旋转走左向弧，右手螺旋按出，按至将近乙胸部时，向右微往后绕一小圈，再以掌心直对其心窝处按进；乙拱腰松胯，屈左腿，腰向右旋转，身体随之右转，用腰腿化甲。乙化至甲劲将断时，腰向右旋转，走左向弧，右手随之向右往上朝左绕圈，用腰腿劲掤起，向前按进，即乙变为按，甲变为化，双方动作仍如上式。依此互相按化，循环练习。

如若练左手按化，则左脚提起向前踏进一步。用左手背腕部互相沾粘，其余练法同右手按化相同，唯有左右方向相反。

注意：在做单手按化推手练习时，周身放松，尤其是精神不能紧张，尾闾中正，沉肩坠肘，眼神平视对方，余光跟着相沾之手移动，意念牢守腰，不要想手臂，否则就会僵硬，肩膀酸痛。遍数随自己身体状况的承受能力而定。身体及手臂旋转，必须要在腰地带动下进行。此功法可以强化腰腿功夫，腰腿一定要扩展开，注意虚实的互相转换，按化要打的圆够度。此按化单手练习也可以立圆按化，其方法相同，唯相沾之手走立圆按化，锻炼腰走上下弧。

二、双手平圆沾粘推手法

（1）甲、乙面对站立，互视对方，腰微下沉，双膝弯曲，膝盖以不超过脚趾尖为宜。右腰上提，各将右脚跟提起踏前进一步。甲腰微上提，抬右手掌按乙右手腕部，左手掌心沾粘于乙右肘部；乙腰上提，随之以右手臂掤出，屈肘呈半圆形，左手随腰上提，手掌粘甲右肘部。

（2）甲腰上提，双手随向乙胸前按出，重心微前移，两腿呈弓步式；乙腰后拱，右臂随向左侧后方化开，松腰、松胯、坐腿呈圆形，左腿实，右腿虚，重心落于左腿，用腰腿化甲。

（3）乙化至甲劲将尽时，身体中正，腰微含，向右侧旋转，用右手臂挤甲前胸，重心微前移，两腿呈弓步式，右腿实，左腿虚，重心落于右腿；甲腰后拱，向左微转，随即向左侧后化开，松腰、松胯，坐腿呈圆形。化至乙劲将尽时，身体中正，腰微含，向右侧转腰，恢复原式。此系右式，可循环练习，以自己身体的状况适度练习，左式训练方法与右式相同，唯手脚相反。

注意：在做双手平圆沾粘推手练习时，周身必须放松，精神不要紧张，尾闾中正，沉肩坠肘，眼神平视，意念守住腰。在进行平圆沾粘时，一定要用腰去沾粘，圆要打的够度，不可出现棱角，注意虚实转换，即练习了推手，又加强了腰腿功的训练。在初练时，如不太圆满，可先求其四角，四角熟后，再练圆形。

三、双手按捋推手法

（1）预备式，甲、乙面对而立，甲乙同时腰微含下沉，双膝弯曲，右腰上提，右脚后跟提起踏前进一步；甲腰上提，重心前移，落于右脚，成右弓步。右掌随腰上提，按乙右腕部，左手随腰按乙右肘部，向乙胸前按推。

（2）乙腰后拱，重心随之后移，落于左腿，松腰、松胯，成右虚步；同时，右臂稍屈含有掤劲向左侧后化，至甲劲将尽时，腰微含向右旋转，身体随之向右往上绕弧掤起，用右手背腕部沾甲右手腕，随转随拿，左手臂近脉门处粘甲右小臂，向右做捋式。

（3）乙捋后改为按，乙腰上提，重心前移，落于右脚，成右弓步，右掌按甲右腕部，左手按甲右肘部，向甲胸前推按。

（4）腰后拱，重心后移，落于左腿，松腰、松胯，成右虚步；同时，右臂稍屈含有掤劲向左侧后化，至甲劲将尽时，腰微含向右旋转，身体随腰向右往上绕弧掤起，用右手背沾乙右手腕部，随转随拿，左小臂近脉门处粘乙右臂，向右作捋式。

甲捋后改为按还原。如此循环练习，此为右式。左式动作与右式动作相同，唯有双方左脚在前，手脚方向相反。

注意：做此推手，周身要放松，特别是精神的放松。要尾闾中正，沉肩坠肘，含腹拔背，意守住腰，做按捋动作要用腰来做，注意虚实转换，动作要展开，圆要打的够度。

四、双手单捋推手法

（1）预备式，甲、乙双方面对而立，腰微含下沉，双膝弯曲，右腰上提，右脚跟抬起，向前踏出一步；甲腰后拱，重心后移，落于左腿，成右虚步，左手背沾乙左手腕，随转随拿，右小臂粘乙左臂，向左捋之。

（2）乙被捋至不得势时，提腰，用左手背沾拿甲左腕部，右小臂粘甲左臂，腰向左旋转，松腰、松胯、坐腿，向左捋甲。

（3）甲被乙捋至不得势时，提腰，用左手背沾拿乙左手腕。

（4）右小臂沾乙左臂，腰向左旋转，松腰、松胯、坐腿，向左捋乙。

如此甲、乙双方循环练习。此为左式，右式动作同左式动作相同，唯左右手互换，左脚在前站立。

注意：做此单捋推手练习，周身要放松，尾闾收住，沉肩坠肘，意要守住腰，否则，及易变成手臂捋，而失去内功推手真义。要将式子展开，捋要够度。

五、双手按化推手法

（1）预备式，甲、乙面对站立，腰微含下沉，双膝弯曲。右腰上提，右脚跟抬起，踏前进一步；甲腰上提，重心前移，落于右脚，成右弓步。右手按乙右手腕部，左手按乙右肘，双手向乙胸前按进；乙腰后拱，松胯、坐腿，成右虚步，向后化之。

（2）乙腰后拱化至甲劲将尽时，腰上提，重心随之前移，落于右腿，成右弓步；同时，腰微含，向右旋转，右手随之向右绕弧，翻至甲右手腕部，左手按甲右肘，腰上提，双手随腰上提，向甲胸口按进。甲腰后拱，微旋转，向后化乙。

（3）甲腰后拱化至乙劲将尽时，改为按乙；乙再改为化甲，动作同上。如此甲、乙一按一化，循环练习，此为右式。左式动作同右式动作相同，唯左右手、左右脚互换，且化时改为向右转。

注意：做此按化推手练习，精神不要紧张，周身放松，尾闾收住，沉肩坠肘，意牢守住腰，不要低头、缩肩，式子要展开、够度。

六、双手捋挤推手法

（1）预备式，甲、乙面对站立，腰微含下沉，双膝弯曲，腰上提，右脚跟抬起向前踏进一步；甲腰后拱，随之重心后移，落于左腿，成右虚步，左手背沾乙左手腕部，腰微含，向左旋转，手随之随转随拿，右小臂粘乙左臂，向左则斜捋乙；乙腰上提，乘势左臂屈肘成半圆形，右手内附于已左脉门处，将左臂向甲胸口挤进。

（2）乙挤将至胸前时，随即含胸，以缓乙之攻势；同时腰上提，横右手将小臂置于乙上臂中间，使乙臂贴身，左手附于已右小臂脉门处，向乙胸前挤进；乙随即含胸，腰向右往后旋转略化，随即腰下沉，松胯、坐腿，左手沾拿甲左手腕，右小臂粘甲左臂，向左斜捋。

（3）甲挤至势将尽时变为捋，乙再变势为挤，动作同上。如此循环练习，此为右式。

左式动作与右式动作相同，唯手脚方向相反。

注意：做此捋挤推手练习，周身放松，精神不要紧张，尾闾收住，沉肩坠肘，挤捋都不要过，否则，易失重心，为人所制，要掌握度。挤捋必须用腰，反之，就是肢体动作。

七、双手折叠推手法

此法又称压腕按肘沾粘推手法。“上要有折叠，下要有转换。”所谓折叠，是指手进撤要走圆弧。转换，是指步的虚实转移。折叠劲，如长山之蛇，攻其首，尾应；击其尾，首应；攻其中，首尾齐应。（手为首，肘为尾）

（1）预备式，甲、乙两人面对站立，腰微含下沉，双膝弯曲，右腰上提，随之右脚跟抬起踏前一步。甲腰微提，重心前移，落于右脚，成右弓步，同时右腕背部置于乙右腕背上，掌心向上，指尖前伸，左手按乙右肘，向乙胸前插进；乙腰后拱，乘插势向左微转腰，松胯、坐腿，成右虚步，向后化解甲来势。

（2）化至甲势将尽时，乙腰上提，重心随之前移，落于右腿，成右弓步；同时，腰向右上旋转，右手绕立圆翻至甲右手腕部，掌心向上，腰上提，随之右手指尖向甲胸前插进，左手按甲右肘。甲腰后拱，顺势松胯、坐腿，成右虚步，向后化乙。

（3）甲腰上提，再度变式插进，乙腰后拱，乘势后化。动作同上，两人进退插化，可循环练习，此为右式。

左式动作与右式动作相同，唯手及绕圈方向相反。初学时，可用单手仅做压腕练习，方法同上。

注意：做此折叠推手练习，要周身放松，精神不要紧张，尾闾收住，沉肩坠肘，意念守住腰，手臂不要露劲，动作要展开。

八、双手立圆推手法

（1）预备式，甲、乙面对站立，腰微含下沉，双膝弯曲，右腰上提，右脚跟抬起，踏前一步；甲腰上提，甲手掌随之上抬，置于乙右手腕上，左手自然置于体侧，甲腰后拱下沉，随之，右手向后往下绕弧切乙右手，并顺势右手指尖向前插乙腹部；乙腰上提，右臂掤成半圆形，乘甲来势，腰后拱，松胯、坐腿，向后往下朝右侧绕一立体半圆形化甲（此为立圆的下半部）。

（2）乙后化甲至右胁旁时，腰上提，右手随之绕弧上提至右肩上侧，右臂前伸，以手指前插甲额部；（此为立圆的上半部）甲乘乙的攻势，拱腰、松胯、坐腿，右手臂随拱腰弯曲，右手贴乙右腕部，向后往下引化乙。

（3）甲后化乙至胸部时，腰上旋做切式，随切腰边上提，直插乙胸部；乙腰后拱，顺势化甲。如此二人依次循环练习，甲的动作犹如拳架中的倒撵猴式，乙犹如下式。此为右式。

左式动作与右式动作相同，唯左右手互换，左脚换在前站立。

第三节　定步推手（掤捋挤按四手法）练习法

一、定步推手的分类及与四手法的关系

什么是定步推手？内功太极拳推手方法之一。在推手过程中，双方脚下固定不移动的推手方法。

内功太极拳的基本功夫在于懂劲。要求得懂劲，必先有沾粘连随的功夫不可，要做到沾粘连随，必须从练习定步推手入手。

（一）定步推手的种类

定步推手有合步、顺步两种。什么是合步推手？即两人同出一步的一种方法。如甲出右脚，乙也出右脚，两人双手所盘圆的方向可以随意（即正或倒、顺势与拗势均可）。顺步推手则相反，如果甲出右脚，乙则出左脚，或甲出左脚，乙则出右脚，双手所盘圆圈的方向仅为正势（即顺势）。

过去练习定步推手，采用顺步练习者为多，现在都改为合步推手了，致使人们认为顺步推手是不对的，实不知当初为顺步，而非合步，并且合步顺步各有所长，不能顾此失彼。想练习功夫者，应当兼而习之，如专学合步，如遇对方为顺步时，即无从应付。

（二）定步推手与四手法的关系

练习推手，无论合步或顺步，对于掤、捋、挤、按一定要分明。虽然初学者须从盘圆入手，但练至纯熟后，就需要将掤、捋、挤、按四手分析清楚，做到手手能化、能发。如果仅限于盘圆，则掤、捋、挤、按的真义就失去意义了。而不知掤捋挤按，就谈不上推手。

太极前人发明的掤、捋、挤、按，意义极为深奥，一手与一手之间都能相生相克，并且其中含有五行。什么是五行？所谓五行，乃中国古代哲学概念。将事物按不同属性分类。俗称金、木、水、火、土，在拳上亦即前进、后退、左顾、右盼、中定。前进为金，后退为木，左顾为水，右盼

为火，中定为土。对于金木水火土的名词意义，可不必深入探求，只要顾全实际动作及应用方法即可。在掤捋挤按之外，要特别注意一个“化”字，否则，动作将不能连贯。

二、定步推手练习法

（一）掤

甲、乙两人面对站立，腰微含下沉，右腰上提，脚跟抬起，腰继续上提，右脚向前踏出一步，乙随腰上提，就势将左手沾拿甲右左手腕部，右手沾住甲左肘部；甲在乙双手按已右臂时，顺势腰后拱，松胯、松膝、坐腿，以化乙来势，（此时即后退）紧接着腰上提，向左旋转，将乙左臂向上往左绕圆掤起。

注意：在做掤的动作时，要周身放松，尾闾中正，意念要守住腰，掤时必须用腰上提来做，神意、手臂及腿配合才是真正的掤，否则，就失去了掤的效用。另外，打掤手臂要撑圆，不要出棱角，手臂不要露劲。

（二）捋

接上式，甲乘上掤之势，左手沾拿乙左手腕，左小臂近腕处粘乙左臂，甲腰后拱，向左后下旋转，双手继续绕圆，转身往左后捋乙。此时称之为左顾，如换右手捋则称之为右盼。

注意：做捋的动作，周身必须放松，精神不要紧张，松膝、松胯，用腰后拱下沉之势，神意配合做出。

（三）化

捋之后生化，此化常被人忽视。实际上乙被甲捋至势背时，左臂肘部变为挤，甲既被挤，不得不用双手向右之。

接上式，甲右手置于乙左肘部，左手置于乙左腕，腰后微拱，向右旋转，身体随之右侧转化乙挤势。此时称之为右盼，如向左侧化则为左顾。

注意：做化的动作，必须在神意的引领下，用腰化之。周身放松，意念守住腰，肘、胯、膝必须真正松开。否则，就会生滞弊。

（四）按

化之后生按接上式，甲右手置于乙右手腕，左手置于乙右肘部，腰微上提，用腰劲及沉肩坠肘法向前按进。此时称之为前进。

注意：做按的动作时，周身放松，尾闾中正，沉肩坠肘，在意念引领下，腰下沉，松胯、松膝。切记，不可用手臂或身体按，否则，就失去了内功的真义，也达不到按的效果。

（五）挤

乙被按生掤，再变为捋，捋甲的右臂，甲被捋至势背时遂变挤。

接上式，甲腰微含，屈肘置于胸前，呈半圆形，如抱物状，左手贴于右小臂内侧腕部。听乙稍动，即腰上提，用沉肩坠肘法向乙胸前挤进。此为前进。

注意：做挤的动作，身体放松，精神放松，保持中正，在神意引领下，用腰上提之势做出，切不可肢体露劲。

综上所述，掤、捋、挤、按、化已分为后退、前进、左顾、右盼，但还有中定未述及，这是一般习练者所不知的。什么是中定？内功太极拳术语。太极处处分虚实，每一虚实之间，必有一重心，称为“中定”。如此方能阴阳互为其根。中定除含有前进、后退、左顾、右盼时，己身重心中正之意外，还有内劲将发未发时，先保持乙身中定，然后发之的意味。其状犹如钟摆，化时如摆之左右摇动，化至发时，如摆之中定，定后发出，则发之得势，而不至偏丢。所以，中定在推手中也很重要。

三、定步推手要领

掤、捋、挤、按、化是相生相克的，即掤之后生捋，捋之后生挤，挤之后生化，化之后生按。反之，解按非用掤不可，解捋非用挤不可，解挤非用化不可。

在掤时仅用手臂，则劲小而无效，必须用腰及神意，在未掤之前须含有化，化要化的不要露形即可，否则，易生顶劲。捋之前一手须向前棚，使对方被诱劲也向前，此时再捋之，可以借力得势，否则容易生丢。在挤之前当先被人捋足，然后变挤，可以使自己身体近靠彼身，否则，两人距离较远，不易借势得力，易于中断。在按之前须有后化之劲，后化则对方重心向前倾斜，即可乘势前进，使对方落空，落空则易借势。否则，易使对方坐腿稳步，重心中正，气沉丹田，这样就无从使其动。另外，做挤与按时，注意自己身体不要过于前俯，过则反易被人借力，膝不过足尖，肘不过膝，保持自身中正，以免前俯后仰之弊。

推手时，除心静凝神外，内功太极拳对身法的要求，如沉肩坠肘，身体中正，尾闾收住，虚领顶劲等尤须注意。要松腰、松胯、松膝，如不松，则易受人制。

眼神注视的方向，也须注意。如掤需上视，捋须斜后视，挤按需前视，切不可顾东望西。

总之，习练者对于定步推手中，掤、捋、挤、按四手，应当下苦功夫练习，直至腰腿均可沾粘连随，身法顺随，转换自如，毫无拙力，随感随应，式式圆满，不生棱角，这时才可言其基本功有一定基础了。如果能将四手练至熟练圆满，中无棱角，不断不缺，周身一致，则又上了一层台阶，足以应用。

上述定步推手掤、捋、挤、按四手固定练习法，仅为初步功夫。练至功夫深时，则可不采用固定方法，“掤捋挤按皆非式，太极本无法，动就是法。”所以，扎扎实实练好基本功，对于内功太极拳登堂入室至关重要，习者不可忽视。

第四节　活步推手（掤捋挤按四手法）练习法和大捋

一、活步推手练习法（掤捋挤按四手法）

在定步推手练至周身都可沾粘连随，身法步法都能顺随自然，随机应变，无丝毫拙力后，可进一步练习活步推手，使全身上下一致，在运动中化人发人。

（一）活步推手练习法

开始时，两人先配合做活步圆练习，使手脚在前进、后退、左顾、右盼、中定中都能合拍、协调，快慢均匀。此时，一定要注意避免手快脚慢，或手慢脚快，也不能脚未到而手先到，或手未到而脚已到。其步法与定步推手一样，合步、顺步均可。练法如下：

（1）预备式，甲、乙两人面对而立，腰微含下沉，双膝弯曲，右腰上提，右脚跟抬起向前踏半步。甲腰继续上提，双手就势按乙右手臂部，同时，右脚向前踏进半步；乙被按后，顺势拱腰，松胯、坐腿向后化之，同时，右脚向后退半步。

（2）甲按势将尽时，左腰上提，左脚随之上前一步，或攻或守，右腰上提，再将右脚上前一步，或挤或按；乙腰随之后拱，化开甲的挤或按后，右腰上提，右脚随之向前踏进半步，双手按甲右手臂部；甲被按后，顺势拱腰，松胯，坐腿向后化之，同时，左脚向后退半步。此为右式，左式亦同。

总之，练习中进者为两步半，退也为两步半。两人掤、捋、挤、按、化动作，如定步推手，也要式式分清，随势应用。此为初步练习法，艺深者可以不拘于步数。

（二）活步推手要领

活步推手，除身体中正，虚领顶劲，含腹拔背，沉肩坠肘，气沉丹田，尾间收往，松腰松胯，内外相合，上下相随外，一定要顺随，自然呼吸。

活步推手，除练腰腿上下相随，内外相合外，还能使肺活量增加，心身耐劳，可补定步推手的不足。在活步推手时，除了前进、后退、左顾、右盼、内外相合，眼神注视外，对于中定更要注意，否则，不能化人发人，并且重心易偏而受人制。

二、大捋

（一）大捋的概念和作用

什么是大捋？内功太极拳推手方法之一。又称“四隅推手”。因其向四斜角变化运动，形式上有大幅度的捋手，因此称之为大捋。在杨式内功太极拳中较为常用，有“杨式大捋”之说。内功太极拳中的八门五步，可以说世人知者不多，或者只知而不会应用。“八门”，内功太极拳十三式的组成部分。指四正手法和四隅手法。四正亦称四方，是指掤、捋、挤、按；四隅也称四角斜，是指採、挒、肘、靠。此四隅可以补四正手的不足。

人们可能对太极是个圆，知道的比较多，而未了解其亦系方。“太极拳者，其圆，无论内外左右均不离此圆；其方，无论内外左右均不离此方。圆之出入，方之进退，随方就圆，方为开展，圆为紧凑。”[6]如能在四正手中明方圆及表里之精微，此艺已至大成，无需再出四隅手，但初学者对四正手法多犯轻、重、沉、浮之病，如半重、偏重等。所以为弥补此弊，非隅手不可。

隅手即大捋。在练熟定步推手、活步推手之后，还需练习大捋。能知大捋，则方极而圆，圆极而方，一切循环阴阳变化之理，都可明了。

大捋中的变化奥妙无穷，除採、挒、肘、靠外，仍含有掤、捋、挤、按，并且此四正手亦非常重要，初学者对此亦应该了解。故将其显著的用法介绍之。

（1）掤：乙按己手时，神意领腰上提，以手臂掤之。

（2）捋：在对方闪己面部或按己小臂时，神意领腰上提，然后腰带身体外转，捋其闪手之臂。

（3）挤：在将捋时，己不用捋或闪，乘势可变为挤。

注意：打挤时，不能只用肘臂，必须在神意引领下，用腰挤之。

（4）按：在对方靠己后，用神意气引领，手法、步法、身法上下一致，内外相合，上步双手变按。

注意：不可手臂用力，须用腰按之。

（5）採：在捋对方时，抓住对方的手腕，在神意引领下，用腰腿劲向下採之。

（6）挒：在採或捋后，用神意引领，腰腿劲回转以手背向对方颈间斜击之。

注意：打挒时，意念要引领腰，意念不可落在手背上，要含胸。

（7）肘：在对方捋己时，被捋之手臂随即在神意引领下，用腰肘击对方的软肋或心窝部。

注意：打肘劲一定要进步，将腿脚伸进对方的裆下，其劲方可奏效。因其势甚猛，易伤人，不可轻易用之。

（8）靠：在对方捋或採己时，神意引领腰上步靠其身。靠在大捋中，虽知者甚多，可惜多不得其法，距离太远或太近，都不能得势。过远则造成冲撞，太近则势闭。所以，靠时须立身中正，脚步伸入对方裆下，两肩平沉，用腰腿劲加以神意靠之，其劲为寸劲或分劲。

（9）闪：在掤对方，防止对方靠己，遂用手掌闪击对方面部。

（10）撅：在捋对方时，一手抓住其手腕，另一手小臂部用腰腿劲，撅其被捋的肘部，随势俯身往下向前撅沉其臂。

总之，无论是四正手或四隅手，都要遵守内功太极拳的基本要点，腰腿加以意气及眼神注视，尤为大捋的主要点。大捋时双手必须与对方相粘，也是要注意，否则劲断，即易被对方乘隙而入，己也不能知觉对方劲路。两手必须互相卫护，以防对方反击。

（二）大捋的训练方法

大捋的方法有两种：一种是动作方向都是固定的；一种是动作方向不固定的自由式。

掤：甲、乙二人相对站立，甲面向南，乙面向北，腰微含，双膝微屈，己右腰上提，随之上右步，用右拳击甲；甲乘乙来势，提右腰向上随掤随沾乙的右手臂。

捋：接上式，甲随即腰微含，左脚顺势后撤一步，右脚也顺势后撤一步；同时腰上提，右手沾拿乙右手腕部，左小臂捋乙右臂肘部。

闪：接上式，乙用意念领腰上提，左脚随之上前一步，右脚顺势跟上一步伸进甲裆下，成“丁”字形；同时，左手附于己肘内侧，用右腰肩靠甲心窝。

甲在乙欲靠而未靠到时，用左手跟腰推拿乙右手臂，同时，用右手掌闪击乙面部。

按：接上式，乙在甲欲闪击而未闪到时，用右腰手上掤甲右掌，并沾甲右腕；接着，右脚后退一步，顺势左脚也后退一步，身体随之右转，用左小臂捋甲右臂肘部，掤捋甲；甲右脚上前一步，顺势左脚也上一步，接着，在横上右步伸进乙裆下，成“丁”字形；同时，将左手附于己右肘内侧，用右腰肩靠乙心窝处。

接上式，乙在甲欲靠而未靠到时，提起左脚借转腰拧身之机，将脚伸入甲裆下；同时，双手按甲左臂，成为按式。

掤、捋：接上式，甲在被按而未按到时，用右腰手上掤乙手，并顺势沾乙左腕，成为掤式。

接上式，甲横退右步，再横退左步；同时，用右小臂捋乙左臂肘部，成为捋式。

靠：接上式，乙被掤捋时，横上右步，再上左步，将脚伸入甲裆下，成“丁”字形；同时，将右手附于己左肘内侧，用左肩靠甲心窝。

闪：接上式，甲在被靠而未靠到时，用右手推拿己左臂，同时，用左掌闪击乙的面部。

掤捋：接上势，乙在被闪而未闪到时，用左手上掤，并顺势沾甲左手腕，成为掤式；乙后退右步，再后退左步，腰身左旋转，用右小臂捋甲左手臂，成为捋式。

靠：接上式，甲在被掤捋时，上左步，再上右步，接着再横上左步，将脚伸入乙裆下，成“丁”字形；同时将右手附于己左肘内侧，用左肩靠乙心窝。

按：乙在被靠而未靠到时，提起右脚，借转身旋腰之机顺势将脚伸入甲裆下；同时，用双手按甲右臂。

掤、捋：接上式，甲在被按而未按到时，腰上提，随之右手上掤，并顺势用右手沾乙右腕，成为掤式。接上式，甲横退左步，再横退右步；同时，用左小臂捋乙右臂肘部，成为捋式。

靠：接上式，乙被掤捋时，上左步，再上右步，将脚伸入甲

裆下，成“丁”字形；同时，将左手附按于己右肘内侧，用右腰肩靠甲心窝。如此循环，反复练习，熟练为止。不固定大捋法，与固定大捋法相同，只是固定大捋法有方向的要求，不固定大捋法则无方向的要求。

总之，练习中，进为三步，退为两步。甲只做闪，乙仅做按，靠、

捋、掤，则甲、乙二人都做，左、右可以变化。方向是甲朝西、南两个方向，乙则朝东、北两个方向。这是固定大捋法的基本练习方法，应当熟练掌握，不断练习。

思考：

1. 什么是推手？推手分为哪些种？
2. 什么是四正推手？在推手时应注意哪些事项？
3. 什么是大捋？应注意哪些问题？

第五节　内功太极拳推手的传统理论基础

一、阴阳学说的基础理论

要想弄懂内功太极推手的理论，首先应研究阴阳学说。阴阳学说是内功太极拳的理论基础。

单从武术方面来说，内功太极拳是处理技击和养生中各类阴阳关系的拳术。《太极拳势图解·太极拳之意义》中关于太极拳阴阳哲理的阐述："太极者，形而上之学也。法易中阴阳动静之理。而运动作势纯任自然。无中生有，所谓无极而太极也。至其运用灵活，如环无端，莫知所止。则所谓太极无极也。式式之中，招招之内，均含一圆形，故借太极之理以明之。而以阴阳、动静、刚柔等喻其作用焉。"《太极拳谱》说："太极本无法，动即是法"。就太极拳来说，因太极之初廓然而无象，动则分阴阳，阴阳即太极。每动有每一动的阴阳瞬间，每处有每一处的阴阳变换，无一违背阴阳之理。所以，内功太极拳在体练应用中，要时刻想着注意阴阳，每动必须遵循阴阳之理，否则，枉费功夫。

古人云："阴阳者，天地之道也，万物之纲纪。"天下万事万物，都要依阴阳而变，循阴阳而动。阴阳即太极。内功太极拳同太极一样，它的招招式式，都必须循阴阳之理，或者说要遵循阴阳变化之规律。例如，从整体上说，手是阴，脚是阳，阴是虚，阳是实，但虚不是全虚，尚留一分阳气。阳也不是全然无阴，也要留一分阴气。即：两脚之间分阴阳，不是断然而至，而是在渐变中转换，保持一阴一阳，阴阳相济，对称平衡。所以，王宗岳在其《太极拳论》中说："偏沉则随，双重则滞。欲避此病，须知阴阳。粘即是走，走即是粘，阴不离阳，阳不离阴，阴阳相济，方为懂劲。"《拳谱·陈鑫篇》中云："所谓动则生阳，静生阴，一动一静互为根。是所谓阳中有阴，阴中有阳，此即太极拳之本"。《太极阴阳颠倒解》中说："明此阴阳颠倒之理，则可与言道；知道不可须臾离，则可与言人；能以人弘道，知道不远人，则可与言天地同体。上天、下地、人在其中矣!"其论即在强调练功治事先懂阴阳，阴阳颠倒，阴阳济济之后才可论道。

二、五行学说理论

所谓五行，中国古代哲学概念，将事物按不同属性分类。五行分别为：金、木、水、火、土。但并不是代表五种物质，而是特指相互间变化的规律，习者须留意。

五行学说，是中国古典哲学、武学理论。它以"五行"的观念来说明事物的发展规律，是中国古代较为典型的一种系统观、整体观思想。先秦著作《尚书·洪范》中较早阐释了五行的基本内涵："水曰润下，火曰炎上，木曰屈直，金曰从革，土爰稼穑。"后发展为自然界的五种功能属性，具有普遍意义。并总结出了每一行之间的关系。五行学说的基本思想有：(1)"五行"结构为宇宙构成的普遍规律，世界上的所有事物都按五行规律运动，即五行"为天地之道也，万物之纲纪，变化之父母，生杀之本始。"(2) 五行之间具有相生相克关系，这种生克关系维系着事物在矛盾中达到平衡。(3) 具有五行结构的不同事物之间，有一定的联系，不同事物的同一行之间，有一定的相通性。如人和自然界的许多五行结构都有连通性。(4) 人的五脏与五性相对应，具体为：心为火、肝为木、脾为土、肺为金、肾为水。(5) 五行与阴阳、八卦之间有一定的对应关系。(6) 五行之间力量的变化可带来平衡与不平衡、虚与实的矛盾发展。

五行，在内功太极拳中称之为五步。即进步、退步、左顾、右盼、中定。其中进为水，退为火，顾为木，盼为金，中定为中央戊已土。太极五行是太极十三式中五种步法的转换，这五种步法对应着人体经络脏腑的有关窍位，同时也与五行对应。

太极内功最根本的是求懂劲，欲要懂劲必先明阴阳变化之理。依据阴阳哲理中的阴阳对立规律，阴阳消长规律，阴阳转化规律，也即阴不离阳，阳不离阴，阴阳颠导，阴阳相依方为懂劲。其中特别要强调的是阴阳颠倒之理，是修炼太极内功的理论基石。“明白了阴阳颠导之理，方可以言道，知道不可须臾离之，则可与言人，能与人弘道，知道不远人，则可与言天地同体。上天下地人在其中。如人身临其境心，致之格物于地之知能，则可言人之良知。良能若思，不失固有，功能浩然。所谓人身生成一天地者，天也，地也，命也，人也，虚灵也，神明也。若不明此理，拟觑天地是不可能的，然非尽性立命，穷神运化，是不易达到高深境界的。”[5]总之，太极内功练习总的要求是：头顶太极，怀揣八卦，脚踏五行。

三、太极内功推手几种力学的特性

推手一般最常碰到的力学现象有：杠杆力、三角力及圆切线力。

（一）杠杆力

所谓杠杆力，即太极内功所发出的力，借助于支点作用，用腰向对方击出，受其力的作用，对方必跌出。例如：彼右弓步，用两手推已，彼腰部作为重心，右腿为支点，两手臂为杠杆。此时已不采取顺乎自然而避开彼之手，也去攻击对方的身体，则为舍近求远。内功推手，不自作主张，处处从人。对方任何动作都有一方向，已随其动之方向，用腰向其手轻轻一动，彼之手正是杠杆的远端，彼必跌出。同样，如我进攻彼，彼为一重物体，已之前腿为一支点，已之手臂为杠杆之端。已手轻灵使对方不觉，用腰作为劲力之源，在远端发出，这就符合杠杆原理，彼必失中跌出。所以，在实际运用中欲达到随心所欲的程度，只有真正练好“腰功”才行。如将腰练到能圆转自如，自能领会“腰功”的奥妙和威力。

道理虽然这样讲，但实际运用就不那么简单，是需要下一番功夫的。对于静止不动的物体，可以用杠杆原理，但对于一个变幻不定的物体，在不停的运动，而且还在不停的攻击你，这时要在某一瞬间构成一个杠杆力学结构，就会产生一定难度。只要把腰功练活，练纯熟以后，即可以真正避免双重，解决虚实问题。而虚实变化的标准就是不丢不顶。彼实我虚，彼虚我实。表面看似舍已从人，实是主宰于我，人不知我，我独知人。已的重心时时叫人难以捉摸，彼的重心时时在我掌握之中，一旦得机得势，腰一动即出。

（二）三角力

即在搭手时，两人形成一个太极图形，形成一个阴，用意加上一条线，就形成许多三角形。在推手时最简单，也比较实用。但必须全身放松，如果身体不放松就无法运用。

例如：甲攻击乙，乙用手扶在甲的手臂上，这时就形成了一个三角，此时力点必须放到内角上，放外角上不起作用。劲力必须从内角的对应边上发力。

三角有实三角和虚三角之分，但不管形成什么三角，都需要用角的对应边起作用往前推动，才能起作用。虚三角很多，用虚三角打对方的关节就能起到作用。练熟以后，还可以形成意念三角。如对方一碰已手，意想手里有个三角，角朝自己，对应边往回一收，就起到一个拿的作用。意想有一个三角，对应边在自己这边，往前一送就是发。不论什么三角，胳膊一定要放松，手只要搭上就是用对应边往内三角推。初练时，要相互助着点，不要一推就跑。等练熟了，对方就跑不了了。

发挥“三角力”的威力，要有问劲、听劲，发劲的深厚功底，才能正确地判断、迅速反应使劲不落空。

“三角力”的合理运用非经过长期的锻炼不可。内功太极拳讲究以意为先，意到气到，意气所到骨骼节节相催，由根及梢，由内而外，力虽显于外，而源于内。这种力具有天然灵性，与人的意念感应合为一体，轻灵敏捷，奔放自如。可于转瞬之间行百转千回之功，可在立锥之地集体内能量于一线，绵绵不断，往来皆如人意，外感内知，回转总有先知，收发吞吐无不用心意。

练拳时，体态必须放松，让气血通畅，心意必平和，使灵台如镜，久而久之，则体态轻灵，善感万物之别，形神一体，能辨毫发之差。借他人之力为己用而复还与他人，这正是内功太极拳的奥妙所在！

（三）圆切线力

“形体圆球转，周身是弧线。”它是符合力学原理的。对方的力不可能作用在正中，即使作用于正中，因为身体如圆球在转动，一动就走了切线，如同转动的车轮，在推手时切线力的作用是很大的，对方的力一来，只要给他一个切线，他就变成了一个轮子，而已就是这个轮子的轴心。一转他的力就得变，处于不利地位。而自己就如轴一样的左右来回转，对方想作用的力就处处落空，这就是通常所说的化劲。所谓化就是发，化和发是一个动作起到两种作用。练好圆切线力，能走出圆切线力，就说明练圆了，圆了就不易受人攻击，在练的过程中须仔细体会。

圆切线力的“上下一条线，全凭左右转，”这个“转”字大有学问，有的人一转就叫人逮住了，为什么？就是只转外形，而里面的意和气没有转。而太极内功要求是里面转，内外相合。所以，外转内不转谓之跑，有跑而内不随必项。内转外不转谓之藏，有藏而外不出必馁。外开内不开谓之支，有支而内无援必断。内开外不开谓之蓄，有蓄而外不显必瘪。在练习三步功时，必须仔细专研，认真揣摩，才能真正做到。

思考：

1. 什么是阴阳学说？
2. 什么是五行学说？
3. 什么是杠杆力、三角力、圆切线力？

注释：

［1］（清代）武禹襄：太极拳论//王宗岳．沈寿点校．太极拳谱．第44页。

［2］（清代）李亦畬：太极拳论//王宗岳．沈寿点校．太极拳谱．第70穴。

［3］（清代）杨氏：传抄老谱（二）太极阴阳颠倒解//王宗岳．太极拳谱．沈寿点校．第141页。

[4]（清末）陈鑫：总论拳手内劲刚柔歌太极拳论著//王宗岳．沈寿点校．太极拳谱．第294页。

[5]（清代）杨氏：传抄老谱（三）太极正功解//王宗岳．沈寿点校．太极拳谱．第154页。

[6]（清代）武禹襄：太极拳论//王宗岳．沈寿点校．太极拳谱．第44页。

附　录

附录1　太极拳论原文

一、王宗岳太极拳论原文

（一）王宗岳简介

王宗岳（1736—1795）山西人氏，清朝乾隆年间在河南洛阳、开封等地，以教书为业。其酷爱武术，精通拳法与枪法。悉心专研数十年，颇有收获。著有《太极拳谱》和《阴符枪谱》。

王宗岳所著《太极拳谱》是对太极拳理论的重大贡献。《太极拳谱》主要包括《太极拳论》、《太极拳释名》、《打手歌》、《十三势歌》。这四篇文章在国内外广为流传，被推奉为太极拳的经典之作。它对太极拳的实践和理论继承和发展产生了深远的影响。

（二）《太极拳论》

太极者无极而生，动静之机，阴阳之母也。动之则分，静之则合。无过不及，随屈就伸。人刚我柔谓之走，我顺人背谓之粘，动急则急应，动缓则缓随。虽变化万端，而理为一贯。由著熟而渐悟懂劲，由懂劲而阶及神明。然非功力之久，不能豁然贯通焉！

虚灵顶劲，气沉丹田。不偏不倚，忽隐忽现。左重则左虚，右重则右杳。仰之则弥高，俯之则弥深。进之则愈长，退之则愈促。一羽不能加，蝇虫不能落。人不知我，我独知人，盖皆由此而及也！

斯技旁门甚多，虽势有区别，概不外壮欺弱、慢让快耳！有力打无力，手慢让手快，是皆先天自然之能，非关学力而有也！察“四两拨千斤”之句，显非力胜；观耄耋能御众之形，快何能为？

立如平准，活似车轮。偏沉则随，双重则滞。每见数年纯功？不能运化者，率皆自为人制，双重之病未悟耳！

欲避此病，须知阴阳；粘即是走，走即是粘；阴不离阳，阳不离阴；阴阳相济，方为懂劲。懂劲后愈练愈精，默识揣摩，渐至从心所欲。本是舍已从人，多误舍近求远。所谓差之毫厘，谬之千里，学者不可不详辨焉！是为论。

（三）《太极拳释名》原文

太极拳，一名“长拳”，又名“十三势”。

长拳者，如长江大海，滔滔不绝也。十三势者，分掤、捋、挤、按，採、挒、肘、靠，进、退、顾、盼、定也。

掤、捋、挤、按，即坎、离、震、兑四正方也；採、挒、肘、靠，即乾、坤、艮、巽，四斜角也。此八卦也。进步、退步、左顾、右盼、中定，即金、木、水、火、土也。此五行也。合而言之，曰“十三势”

（四）《十三势歌》

十三总势莫轻视，命意源头在腰隙。

变转虚实须留意，气遍身躯不稍滞。

静中触动动犹静，因敌变化示神奇。

势势存心揆用意，得来不觉费功夫。

刻刻留心在腰间，腹内松静气腾然。

尾闾中正神贯顶，满身轻利顶头悬。

仔细留心向推求，屈伸开合听自由。

入门引路须口授，功夫无息法自修。

若言体用何为准，意气君来骨肉臣。

详推用意终何在？益寿延年不老春！

歌兮歌兮百卌字，字字真切义无遗。

若不向此推求去，枉费功夫贻叹息。

（五）《打手歌》

掤捋挤按须认真，上下相随人难进。

任他巨力来打我，牵动四两拨千斤。

引进落空合即出，粘连粘随不丢顶。

二、武禹襄

（一）武禹襄简介

武禹襄（1812—1880），名河清，字禹襄。河北省永年县人，清朝秀才。武禹襄与杨露禅同乡，武与杨较技切磋，有感杨未尽授，随赴河南赵堡向陈清平习拳，而得其精要，始知与原学的拳艺异同。后又于其兄处获得王宗岳《太极拳谱》归里，与其甥李亦畬研习验证。武禹襄格物致知，详尽了王宗岳《拳谱》之理，豁然贯通并颇有发悟，著有《十三势行功要解》、《太极拳解》、《太极拳论要解》、《十三势说略》等，独创了一派严格遵循太极拳原理与法则的武式太极拳。

（二）武禹襄太极拳论原文

1.《十三势行功要解》

以心行气，务沉着，乃能收敛入骨，所谓"命意源头在腰隙"也。

意气须换得灵，乃有圆活之趣，所谓"变转虚实须留意"也。

立身中正安舒，支撑八面；行气如九曲珠，无微不到，所谓"气遍身躯不稍滞"也。

发劲须沉着松静，专注一方，所谓"静中触动动犹静"也。

往复须有折叠，进退须有转换，所谓"因敌变化示神奇"也。

曲中求直，蓄而后发，所谓"势势存心揆用意，刻刻留心在腰间"也。

精神能提得起，则无迟重之虞，所谓"腹内松静气腾然"也。

虚领顶劲，气沉丹田，不偏不倚，所谓"尾闾中正神贯顶，满身轻利顶头悬"也。

以气运身，务顺遂，乃能便利从心，所谓"屈伸开合听自由"也。

心为令，气为旗，神为主帅，腰为驱使，所谓"意气君来骨肉臣”也。

2.《太极拳解》

身虽动，心贵静；气须敛，神宜舒。心为令，气为旗；神为主帅，身为驱使。刻刻留意，方有所得。先在心，后在身。在身，则不知手之舞之，足之蹈之，所谓“一气呵成”、“舍己从人”、“引进落空、“四两拨千斤”也。

须知：一动无有不动，一静无有不静。视动犹静，视静犹动。内固精神，外示安逸。须要从人，不要由己。从人则活，由己则滞。尚气者无力，养气者纯刚。

彼不动，己不动；彼微动，己先动。以己依人，务要知己，乃能随转随接；以己粘人，必须知人，乃能不后不先。

精神能提得起，则无迟重之虞；粘依能跟得灵，方见落空之妙。往复须分阴阳，进退须有转合。机由己发，力从人借。发劲须上下相随，乃能一往无敌；立身须中正不偏，方能八面支撑。静如山岳，动若江河。迈步如临渊，运劲如抽丝。蓄劲如张弓，发劲如放箭。

行气如九屈珠，无微不到；运劲如百炼钢，何坚不摧？形如搏兔之鹘，神似捕鼠之猫。曲中求直，蓄而后发。收即是放，连而不断。极柔软，然后能极坚刚；能粘依，然后能灵活。气以直养而无害，劲以曲蓄而有余。渐至物来顺应，是亦知止能得矣！

3.《太极拳论要解》

解曰：先在心，后在身。腹松，气敛入骨，神舒体静，刻刻存心。切记一动无有不动，一静无有不静。视静犹动，视动犹静。动牵往来气贴背，敛入脊骨。要静，内固精神，外示安逸。迈步如猫行，运劲如抽丝。全身意在蓄神，不在气，在气则滞。尚气者无力，养气者纯刚。气如车轮，腰如车轴。

又曰：彼不动，己不动，彼微动，己先动。似松非松，将展未展，劲断意不断。

4.《十三势说略》

每一动，唯手先着力，随即松开。犹须贯串一气，不外起、承、转、合。始而意动，既而劲动，转接要一线串成。

气宜鼓荡，神宜内敛。勿使有缺陷处，勿使有凹凸处，勿使有断续处。其根在脚，发于腿，主宰于腰，形于手指。由脚而腿、而腰，总须完整一气，向前、退后，乃能得机得势，有不得机得势处，身便散乱，必至偏倚，其病必于腰腿求之。上下、前后、左右皆然。

凡此皆是意，不是外面。有上即有下，有前即有后，有左即有右。如意要向上，即寓下意。若将物掀起，而加以挫之之力，斯其根自断，乃坏之速而无疑。

虚实宜分清楚，一处自有一处虚实，处处总有此一虚实。周身节节贯穿，勿令丝毫间断。

思考：

（1）《太极拳论》的作者是谁？

（2）《十三势说略》的作者是谁？

注： 附录中引用内容来源《太极拳谱》人民体育出版社 1995 年版。

附录 2　太极拳理论浅释

一、《太极拳论》浅释

太极拳的经典名著，是第一个深刻、系统阐述太极拳技理的著作。此论以阴阳理论为指导，论述了太极拳的原理、特征、练习方法、注意事项，分析了太极拳在练习和应用中容易犯的毛病。其中许多句子，成为后世的经典名句。

太极者无极而生。

太：易经词语，当作“无穷尽”讲。极，极限，顶端、最高之意。者，代词，多指人或事，或物。这里意指太极拳。其意是说太极拳为各种拳种之首。无极而生，“无”，指没有讲。其意是说根本没有限度，无始无终，包罗万象，故曰无极。此句阐述了太极拳原理。

动静之机，阴阳之母也。

动，改变原来的位置或姿态，静，停止，跟“动”相反。机，事物发生、变化的枢纽。其意是说太极是事物发生变化的枢纽和根本。动静无端，阴阳无始，是太极的关键。练功时，立身泰然，抱元守一。静，神明不测。动，浑然不知。一动一静互为其根，无论如何变化，均不离此。此句阐述了太极拳原理。

动之则分，静之则合。

动，发生了变化。分，分开，与合相反。其意是在练习或应用时，动静相间，遇敌欲制己时，则将其劲化开，使其力不能直达己身，动之则分也。当停止运动时，均有阴阳虚实寓其中，相聚一处，泰然自若，抱元守一，谓静之则合也。此句阐述了太极拳的基本特征。

无过不及，随屈就伸。

无，没有之意。过，逾也。不及，未至，没有达到标准之意。随，紧跟之意。就，凑近，靠近之意。随无逆也，就即知也。过与不及皆为失中。则阳亢阴睽，未能有合也。太极拳于屈伸分合等处，若运劲“过”，则生顶抗等弊，“不及”，则有丢偏等病。欲求不即不离，则应随之而伸。此句阐述了练习应用过程中的注意事项。

人刚我柔谓之走，我顺人背谓之粘。

人者，指对手、或称为敌。刚，指刚强有力而言。柔，是指不僵硬，与刚相反。走，在此是指化的意思。化，是指性质或形态的改变。此句的意思，是指以柔顺改变对方的进攻方向，不为人所制。顺者，自由便利，背，即受限制不自由不便利。粘者，跟随不舍之意，取制敌人之力。此句阐述了走与粘的概念和特点。

动急则急应，动缓则缓随，虽变化万端，而理为一贯。

此句阐述与人接手，动作之迟速，当随人动作的快慢程度而宜。但必先识人之迟速程度，体察对方的动机，方能因应咸宜。只要真正懂得了太极内功的原理与技巧，不管对方如何变化，均得一理而万事毕。

由著熟而渐悟懂劲，由懂劲而渐及神明，然非功力之久，不能欲然贯通焉。

此句阐述练习内功太极拳的过程，不可急而躁进。内功太极拳之妙用在于用劲，而劲全在于无形。内功太极拳虽属小技，然执涂人而语，以升堂入室之奥妙，未有能豁然者也。故练习此拳者，应先从拳架模仿师之姿势。姿势正确，须求各姿势互相连贯精熟。拳路熟，再求各招数之用法。着熟矣，其用是否得当？用均得其当矣，其劲是否落空？劲不落空，乃真如着熟。再由推手以求懂劲，研究对方动作，轻重迟速，及劲行之趋向、方位，久之自微懂而略懂，进至于无微不觉，无处不懂，至此方称为懂劲。懂劲后，不求用招，而招自合，进至无劲。非招，无招非劲，渐至不需用招，只须用劲，再至不求用劲，而劲自合。以意运劲，以劲运身，精神所至，盖莫能御，则渐至神明矣。但非数年纯功，难以运通。

虚灵顶劲，气沉丹田。

虚，对实之称，实，即僵滞难巧矣。顶，即指头顶，亦曰囟门。道家称作泥丸宫、上丹田，盖藏神之府也。大脑主思想，小脑主运动，故以支配神经为主宰，其地位非常重要，宜为修养者所注意。练内功太极拳，主张身心合一，内外兼修，运动时须运智于脑，贯神于顶，使顶上虚灵若悬，以宜练神。头为身之纲，纲举目张。头顶悬，则周身骨骼正直，筋骨顺遂，一有所动，全身一致，前后左右无滞矣。

丹田，穴名。道家称谓丹田有三：一曰头顶以藏神；二曰居中以藏气；三称脐下以藏精。而拳论是指下丹田（脐下三寸），经常深呼吸使气归纳于此，自能气足神旺。《黄庭经》云：“呼吸庐外入丹田。”审能行之，可长存。盖常人呼吸短促，每至中脘而回。皆因中脘横隔膜的作用，不能达此处，因之循环迟缓，肺力薄弱，不足以排体中氮氧，血脉不能红活。此乃人之寿命关系至钜。老子曰：“天地之间其忧龠乎？”又曰：“虚其心，实其腹，盖吐故纳新，归根复命。”吐故纳新，吐腹中之浊气，纳吸新鲜空气也。根，根蒂，系指下丹田命门精气也，规复者以意逆志于此也。以心意导精气于下丹田，以施烹练也，久之自能延年却病。下丹田为全身重点，所以，习练内功太极拳者，沉气于此，则腿脚根深而稳重。但沉须徐徐而下，在有意无意之间，非若外家练法用力下沉，外掤小腹也。倘或不详其方法，易患肠疝诸症，习者不可不知。此句话的意思，在于阐述练功的注意事项和方法。

不偏不倚，忽隐忽现。

偏，颇失中也。倚，赖失正也。隐，藏也。现，出现、表现也。忽隐忽现者，神而不测也。其意，一指身体姿势，二指神意气之运动。若有意无意，使神意气全身贯通，无过不及，令人不可捉摸。练至纯熟，便易领悟。立身中正，无不是之处。但均须含活泼之意，富自然之趣，过于矜持，则神气凝滞，姿态呆板，运动不能灵活，故动生障碍矣。此句阐述练功过程的注意事项和要求。

左重则左虚，右重则右杳。

承上文，吾隐现无常，故以吾力在左，必加重吾左方之力，必失平衡，吾则虚以待之，令彼力落空。彼揣吾右方有力，予以擒制，吾即虚实易位，随机善应。此句阐述应用之时，要随机善变，避免顶抗之弊。

仰之则弥高，俯之则弥深。

仰，升之意；俯，降之意。彼欲提吾使上，吾随而高之，彼欲俯已使下，吾即随而降之，彼随失重心矣。此句阐述与上句之意雷同。

进之则愈长，退之则愈促。

进，前进也；长，伸舒也。退，后退也；促，逼迫也。吾前进时，倘彼顺领已劲，吾则以意长身以随之，使无可避。若彼后退时，则进而逼迫之。此句阐述了应用之方法，以上句相承。

一羽不能加，蝇虫不能落。

羽，翎羽；加，增之意也。落，附着之意。即善太极内功者，感觉反应敏锐，稍触即之，稍纵即逝，虽轻如一羽毛，一蝇虫，微触已身，亦即知觉，趋避而不令加身也。此句阐述太极内功所练应达到之境界，或称标准。

人不知我，我独知人。

人，指对手；太极内功练至纯熟，虚静则阴阳相合，灵敏则阴阳互济。彼稍一动作，吾无有不知，我之动作，彼则难知也。此句阐述太极内功的神奇妙用。

英雄所向无敌，盖皆由此而及也。

英雄，特指太极拳家。凡与之接手者无不败北。其原因就是熟练掌握了内功太极拳的应用技法。此句阐述了学好内功太极拳的作用和意义。

斯技旁门甚多，虽势有区别。

旁门，是指太极拳以外的任何拳种。姿势各异。此句说明了武术派别繁多，身法技法都不同。

盖不外壮欺弱，慢让快耳。

尽管姿势各异，但在技击时仍是重视力量和速度。此句说明尽管派别不同，手法各异，但都是壮弱、快慢之别也。

有力打无力，手慢让手快，是皆先天自然之能。

谓之力大与敏捷，二者均为天赋的能力。此句说明天赋之能与内功太极拳的区别。

非关学力而有为也。

不是由习而能的。

察四两拨千斤之句，显非力胜。

考察分析“四两拨千斤”这句话的含义，非常明显不是依靠自身的自然力量。此句揭示了太极内功以小胜大的科学原理。

观耄耋能御众之形，快何能为。

古时称七十至九十岁之龄人为耄耋。看到七、八十岁的老人尚能胜众，不仅仅是持手足快速而已。此句列举太极内功老者胜众的例子，阐述太极内功的威力。

立如平准，活似车轮。

中正安舒，不偏不倚，符合太极的标准。灵活无滞，运动起来如车轮一样。此句阐述了太极内功的训练要求和标准。

偏沉则随，双重则滞。

偏，指一端也。是指分出虚实之意。这样就能做到顺遂灵敏。反之，不分虚实即为双重之病。运用就会滞缓。此句阐述了太极内功训练过程应注意的事项。

每见数年纯功不能运化者，率皆自为人制，双重之病未悟尔。

用功虽刻苦，如不悟双重之弊，犹未学尔。此句阐述了不能运化的病症之所在。

欲避此病须知阴阳，粘即是走，走即是粘。

如能懂得阴阳，并能熟练运用，就能避免双重之病。制敌劲时谓之粘，化敌劲时谓之走。此句阐述了避免双重之病的方法。

阴不离阳，阳不离阴，阴阳相济，方为懂劲。

懂得了阴阳互换、阴阳消长之规律，以虚济盈，不失其机，乃真懂劲。此句阐述了弄懂阴阳之间的关系，是为懂劲的前提。

懂劲后愈练愈精，默识揣摩，渐至随心所欲。

懂劲后愈练技艺愈精，认真揣摩，默而识之，有余师矣。此句阐述了练与悟结合是提高技艺的关键。

本是舍己从人，多误舍近求远。

本，根本，原来。舍，放弃。按照太极原理，要舍己从人，从人则活。但是很多人或很多时候却不是这样，误区在于舍近求远，自作主张。不得机而妄动，动则受制于人。此句阐述太极内功弊病的原因。

所谓差之毫厘，谬之千里。

差之虽微，但却谬误甚远。此句阐述太极内功的微小差错，都会导致太极失去真义。

学者不可不详辨焉！是为论。

习练者在练功时要仔细，注意。此句阐述在练功时要特别注意这些弊病的出现。

二、《十三势歌》浅释

著名太极拳论。又称“十三势行功歌”。其中心阐述太极拳练习要领，点明拳势窍位所在，在民间广为传诵。

十三总势莫轻视，命意源头在腰隙。

十三势是指，掤、捋、挤、按，採、挒、肘、靠、进、退、顾、盼、定。合为十三势。是指重要不可忽视。内功太极拳中的八种手法和五种步法，俗称“八门五步”，与八卦五行相合。这是内功太极拳的基本内容和劲法。

腰隙，是指位于“命门”及两肾间的区域，不单指哪个具体的穴位。具体说就是两条脊背。

命意源头是指修炼的目的和意义在“腰隙”，所以，盘拳练功，最基本的是腰功，养生保健必须从腰练起。

变转虚实须留意，气遍周身不稍滞。

变转，即变化、转换。指在练功盘拳中，不断进行虚实转换，是太极拳行功走架最基本的动作要求。太极拳不外乎阴阳虚实。留意，是指在练功盘拳时要时时刻刻注意虚实变换。不懂阴阳虚实转换，即不懂太极。

太极内功的基本要求是“以意导气，以气运身。”所以，运拳过程中，气要运遍周身的每个环节。其过程是意动、气运、神领；意到、气到、劲亦到。“不稍滞”，是指没有一点不顺畅的地方，使内气毫无阻滞地运遍全身。

静中触动动犹静，因敌变化示神奇。

是说在行功走架中，要始终保持身体放松，心要静，只有静才能感之动。“身虽动，心贵静”，“以静御动”，“视动犹静”。即使在实际应用过程中，也依然是“以静制动”，要随机顺势，四两拨千斤。因对手不论怎样变化，始终显示太极内功的神奇妙用。

势势存心揆用意，得来不觉费功夫。

势势，指太极十三式。揆，道理、准则。用意，用心、不能马虎之意。是指对太极十三式，要按照太极内功的训练要求，认真感悟训练，不可三心二意，只有这样才能使功夫不断提高。它是在长期训练无意之中获得，故此“不觉费功夫”。

刻刻留意在腰间，腹内松静气腾然。

刻，时刻之意。即时刻都要把意念放在腰上。如“腰如干，肢如枝，腰为第一主宰。”气若车轮，腰如车轴“等，说的都是腰的重要性。这和前面说的“命意源头在腰隙”是一样的。前者是身体部位在静态时的主次关系，而此句是讲在动态中的神意要时时想着“腰”。

腹，是指小腹部位的气海与丹田间的区域。若想实现“意与气相守于丹田”，就要静仙松腹，才能蓄气充盈，才能自然鼓荡，气势腾然。

尾间中正神贯顶，满身轻利顶头悬。

尾间，是指尾骶骨，包括骶椎和尾椎在内。在调整身形时，要求尾间与百会在一条直线上，使身体自然中正，不偏不倚。神贯顶，是指神气灌顶，精神饱满。

满身，周身。轻利，轻灵利落之意。是指运拳时的动作状态。如猫扑鼠全身放松，轻灵利落；顶头悬，即头部用意向上顶起。此句是对身形的要求。

仔细留心向推求，屈伸开合听自由。

推，推敲之意。求，即对太极内功拳理、拳法进行探求、研究。

屈、伸、开、合是指在练功过程中的虚实转换。招招式式，都要依理依法顺其自然。

入门引路须口授，功夫无息法自修。

指入门必须由师傅口传身授，决不可自己想当然。要求习练者要有恒心，刻苦。要想功夫上身，师傅的指导故不可缺，但最终要靠自己修炼。

若言体用何为准，意气君来骨肉臣。

准，标准，是指检验的标准。“体”与“用”的协调统一乃是标准，“文为拳之体，武为拳之用”的有效结合。其间的关系是：意气为君，肢体为臣。

详推用意终何解，益寿延年不老春！

详，详细。详细领悟习练内功太极拳的真正意义是什么呢？其根本目的是修身养性，延长生命，青春常在。

歌兮歌兮百卌字，字字真切义无遗。

歌，歌诀。指十三式练功歌诀。百卌字，只有一百四十左右个文字。但是每个字，都真真切切地表述了内功太极拳的深刻含义，而没有丝毫遗漏。其真正用意，在于阐述强调对歌诀的每个字，要全面理解，认真感悟拳理拳法，融会贯通。

若不向此推求去，枉费功夫贻叹息。

若，如果，假如。此，指十三式行功心解。其意如果不仔细推敲，求得真正领会十三式行功心法，只能是浪费时间，白费力气。而空留感叹！

三、武禹襄《十三势行功要解》浅释

以心行气，务沉着，乃能收敛入骨，所谓“命意源头在腰隙”也。

心，指思维意识。气，系指呼吸与所练之气。沉着，沉稳之意。不论盘拳或推手，必须用意念引导气地运行，才会使根基稳固。反之，就会散乱、气浮，

意气须换得灵，乃有圆活之趣，所谓“变转虚实须留意”也。

意，指意念。气，即包括内也包括外。内者，指内气（腰或丹田）。外者，指气势。意气的变化是指内外的关系，其表现是虚实的转换。推手时，对方发力，有时要接之以实，实中要跟着变为虚；有时要以虚接之，但虚后必须转换为实，否则必败。虚实变换的主导是意气相交的关系，其核心是以内导外，即意念支配动作。盘拳也是如此，如果虚实转换不灵，就会僵滞。

立身中正安舒，支撑八面。

不论盘拳或推手，都要求要立身中正，只有做到了立身中正，才能脚底有根舒适，身正才能支撑八面。

行气如九曲珠，无微不到，所谓“气遍身躯不稍滞”也。

九屈，指九个部位，或称关节。其意是节节贯穿。人身九屈的屈伸是产生力的根源，又有“五弓”之说，运劲时五弓张开。要使内劲全部透出去，人身九大关节部位必须松开，畅通无阻，故曰：行气如九屈珠，无微不到。

发劲须沉着松静，专注一方，所谓“静中触动动犹静”也。

要想发出理想的劲道，有几个技术关键要处理好。一是时机；二是技术方法正确；三是要把握好方向；四要打实对方。这其中的关键核心是要“松”，不是把对方硬搡或杵或拥出去，而是用内气把对方弹出去。

往复须有折叠，进退须有转换，所谓“因敌变化示神奇”也。

折叠，是指前式未完在意念上要做好下一个式的准备。转换，是指在一式或二式之中，要有虚实进退。如何过渡呢？即欲进先退，欲退先进。

此句是说行拳走架、上下式之间的关系。两个拳式之间要有一个连接，也要有一个变换，才会做到连绵不断，而显示出太极内功的神奇变化。

曲中求直，蓄而后发，所谓“势势存心揆用意，刻刻留心在腰间”也。

此句在于阐述发劲的方法，腰要先屈微含，先蓄后发。

精神能提得起，则无迟重之虞，所谓“腹内松静气腾然”也。

“精神提得起”，即提起精神之意，就不会担心出现呆滞和双重之弊。没有这些弊病，就会周身放松，只有松静，内气才会在体内生成。

虚领顶劲，气沉丹田，不偏不倚，所谓“尾闾中正神贯顶，满身轻利顶头悬”也。

“虚领顶劲”，是说对方用力顶时，须用意虚领对方的劲，同时将气沉到丹田之处。要求精神提起，身体中正。即不偏不倚。

以气运身，务顺遂，乃能便利从心，所谓“屈伸开合听自由”也。

此处之“气”指意念。意思是说以内导外，以意念导引有形的外部动作，所以要求顺遂。“便利从心”，是指随心所欲。古人善养生者，呼不出声，行不扬尘，不恒舞而熊经鸟申，不长啸而呼吸元神。殆皆息力以生气也。“息力”，就是不用力之意。推手盘拳的重要原则是“息力生气”，即把自身的气松到对方的身上，不用力而达到消耗对方气力的目的。

心为令，气为旗，神为主帅，腰为驱使，所谓“意气君来骨肉臣”也。

心，指大脑。“心为令”，指大脑发布命令。“气为旗”，是指气势。旗，指外表。“神”，指精神。“腰”作为驱使的动力。此句阐述了神意气及与肢体之间的相互关系，强调了神意气的主导作用，而肢体必须在意气的引领下运动。周身运动以腰为枢纽。

四、武禹襄《太极拳解》浅释

身虽动，心贵静；气须敛，神宜舒。

身，指肢体。心，指思维意识。气，指呼吸和所练之气。敛，指收藏的意思。神，指精神状态。此段话是说，身体运动之时，大脑的意念要平静如水，不可有任何杂念，牢牢守住。不许刻意用气，要将其收藏起来。精神状态饱满，身体中正安舒，做到不偏不倚。

心为令，气为旗；神为主帅，身为驱使。

此段话阐述了神意气与肢体之间的相互关系。强调了神意气的主导作用，肢体的任何动作都必须在意念的引领下进行，不可自作主张随意乱动。

刻刻留意，方有所得。先在心，后在身。

刻，时时刻刻的意思。此段话是说，在盘拳练功时要意念先行，而后身体方可以动。如此刻意留心，认真感悟，必定有所收获。切不可操之过急，欲速则不达。

在身，则不知手之舞之，足之蹈之，所谓“一气呵成”、“舍己从人”、引进落空“、“四两拨千斤”也。

此段话的意思接上段。如果不是意念所引，就会变成了肢体动作。而肢体动作，就不能做到内功太极拳所要求的那样“一气呵成，连绵不断”，更谈不上“舍己从人，引进落空，四两拨千斤”的太极神功。

须知：一动无有不动，一静无有不静。

须知，指习练者必须知道。此段阐述了在练功过程中，要十分注意腰动，肢体才可以动。腰不动，肢体就不要乱动。这样才符合内功的原理。

视动犹静，视静犹动。内固精神，外示安逸。

视，看的意思。犹，如同的意思。固，结实，牢靠的意思。安逸，安闲自然的意思。此段话阐述了在练功时，内在与形体上的形态要求。从表面上看，肢体的动作如同没有动一样。反过来看似没有动，但是内里的神意气却在运动。这就是内功与外家拳的本质区别。内里的精神状态始终饱满，而外表却表现得安闲自若，神态自然。

须要从人，不要由己。从人则活，由己则滞。

此段话阐述了在推手时，必须听对方的劲，用沾粘连随的功夫跟从对方，不要自作主张。只有做到了从人，才能清楚对方的意图，从而使自身反应灵活。反之，则会处处受人制，而处于被动的地位。

尚气者无力，养气者纯刚。

尚，注重的意思。养，维护的意思。此句话阐述了习练太极内功，不要刻意注重气，更不要故意的去使用气。如果刻意的注重它，反而却发挥不出来气的效果。在应用过程中如果故意的去使用气，就会导致身体僵力。所以，太极内功提倡周身放松，一切全凭自然，在自然中求自然，才会真正发挥体现出太极内功的神奇效力。

彼不动，己不动；彼微动，己先动。

彼，指对方。此段话着重阐述在与对方推手时，要平心静气，用听劲探听对方。对方不动，己不可自作主张而乱动；对方稍一有动意，己即刻将神意气放出来，不可迟疑，对方将受制于我。

以己依人，务要知己，乃能随转随接；以己粘人，必须知人，乃能不后不先。

依，这里指的是沾粘对方。此句话是说，要想沾人，必先知道自己的功夫如何？如果己本身不懂听劲，就无法沾粘对方。古云："知己知彼，百战不殆"。只有做到了知己又知彼，才能灵活沾随对方。

精神能提得起，则无迟重之虞。

提，垂手拿起的意思。虞，忧虑的意思。此段话阐述了在应用过程中，必须精神饱满，才不会担心出现笨拙的现象。身法才会灵活。

粘依能跟得灵，方见落空之妙。

此句是上句的继续。如果精神提得起，在与对方接手时，就能随机灵活的粘连对方，使对方使不出来劲，而处处落空，方显太极内功之奥妙。

往复须分阴阳，进退须有转合。

往复，去回的意思。转合，转变而合为一的意思。此句阐述了在应用过程中，要注意阴阳虚实的区分，尤其进退要有转换。这是内功太极拳的理论基础。不懂虚实阴阳的转换，就是不懂什么是太极拳。

机由己发，力从人借。发劲须上下相随，乃能一往无敌。

机，时机。此段话阐述了要把握好发劲的时机。要借力打力，运用内功太极的原理，做到内外相合，上下相随，就一定会战胜对方。

立身须中正不偏，方能八面支撑。

此句阐明了对身形的要求，要不偏不倚，中正安舒。不论是盘拳或推手，都不可身体歪斜，或缩肩藏头。这些弊病都要注意克服，只有这样才能方方面面都能照顾到，而不失偏颇。支撑，乃照看、顾及之意。

静如山岳，动若江河。

此句阐明了静与动的要求。静的时候，沉定的要像山岳一样稳固。动的时候要像江河一样滔滔不绝，连绵不断。

迈步如临渊，运劲如抽丝。蓄劲如张弓，发劲如放箭。

此段话阐述在盘拳时，步履要像如临深渊一样，小心翼翼。运劲时要像抽丝一样，缓慢而均匀。这样才能一点一点地练出感觉。内功太极拳俗称老六路，之所以在盘拳时要慢而匀，其真实用意在于练习神意气的感觉，如果快或不均匀，就不能练出绵绵不断的纯正内功来。在推手时，蓄劲要像开弓一样，要把腹含进去，腰就自然松下来。此时，如果要把劲发出来，腰向上轻轻一提，就像射出去的箭一样疾速。

行气如九曲珠，无微不到；运劲如百炼钢，何坚不摧。

此段话是运劲时对身体的总体要求。九屈，是指上至头，下至脚底的各个关节。要做到上下相随，不可有一处僵滞。内功太极拳的训练过程，要经过千锤百炼，才能成钢。只有把内劲真正练出来，不管对方如何使力，都会将其击败。

形如搏兔之鹘，神似捕鼠之猫。

鹘，传说中的一种鸟，就像现今的鹰。它们在发现猎物，进行捕获猎物时，后背隆起，直扑下去。猫在捕鼠之时，首先后背隆起，蹑足潜踪。此句话生动描述了内功太极拳对形与神的要求。要想达到如此，就要刻苦训练加揣摩。

曲中求直，蓄而后发。收即是放，连而不断。

曲中求直，是指内功太极拳在身法上，不要僵直，各个关节都要松开，四肢要微屈。整个身体在微屈之中而达到中直。每在发劲之前，一定要把腹含进去，腰松下去，才可以发劲。不论用哪层功夫发劲，都要含腹。蓄，在这里是指预备。

收，指收回的意思，也包括收式，为拳法的基本常用动作。收，在练拳中有特殊意义，不可轻视。收的内在要领要做到：（1）动作安静下来，逐渐回收练拳时外张的肢体；（2）神意内含，不可张扬，呼吸平缓，使五脏六腑恢复自然状态；（3）沉气松体，使身体处于无极状态。

放，太极拳的一种练习方法。特指内气下放。收与放在太极拳的练习中，其本质没有区别。收是放的准备，放是收的目的。它们紧密联系，相互转化。

连，即连绵不断。不论盘拳或推手，身体内外要完整一气，肢体运动变化时，内气要圆活，不可中断。

极柔软，然后能极坚刚；能粘依，然后能灵活。

极，指最大限度。在盘拳练功时，一定要彻底放松。一分松，一分功，松到周身柔软见真功。只有练到了极柔软，才能做到极坚刚。这种坚刚不是肢体的坚硬抗击打，实是内里的神意气的综合作用。只有练到了极柔软，才能够做到沾、连、粘、随不丢顶，才能够反应灵敏。

气以直养而无害，劲以曲蓄而有余。

直养，这里指自然的意思。此句阐述了气与劲的运用方法和其中的利弊。在盘拳练功时，要特别注意放松自然，不要憋气。否则，长此以往对身体有害，习者要多加注意。

劲要想连绵不断的使用，非含腹别无他法。这也是推手或散手最基本的要求。

渐至物来顺应，是亦知止能得矣。

渐，逐渐，一点一点，慢慢的意思。此句阐述太极功夫的得来，是需要一点点逐步积累，到时就会自然而然的顺随灵敏。至此才能算得道了。

五、武禹襄《十三势说略》浅释

每一动，唯手先着力，随即松开。

唯，单单，或只的意思。著，明显之意。此句在于说明盘拳之时，往往初练者，手臂明显的用力，要即时放松，否则，就违背了内功太极拳的真谛。内功太极拳讲究内运外动，周身放松，唯手更不许用力。

犹须贯串一气，不外起、承、转、合。

犹，此处当必须讲。起承转合，指在运动中的过式。此句是上句的继续。在于说明每一动，在放松的前提下，一定要注意整体的连接。不论是十三式本身，还是过式都要如此。

始而意动，既而劲动，转接要一线串成。

始，开始，最初之意。此句提示习练者要意念先行，而带动身体的动作。也即意先运而练的腰、丹田、神经等在跟着动，在转换过式时要一气呵气，不可出现断续的现象。一线串成，仍然强调一个“整”字。

气宜鼓荡，神宜内敛。

此处的气既包括呼吸之气，也包括所练之气。鼓荡，指松沉下去的意思。内敛，收藏起来之意。此句提示在盘拳练功时气与神如何应用。不论盘拳或推手，都要放松，气沉丹田，呼吸慢匀。眼神专注，气势沉稳。

勿使有缺陷处，勿使有凹凸处，勿使有断续处。

勿，不要的意思。缺陷、凹凸、断续，是练功时容易出现的弊病，会影响练功的质量和进度。必须注意克服。

其跟在脚，发于腿，主宰于腰，形于手指。

此句揭示了内劲的运行过程。强调了腰在整个身躯中的重要作用，及由脚到手整体劲的一线贯串。

由脚而腿、而腰，总须完整一气，向前、退后，乃能得机得势。

此句再次阐述了在腰统领下的整体劲，在应用过程中的作用。

有不得机得势处，身便散乱，必至偏倚，其病必于腰腿求之。上下、前后、左右皆然。

此句是上句的继续。只有做到了内外相合，上下相随，完整一气，就会进退、虚实转换自由。如果盘拳练功中，出现了别扭，或不得劲（称不舒服）处，其根源要从腰腿上去找。腰别扭松腿，腿别扭动动腰，这个问题就解决了，不论上下、前后、左右，都是如此。

凡此皆是意，不是外面。

归纳起来，凡此种种，都是意念在起作用，根本的病根在内里，就是意念没有守住腰，总是想着肢体，而导致关节松不开。不要单单从外形上找原因。

有上即有下，有前即有后，有左即有右。

有，这里指兼顾的意思。

如意要向上，即寓下意。

如果意念要引领向上走之，首先意念要引领腰先向下松沉，然后才可在向上走。

若将物掀起，而加以挫之之力，斯其根自断，乃坏之速而无疑。

斯，指“就”或”乃”的意思。如果要将其打起来，挫败对方的力，这就需要断对方的根。靠什么断其根呢？只有靠内气。坏，当“快”讲。内气发放的速度迅雷不及掩耳，对方无法躲避。

虚实宜分清楚，一处自有一处虚实，处处总有此一虚实。

此段话重点讲述虚实要分清楚。太极拳不论整体或细微之处，都存在虚实，不论盘拳或是推手，都要注意这个问题。可以说，讲究虚实，弄懂虚实的转换，从一定意义上讲，是练好应用太极内功的关键。

周身节节贯串，勿令丝毫间断，节节，指周身上下。勿，不许，不要之意。

此句话再次强调内外相合，上下相随的重要。不许有丝毫的间隙或断开，这样都会影响内劲的发放。而影响内劲的效果。

编　后

此书编著过程中，承蒙中国著名书画大师李庆华老先生，题写书名并作序。王丽娟、张文萍、宋惠卿、解希新、范爱君、焦昆生帮助修订、校对。叶春民、郑义瑞拍摄，在此一并感谢！

同时，感谢广东湛江的梁思桥先生、营销专家余晓雷老师、企业管理咨询专家沈柱林先生、陕西西安的卢胜先生、陕西咸阳的康长良先生、辽宁锦州的刘清山先生，在本教程出版过程中给予的大力支持与帮助！

推荐作者得新书!

博瑞森征稿启事

亲爱的读者朋友:

感谢您选择了博瑞森图书!希望您手中的这本书能给您带来实实在在的帮助!

博瑞森一直致力于发掘好作者、好内容,希望能把您最需要的思想、方法,一字一句地交到您手中,成为专业知识与管理实践的纽带和桥梁。

但是我们也知道,有很多深入企业一线、经验丰富、乐于分享的优秀专家,或者往来奔波没时间,或者缺少专业的写作指导和便捷的出版途径,只能茫然以待……

还有很多在竞争大潮中坚守的企业,有着异常宝贵的实践经验和独特的闪光点,但缺少专业的记录和整理者,无法让企业的经验和故事被更多的人了解、学习、参考……

这些都太遗憾了!

博瑞森非常希望能将这些埋藏的“宝藏”发掘出来,贡献给广大读者,让更多的人得到帮助。

所以,我们真心地邀请您,我们的老读者,帮助我们一起搜寻:

推荐作者。

可以是您自己或您的朋友,只要对本土管理有实践、有思考;可以是您通过网络、杂志、书籍或其他途径了解的某位专家,不管名气大小,只要他的思想和方法曾让您深受启发。

推荐企业。

可以是您自己所在的企业,或者是您熟悉的某家企业,其创业过程、运营经历、产品研发、机制创新,等等。无论企业大小,只要乐于分享、有值得借鉴书写之处。

总之,好内容就是一切!

博瑞森绝非“自费出书”,出版项目费用完全由我们承担。您推荐的作者或企业案例一经采用,我们会立刻向您赠送书币100元,可直接换取任何博瑞森图书的纸质版或电子版。

感谢您对本土管理的支持!感谢您对博瑞森图书的帮助!

推荐邮箱:bookgood@126.com　　推荐手机:13611149991

与主编加为好友:　bookgood2000

博瑞森管理图书网:http://www.bracebook.com.cn/index.html

1120 本土管理实践与创新论坛

这是由100多位本土管理专家联合创立的企业管理实践学术交流组织，旨在孵化本土管理思想、促进企业管理实践、加强专家间交流与协作。

论坛每年集中力量办好两件大事：第一，“**出一本书**”，汇聚一年的思考和实践，把最原创、最前沿、最实战的内容集结成册，贡献给读者；第二，“**办一次会**”，每年11月20日本土管理专家们汇聚一堂，碰撞思想、研讨案例、交流切磋、回馈社会。

论坛理事名单（以年龄为序，以示传承之意）

首届常务理事：

彭志雄　曾　伟　施　炜　杨　涛　张学军　郭　晓
程绍珊　胡八一　王祥伍　李志华　陈立云　杨永华

理　　事：

卢根鑫　王铁仁　周荣辉　曾令同　陆和平　宋杼宸　张国祥　刘承元
曹子祥　宋新宇　吴越舟　吴　坚　戴欣明　仲昭川　刘春雄　刘祖轲
段继东　何　慕　秦国伟　贺兵一　张小虎　郭　剑　余晓雷　黄中强
朱玉童　沈　坤　阎立忠　张　进　丁兴良　朱仁健　薛宝峰　史贤龙
卢　强　史幼波　叶敦明　王明胤　陈　明　岑立聪　方　刚　何足奇
周　俊　杨　奕　孙行健　孙嘉晖　张东利　郭富才　叶　宁　何　屹
沈　奎　王　超　马宝琳　谭长春　夏惊鸣　张　博　李洪道　胡浪球
孙　波　唐江华　程　翔　刘红明　杨鸿贵　伯建新　高可为　李　蓓
王春强　孔祥云　贾同领　罗宏文　史立臣　李政权　余　盛　陈小龙
尚　锋　邢　雷　余伟辉　李小勇　全怀周　初勇钢　陈　锐　高继中
聂志新　黄　屹　沈　拓　徐伟泽　谭洪华　崔自三　王玉荣　蒋　军
侯军伟　黄润霖　金国华　吴　之　葛新红　周　剑　崔海鹏　柏　龑
唐道明　朱志明　曲宗恺　杜　忠　远　鸣　范月明　刘文新　赵晓萌
张　伟　韩　旭　韩友诚　熊亚柱　孙彩军　刘　雷　王庆云　李少星
俞士耀　丁　昀　黄　磊　罗晓慧　伏泓霖　梁小平　鄢圣安

企业案例·老板传记

	书名．作者	内容/特色	读者价值
企业案例·老板传记	**娃哈哈区域标杆：豫北市场营销实录** 罗宏文　赵晓萌　等著	本书从区域的角度来写娃哈哈河南分公司豫北市场是怎么进行区域市场营销，成为娃哈哈全国第一大市场、全国增量第一高市场的一些操作方法	参考性、指导性，一线真实资料
	像六个核桃一样：打造畅销品的36个简明法则 王　超　范　萍　著	本书分上下两篇：包括"六个核桃"的营销战略历程和36条畅销法则	知名企业的战略历程极具参考价值，36条法则提供操作方法
	六个核桃凭什么：从0过100亿 张学军　著	首部全面揭秘养元六个核桃裂变式成长的巨著	学习优秀企业的成长路径，了解其背后的理论体系
	借力咨询：德邦成长背后的秘密 官同良　王祥伍　著	讲述德邦是如何借助咨询公司的力量进行自身与发展的	来自德邦内部的第一线资料，真实、珍贵，令人受益匪浅
	解决方案营销实战案例 刘祖轲　著	用10个真案例讲明白什么是工业品的解决方案式营销，实战、实用	有干货、真正操作过的才能写得出来
	招招见销量的营销常识 刘文新　著	如何让每一个营销动作都直指销量	适合中小企业，看了就能用
	我们的营销真案例 联纵智达研究院　著	五芳斋粽子从区域到全国/诺贝尔瓷砖门店销量提升/利豪家具出口转内销/汤臣倍健的营销模式	选择的案例都很有代表性，实在、实操！
	中国营销战实录：令人拍案叫绝的营销真案例 联纵智达　著	51个案例，42家企业，38万字，18年，累计2000余人次参与……	最真实的营销案例，全是一线记录，开阔眼界
	双剑破局：沈坤营销策划案例集 沈　坤　著	双剑公司多年来的精选案例解析集，阐述了项目策划中每一个营销策略的诞生过程，策划角度和方法	一线真实案例，与众不同的策划角度令人拍案叫绝、受益匪浅
	宗：一位制造业企业家的思考 杨　涛　著	1993年创业，引领企业平稳发展20多年，分享独到的心得体会	难得的一本老板分享经验的书
	简单思考：AMT咨询创始人自述 孔祥云　著	著名咨询公司（AMT）的CEO创业历程中点点滴滴的经验与思考	每一位咨询人，每一位创业者和管理经营者，都值得一读
	边干边学做老板 黄中强　著	创业20多年的老板，有经验、能写、又愿意分享，这样的书很少	处处共鸣，帮助中小企业老板少走弯路
	三四线城市超市如何快速成长：解密甘雨亭 IBMG国际商业管理集团　著	国内外标杆企业的经验＋本土实践量化数据＋操作步骤、方法	通俗易懂，行业经验丰富，宝贵的行业量化数据，关键思路和步骤
	中国首家未来超市：解密安徽乐城 IBMG国际商业管理集团　著	本书深入挖掘了安徽乐城超市的试验案例，为零售企业未来的发展提供了一条可借鉴之路	通俗易懂，行业经验丰富，宝贵的行业量化数据，关键思路和步骤

互联网＋

	书名．作者	内容/特色	读者价值
互联网＋	**互联网时代的银行转型** 韩友诚　著	以大量案例形式为读者全面展示和分析了银行的互联网金融转型应对之道	结合本土银行转型发展案例的书籍
	正在发生的转型升级·实践 本土管理实践与创新论坛　著	企业在快速变革期所展现出的管理变革新成果、新方法、新案例	重点突出对于未来企业管理相关领域的趋势研判
	触发需求：互联网新营销样本·水产 何足奇　著	传统产业都在苦闷中挣扎前行，本书通过鲜活的案例告诉你如何以需求链整合供应链，从而把大家熟知的传统行业打碎了重构、重做一遍	全是干货，值得细读学习，并且作者的理论已经经过了他亲自操刀的实践检验，效果惊人，就在书中全景展示
	移动互联新玩法：未来商业的格局和趋势 史贤龙　著	传统商业、电商、移动互联，三个世界并存，这种新格局的玩法一定要懂	看清热点的本质，把握行业先机，一本书搞定移动互联网

续表

互联网+	**微商生意经：真实再现33个成功案例操作全程** 伏泓霖　罗晓慧　著	本书为33个真实案例，分享案例主人公在做微商过程中的经验教训	案例真实，有借鉴意义
	阿里巴巴实战运营——14招玩转诚信通 聂志新　著	本书主要介绍阿里巴巴诚信通的十四个基本推广操作，从而帮助使用诚信通的用户及企业更好地提升业绩	基本操作，很多可以边学边用，简单易学
	今后这样做品牌：移动互联时代的品牌营销策略 蒋　军　著	与移动互联紧密结合，告诉你老方法还能不能用，新方法怎么用	今后这样做品牌就对了
	互联网+"变"与"不变"：本土管理实践与创新论坛集萃．2016 本土管理实践与创新论坛　著	本土管理领域正在产生自己独特的理论和模式，尤其在移动互联时代，有很多新课题需要本土专家们一起研究	帮助读者拓宽眼界、突破思维
	创造增量市场：传统企业互联网转型之道 刘红明　著	传统企业需要用互联网思维去创造增量，而不是用电子商务去转移传统业务的存量	教你怎么在"互联网+"的海洋中创造实实在在的增量
	重生战略：移动互联网和大数据时代的转型法则 沈　拓　著	在移动互联网和大数据时代，传统企业转型如同生命体打算与再造，称之为"重生战略"	帮助企业认清移动互联网环境下的变化和应对之道
	画出公司的互联网进化路线图：用互联网思维重塑产品、客户和价值 李　蓓　著	18个问题帮助企业一步步梳理出互联网转型思路	思路清晰、案例丰富，非常有启发性
	7个转变，让公司3年胜出 李　蓓　著	消费者主权时代，企业该怎么办	这就是互联网思维，老板有能这样想，肯定倒不了
	跳出同质思维，从跟随到领先 郭　剑　著	66个精彩案例剖析，帮助老板突破行业长期思维惯性	做企业竟然有这么多玩法，开眼界

行业类：零售、白酒、食品/快消品、农业、医药、建材家居等

	书名．作者	内容/特色	读者价值
零售·超市·餐饮·服装·汽车	**1. 总部有多强大，门店就能走多远** **2. 超市卖场定价策略与品类管理** **3. 连锁零售企业招聘与培训破解之道** **4. 中国首家未来超市：解密安徽乐城** **5. 三四线城市超市如何快速成长：解密甘雨亭** IBMG国际商业管理集团　著	国内外标杆企业的经验+本土实践量化数据+操作步骤、方法	通俗易懂，行业经验丰富，宝贵的行业量化数据，关键思路和步骤
	涨价也能卖到翻 村松达夫　【日】	提升客单价的15种实用、有效的方法	日本企业在这方面非常值得学习和借鉴
	移动互联时代的超市升级 联商网　著	深度解析超市转型升级重点	帮助零售企业把握全局、看清方向
	手把手教你做专业督导：专卖店、连锁店 熊亚柱　著	从督导的职能、作用，在工作中需要的专业技能、方法，都提供了详细的解读和训练办法，同时附有大量的表单工具	无论是店铺需要统一培训，还是个人想成为优秀的督导，有这一本就够了
	零售：把客流变成购买力 丁　昀　著	如何通过不断升级产品和体验式服务来经营客流	如何进行体验营销，国外的好经营，这方面有启发
	餐饮企业经营策略第一书 吴　坚　著	分别从产品、顾客、市场、盈利模式等几个方面，对现阶段餐饮企业的发展提出策略和思路	第一本专业的、高端的餐饮企业经营指导书
	赚不赚钱靠店长：从懂管理到会经营 孙彩军　著	通过生动的案例来进行剖析，注重门店管理细节方面的能力提升	帮助终端门店店长在管理门店的过程中实现经营思路的拓展与突破

续表

	汽车配件这样卖:汽车后市场销售秘诀 100 条 俞士耀　著	汽配销售业务员必读,手把手教授最实用的方法,轻松得来好业绩	快速上岗,专业实效,业绩无忧
耐消品	**跟行业老手学经销商开发与管理:家电、耐消品、建材家居** 黄润霖　著	全部来源于经销商管理的一线问题,作者用丰富的经验将每一个问题落实到最便捷快速的操作方法上去	书中每一个问题都是普通营销人亲口提出的,这些问题你也会遇到,作者进行的解答则精彩实用
白酒	**变局下的白酒企业重构** 杨永华　著	帮助白酒企业从产业视角看清趋势,找准位置,实现弯道超车的书	行业内企业要减少 90%,自己在什么位置,怎么做,都清楚了
	1. 白酒营销的第一本书(升级版) **2. 白酒经销商的第一本书** 唐江华　著	华泽集团湖南开口笑公司品牌部长,擅长酒类新品推广、新市场拓展	扎根一线,实战
	区域型白酒企业营销必胜法则 朱志明　著	为区域型白酒企业提供 35 条必胜法则,在竞争中赢销的葵花宝典	丰富的一线经验和深厚积累,实操实用
	10 步成功运作白酒区域市场 朱志明　著	白酒区域操盘者必备,掌握区域市场运作的战略、战术、兵法	在区域市场的攻伐防守中运筹帷幄,立于不败之地
	酒业转型大时代:微酒精选 2014 - 2015 微酒　主编	本书分为五个部分:当年大事件、那些酒业营销工具、微酒独立策划、业内大调查和十大经典案例	了解行业新动态、新观点,学习营销方法
快消品·食品	**乳业营销第一书** 侯军伟　著	对区域乳品企业生存发展关键性问题的梳理	唯一的区域乳业营销书,区域乳品企业一定要看
	食用油营销第一书 余　盛　著	10 多年油脂企业工作经验,从行业到具体实操	食用油行业第一书,当之无愧
	中国茶叶营销第一书 柏　龑　著	如何跳出茶行业"大文化小产业"的困境,作者给出了自己的观察和思考	不是传统做茶的思路,而是现在商业做茶的思路
	调味品营销第一书 陈小龙　著	国内唯一一本调味品营销的书	唯一的调味品营销的书,调味品的从业者一定要看
	快消品营销人的第一本书:从入门到精通 刘　雷　伯建新　著	快消行业必读书,从入门到专业	深入细致,易学易懂
	变局下的快消品营销实战策略 杨永华　著	通胀了,成本增加,如何从被动应战变成主动的"系统战"	作者对快消品行业非常熟悉、非常实战
	快消品经销商如何快速做大 杨永华　著	本书完全从实战的角度,评述现象,解析误区,揭示原理,传授方法	为转型期的经销商提供了解决思路,指出了发展方向
	一位销售经理的工作心得 蒋　军　著	一线营销管理人员想提升业绩却无从下手时,可以看看这本书	一线的真实感悟
	快消品营销:一位销售经理的工作心得 2 蒋　军　著	快消品、食品饮料营销的经验之谈,重点图书	来源与实战的精华总结
	快消品营销与渠道管理 谭长春　著	将快消品标杆企业渠道管理的经验和方法分享出来	可口可乐、华润的一些具体的渠道管理经验,实战
	成为优秀的快消品区域经理 伯建新　著	37 个"怎么办"分析区域经理的工作关键点	可以作为区域经理的'速成催化器'
	销售轨迹:一位快消品营销总监的拼搏之路 秦国伟　著	本书讲述了一个普通销售员打拼成为跨国企业营销总监的真实奋斗历程	激励人心,给广大销售员以力量和鼓舞
	快消老手都在这样做:区域经理操盘锦囊 方刚　著	非常接地气,全是多年沉淀下来的干货,丰富的一线经验和实操方法不可多得	在市场摸爬滚打的"老油条",那些独家绝招妙招一般你问都是问不来的
	动销四维:全程辅导与新品上市 高继中　著	从产品、渠道、促销和新品上市详细讲解提高动销的具体方法,总结作者 18 年的快消品行业经验,方法实操	内容全面系统,方法实操

续表

农业	**中小农业企业品牌战法** 韩　旭　著	将中小农业企业品牌建设的方法，从理论讲到实践，具有指导性	全面把握品牌规划，传播推广，落地执行的具体措施
	农资营销实战全指导 张　博　著	农资如何向“深度营销”转型，从理论到实践进行系统剖析，经验资深	朴实、使用！不可多得的农资营销实战指导
	农产品营销第一书 胡浪球　著	从农业企业战略到市场开拓、营销、品牌、模式等	来源于实践中的思考，有启发
	变局下的农牧企业 9 大成长策略 彭志雄　著	食品安全、纵向延伸、横向联合、品牌建设……	唯一的农牧企业经营实操的书，农牧企业一定要看
医药	**新医改下的医药营销与团队管理** 史立臣　著	探讨新医改对医药行业的系列影响和医药团队管理	帮助理清思路，有一个框架
	医药营销与处方药学术推广 马宝琳　著	如何用医学策划把“平民产品”变成“明星产品”	有真货、讲真话的作者，堪称处方药营销的经典！
	新医改了，药店就要这样开 尚　锋　著	药店经营、管理、营销全攻略	有很强的实战性和可操作性
	电商来了，实体药店如何突围 尚　锋　著	电商崛起，药店该如何突围？本书从促销、会员服务、专业性、客单价等多重角度给出了指导方向	实战攻略，拿来就能用
	在中国，医药营销这样做：时代方略精选文集 段继东　主编	专注于医药营销咨询 15 年，将医药营销方法的精华文章合编，深入全面	可谓医药营销领域的顶尖著作，医药界读者的必读书
	OTC 医药代表药店销售 36 计 鄢圣安　著	以《三十六计》为线，写 OTC 医药代表向药店销售的一些技巧与策略	案例丰富，生动真实，实操性强
	OTC 医药代表药店开发与维护 鄢圣安　著	要做到一名专业的医药代表，需要做什么、准备什么、知识储备、操作技巧等	医药代表药店拜访的指导手册，手把手教你快速上手
	引爆药店成交率 1：店员导购实战 范月明　著	一本书解决药店导购所有难题	情景化、真实化、实战化
	引爆药店成交率 2：经营落地实战 范月明　著	最接地气的经营方法全指导	揭示了药店经营的几类关键问题
	医药企业转型升级战略 史立臣　著	药企转型升级有 5 大途径，并给出落地步骤及风险控制方法	实操性强，有作者个人经验总结及分析
建材家居	**建材家居营销实务** 程绍珊　杨鸿贵　主编	价值营销运用到建材家居，每一步都让客户增值	有自己的系统、实战
	建材家居门店销量提升 贾同领　著	店面选址、广告投放、推广助销、空间布局、生动展示、店面运营等	门店销量提升是一个系统工程，非常系统、实战
	10 步成为最棒的建材家居门店店长 徐伟泽　著	实际方法易学易用，让员工能够迅速成长，成为独当一面的好店长	只要坚持这样干，一定能成为好店长
	手把手帮建材家居导购业绩倍增：成为顶尖的门店店员 熊亚柱　著	生动的表现形式，让普通人也能成为优秀的导购员，让门店业绩长红	读着有趣，用着简单，一本在手、业绩无忧
	建材家居经销商实战 42 章经 王庆云　著	告诉经销商：老板怎么当、团队怎么带、生意怎么做	忠言逆耳，看着不舒服就对了，实战总结，用一招半式就值了
工业品	**销售是门专业活：B2B 、工业品** 陆和平　著	销售流程就应该跟着客户的采购流程和关注点的变化向前推进，将一个完整的销售过程分成十个阶段，提供具体方法	销售不是请客吃饭拉关系，是个专业的活计！方法在手，走遍天下不愁
	解决方案营销实战案例 刘祖轲　著	用 10 个真案例讲明白什么是工业品的解决方案式营销，实战、实用	有干货、真正操作过的才能写得出来

续表

工业品	**变局下的工业品企业7大机遇** 叶敦明　著	产业链条的整合机会、盈利模式的复制机会、营销红利的机会、工业服务商转型机会……	工业品企业还可以这样做，思维大突破
	工业品市场部实战全指导 杜　忠　著	工业品市场部经理工作内容全指导	系统、全面、有理论、有方法，帮助工业品市场部经理更快提升专业能力
	工业品营销管理实务 李洪道　著	中国特色工业品营销体系的全面深化、工业品营销管理体系优化升级	工具更实战，案例更鲜活，内容更深化
	工业品企业如何做品牌 张东利　著	为工业品企业提供最全面的品牌建设思路	有策略、有方法、有思路、有工具
	丁兴良讲工业4.0 丁兴良　著	没有枯燥的理论和说教，用朴实直白的语言告诉你工业4.0的全貌	工业4.0是什么？本书告诉你答案
	资深大客户经理：策略准，执行狠 叶敦明　著	从业务开发、发起攻势、关系培育、职业成长四个方面，详述了大客户营销的精髓	满满的全是干货
	一切为了订单：订单驱动下的工业品营销实战 唐道明　著	其实，所有的企业都在围绕着两个字在开展全部的经营和管理工作，那就是“订单”	开发订单、满足订单、扩大订单。本书全是实操方法，字字珠玑、句句干货，教你获得营销的胜利
金融	**交易心理分析** (美)马克·道格拉斯　著 刘真如　译	作者一语道破赢家的思考方式，并提供了具体的训练方法	不愧是投资心理的第一书，绝对经典
	精品银行管理之道 崔海鹏　何　屹　主编	中小银行转型的实战经验总结	中小银行的教材很多，实战类的书很少，可以看看
	支付战争 Eric M. Jackson　著 徐　彬　王　晓　译	PayPal创业期营销官，亲身讲述PayPal从诞生到壮大到成功出售的整个历史	激烈、有趣的内幕商战故事！了解美国支付市场的风云巨变
房地产	**产业园区/产业地产规划、招商、运营实战** 阎立忠　著	目前中国第一本系统解读产业园区和产业地产建设运营的实战宝典	从认知、策划、招商到运营全面了解地产策划
	人文商业地产策划 戴欣明　著	城市与商业地产战略定位的关键是不可复制性，要发现独一无二的“味道”	突破千城一面的策划困局
	电影院的下一个黄金十年：开发·差异化·案例 李保煜　著	对目前电影院市场存大的问题及如何解决进行了探讨与解读	多角度了解电影院运营方式及代表性案例

经营类：企业如何赚钱，如何抓机会，如何突破，如何“开源”

	书名．作者	内容/特色	读者价值
抓方向	**让经营回归简单．升级版** 宋新宇　著	化繁为简抓住经营本质：战略、客户、产品、员工、成长	经典，做企业就这几个关键点！
	活系统：跟任正非学当老板 孙行健　尹　贤　著	以任正非的独到视角，教企业老板如何经营公司	看透公司经营本质，激活企业活力
	公司由小到大要过哪些坎 卢　强　著	老板手里的一张“企业成长路线图”	现在我在哪儿，未来还要走哪些路，都清楚了
	企业二次创业成功路线图 夏惊鸣　著	企业曾经抓住机会成功了，但下一步该怎么办？	企业怎样获得第二次成功，心里有个大框架了
	老板经理人双赢之道 陈　明　著	经理人怎养选平台、怎么开局，老板怎样选/育/用/留	老板生闷气，经理人牢骚大，这次知道该怎么办了
	简单思考：AMT咨询创始人自述 孔祥云　著	著名咨询公司(AMT)的CEO创业历程中点点滴滴的经验与思考	每一位咨询人，每一位创业者和管理经营者，都值得一读
	企业文化的逻辑 王祥伍　黄健江　著	为什么企业绩效如此不同，解开绩效背后的文化密码	少有的深刻，有品质，读起来很流畅
	使命驱动企业成长 高可为　著	钱能让一个人今天努力，使命能让一群人长期努力	对于想做事业的人，‘使命’是绕不过去的

续表

	书名.作者	内容/特色	读者价值
思维突破	移动互联新玩法:未来商业的格局和趋势 史贤龙　著	传统商业、电商、移动互联,三个世界并存,这种新格局的玩法一定要懂	看清热点的本质,把握行业先机,一本书搞定移动互联网
	画出公司的互联网进化路线图:用互联网思维重塑产品、客户和价值 李　蓓　著	18 个问题帮助企业一步步梳理出互联网转型思路	思路清晰、案例丰富,非常有启发性
	重生战略:移动互联网和大数据时代的转型法则 沈　拓　著	在移动互联网和大数据时代,传统企业转型如同生命体打算与再造,称之为"重生战略"	帮助企业认清移动互联网环境下的变化和应对之道
	创造增量市场:传统企业互联网转型之道 刘红明　著	传统企业需要用互联网思维去创造增量,而不是用电子商务去转移传统业务的存量	教你怎么在"互联网+"的海洋中创造实实在在的增量
	7 个转变,让公司 3 年胜出 李　蓓　著	消费者主权时代,企业该怎么办	这就是互联网思维,老板有能这样想,肯定倒不了
	跳出同质思维,从跟随到领先 郭　剑　著	66 个精彩案例剖析,帮助老板突破行业长期思维惯性	做企业竟然有这么多玩法,开眼界
	麻烦就是需求　难题就是商机 卢根鑫　著	如何借助客户的眼睛发现商机	什么是真商机,怎么判断、怎么抓,有借鉴
	互联网+"变"与"不变":本土管理实践与创新论坛集萃·2016 本土管理实践与创新论坛　著	加速本土管理思想的孕育诞生,促进本土管理创新成果更好地服务企业、贡献社会	各个作者本年度最新思想,帮助读者拓宽眼界、突破思维
财务	写给企业家的公司与家庭财务规划——从创业成功到富足退休 周荣辉　著	本书以企业的发展周期为主线,写各阶段企业与企业主家庭的财务规划	为读者处理人生各阶段企业与家庭的财务问题提供建议及方法,让家庭成员真正享受财富带来的益处
	互联网时代的成本观 程　翔　著	本书结合互联网时代提出了成本的多维观,揭示了多维组合成本的互联网精神和大数据特征,论述了其产生背景、实现思路和应用价值	在传统成本观下为盈利的业务,在新环境下也许就成为亏损业务。帮助管理者从新的角度来看待成本,进一步做好精益管理

管理类:效率如何提升,如何实现经营目标,如何"节流"

	书名.作者	内容/特色	读者价值
通用管理	1. 让管理回归简单.升级版 2. 让经营回归简单.升级版 3. 让用人回归简单 宋新宇　著	宋博士的"简单"三部曲,影响 20 万读者,非常经典	被读者热情地称作"中小企业的管理圣经"
	员工心理学超级漫画版 邢　雷　著	以漫画的形式深度剖析员工心理	帮助管理者更了解员工,从而更轻松地管理员工
	分股合心:股权激励这样做 段　磊　周　剑　著	通过丰富的案例,详细介绍了股权激励的知识和实行方法	内容丰富全面、易读易懂,了解股权激励,有这一本就够了
	边干边学做老板 黄中强　著	创业 20 多年的老板,有经验、能写、又愿意分享,这样的书很少	处处共鸣,帮助中小企业老板少走弯路
	中国式阿米巴落地实践之从交付到交易 胡八一　著	本书主要讲述阿米巴经营会计,"从交付到交易",这是成功实施了阿米巴的标志	阿米巴经营会计的工作是有逻辑关联的,一本书就能搞定
	阿米巴经营的中国模式 李志华　著	让员工从"要我干"到"我要干",价值量化出来	阿米巴在企业如何落地,明白思路了
	中国式阿米巴落地实践之激活组织 胡八一　著	重点讲解如何科学划分阿米巴单元,阐述划分的实操要领、思路、方法、技术与工具	最大限度减少"推行风险"和"摸索成本",利于公司成功搭建适合自身的个性化阿米巴经营体系
	欧博心法:好管理靠修行 曾　伟　著	用佛家的智慧,深刻剖析管理问题,见解独到	如果真的有'中国式管理',曾老师是其中标志性人物

续表

流程管理	1. 用流程解放管理者 2. 用流程解放管理者2 张国祥　著	中小企业阅读的流程管理、企业规范化的书	通俗易懂，理论和实践的结合恰到好处
	跟我们学建流程体系 陈立云　著	畅销书《跟我们学做流程管理》系列，更实操，更细致，更深入	更多地分享实践，分享感悟，从实践总结出来的方法论
质量管理	五大质量工具详解及运用案例：APQP/FMEA/PPAP/MSA/SPC 谭洪华　著	对制造业必备的五大质量工具中每个文件的制作要求、注意事项、制作流程、成功案例等进行了解读	通俗易懂、简便易行，能真正实现学以致用
	1. ISO9001：2015 新版质量管理体系详解与案例文件汇编 2. ISO14001：2015 新版环境管理体系详解与案例文件汇编 谭洪华　著	紧密围绕2015新版，逐条详细解读，工具也可以直接套用，易学易上手	企业认证、内审必备
战略落地	重生——中国企业的战略转型 施　炜　著	从前瞻和适用的角度，对中国企业战略转型的方向、路径及策略性举措提出了一些概要性的建议和意见	对企业有战略指导意义
	公司大了怎么管：从靠英雄到靠组织 AMT金国华　著	第一次详尽阐释中国快速成长型企业的特点、问题及解决之道	帮助快速成长型企业领导及管理团队理清思路，突破瓶颈
	低效会议怎么改：每年节省一半会议成本的秘密 AMT王玉荣　著	教你如何系统规划公司的各级会议，一本工具书	教会你科学管理会议的办法
战略落地	年初订计划，年尾有结果：战略落地七步成诗 AMT郭晓　著	7个步骤教会你怎么让公司制定的战略转变为行动	系统规划，有效指导计划实现
人力资源	回归本源看绩效 孙　波　著	让绩效回顾“改进工具”的本源，真正为企业所用	确实是来源于实践的思考，有共鸣
	世界500强资深培训经理人教你做培训管理 陈　锐　著	从7大角度具体细致地讲解了培训管理的核心内容	专业、实用、接地气
	曹子祥教你做激励性薪酬设计 曹子祥　著	以激励性为指导，系统性地介绍了薪酬体系及关键岗位的薪酬设计模式	深入浅出，一本书学会薪酬设计
	曹子祥教你做绩效管理 曹子祥　著	复杂的理论通俗化，专业的知识简单化，企业绩效管理共性问题的解决方案	轻松掌握绩效管理
人力资源	把招聘做到极致 远　鸣　著	作为世界500强高级招聘经理，作者数十年招聘经验的总结分享	带来职场思考境界的提升和具体招聘方法的学习
	人才评价中心．超级漫画版 邢　雷　著	专业的主题，漫画的形式，只此一本	没想到一本专业的书，能写成这效果
	走出薪酬管理误区 全怀周　著	剖析薪酬管理的8大误区，真正发挥好枢纽作用	值得企业深读的实用教案
	集团化人力资源管理实践 李小勇　著	对搭建集团化的企业很有帮助，务实，实用	最大的亮点不是理论，而是结合实际的深入剖析
	我的人力资源咨询笔记 张　伟　著	管理咨询师的视角，思考企业的HR管理	通过咨询师的眼睛对比很多企业，有启发
	本土化人力资源管理8大思维 周　剑　著	成熟HR理论，在本土中小企业实践中的探索和思考	对企业的现实困境有真切体会，有启发

续表

企业文化	**HRBP 是这样炼成的之"菜鸟起飞"** 新　海　著	以小说的形式，具体解析 HRBP 的职责，应该如何操作，如何为业务服务	实践者的经验分享，内容实务具体，形式有趣
	华夏基石方法：企业文化落地本土实践 王祥伍　谭俊峰　著	十年积累、原创方法、一线资料，和盘托出	在文化落地方面真正有洞察，有实操价值的书
	企业文化的逻辑 王祥伍　著	为什么企业之间如此不同，解开绩效背后的文化密码	少有的深刻，有品质，读起来很流畅
	企业文化激活沟通 宋杼宸　安　琪　著	透过新任 HR 总经理的眼睛，揭示出沟通与企业文化的关系	有实际指导作用的文化落地读本
	在组织中绽放自我：从专业化到职业化 朱仁健　王祥伍　著	个人如何融入组织，组织如何助力个人成长	帮助企业员工快速认同并投入到组织中去，为企业发展贡献力量
	企业文化定位·落地一本通 王明胤　著	把高深枯燥的专业理论创建成一套系统化、实操化、简单化的企业文化缔造方法	对企业文化不了解，不会做？有这一本从概念到实操，就够了
生产管理	**高员工流失率下的精益生产** 余伟辉　著	中国的精益生产必须面对和解决高员工流失率问题	确实来源于本土的工厂车间，很务实
	车间人员管理那些事儿 岑立聪　著	车间人员管理中处理各种"疑难杂症"的经验和方法	基层车间管理者最闹心、头疼的事，'打包'解决
	1. 欧博心法：好管理靠修行 **2. 欧博心法：好工厂这样管** 曾　伟　著	他是本土最大的制造业管理咨询机构创始人，他从 400 多个项目、上万家企业实践中锤炼出的欧博心法	中小制造型企业，一定会有很强的共鸣
生产管理	**欧博工厂案例 1：生产计划管控对话录** **欧博工厂案例 2：品质技术改善对话录** **欧博工厂案例 3：员工执行力提升对话录** 曾　伟　著	最典型的问题、最详尽的解析，工厂管理 9 大问题 27 个经典案例	没想到说得这么细，超出想象，案例很典型，照搬都可以了
	苦中得乐：管理者的第一堂必修课 曾　伟　编著	曾伟与师傅大愿法师的对话，佛学与管理实践的碰撞，管理禅的修行之道	用佛学最高智慧看透管理
	比日本工厂更高效 1：管理提升无极限 刘承元　著	指出制造型企业管理的六大积弊；颠覆流行的错误认知；掌握精益管理的精髓	每一个企业都有自己不同的问题，管理没有一剑封喉的秘笈，要从现场、现物、现实出发
	比日本工厂更高效 2：超强经营力 刘承元　著	企业要获得持续盈利，就要开源和节流，即实现销售最大化，费用最小化	掌握提升工厂效率的全新方法
	比日本工厂更高效 3：精益改善力的成功实践 刘承元　著	工厂全面改善系统有其独特的目的取向特征，着眼于企业经营体质（持续竞争力）的建设与提升	用持续改善力来飞速提升工厂的效率，高效率能够带来意想不到的高效益
	3A 顾问精益实践 1：IE 与效率提升 党新民　苏迎斌　蓝旭日　著	系统的阐述了 IE 技术的来龙去脉以及操作方法	使员工与企业持续获利
	3A 顾问精益实践 2：JIT 与精益改善 肖志军　党新民　著	只在需要的时候，按需要的量，生产所需的产品	提升工厂效率

续表

员工素质提升	**手把手教你做专业督导：专卖店、连锁店** 熊亚柱　著	从督导的职能、作用，在工作中需要的专业技能、方法，都提供了详细的解读和训练办法，同时附有大量的表单工具	无论是店铺需要统一培训，还是个人想成为优秀的督导，有这一本就够了
员工素质提升	**跟老板"偷师"学创业** 吴江萍　余晓雷　著	边学边干，边观察边成长，你也可以当老板	不同于其他类型的创业书，让你在工作中积累创业经验，一举成功
员工素质提升	**销售轨迹：一位快消品营销总监的拼搏之路** 秦国伟　著	本书讲述了一个普通销售员打拼成为跨国企业营销总监的真实奋斗历程	激励人心，给广大销售员以力量和鼓舞
员工素质提升	**在组织中绽放自我：从专业化到职业化** 朱仁健　王祥伍　著	个人如何融入组织，组织如何助力个人成长	帮助企业员工快速认同并投入到组织中去，为企业发展贡献力量
员工素质提升	**企业员工弟子规：用心做小事，成就大事业** 贾同领　著	从传统文化《弟子规》中学习企业中为人处事的办法，从自身做起	点滴小事，修养自身，从自身的改善得到事业的提升
员工素质提升	**手把手教你做顶尖企业内训师：TTT培训师宝典** 熊亚柱　著	从课程研发到现场把控、个人提升都有涉及，易读易懂，内容丰富全面	想要做企业内训师的员工有福了，本书教你如何抓住关键，从入门到精通

营销类：把客户需求融入企业各环节，提供"客户认为"有价值的东西

	书名．作者	内容/特色	读者价值
营销模式	**动销操盘：节奏掌控与社群时代新战法** 朱志明　著	在社群时代把握好产品生产销售的节奏，解析动销的症结，寻找动销的规律与方法	都是易读易懂的干货！对动销方法的全面解析和操盘
营销模式	**变局下的营销模式升级** 程绍珊　叶　宁　著	客户驱动模式、技术驱动模式、资源驱动模式	很多行业的营销模式被颠覆，调整的思路有了！
营销模式	**卖轮子** 科克斯【美】	小说版的营销学！营销理念巧妙贯穿其中，贵在既有趣，又有深度	经典、有趣！一个故事读懂营销精髓
营销模式	**弱势品牌如何做营销** 李政权　著	中小企业虽有品牌但没名气，营销照样能做的有声有色	没有丰富的实操经验，写不出这么具体、详实的案例和步骤，很有启发
营销模式	**老板如何管营销** 史贤龙　著	高段位营销16招，好学好用	老板能看，营销人也能看
营销模式	**动销：产品是如何畅销起来的** 吴江萍　余晓雷　著	真真切切告诉你，产品究竟怎么才能卖出去	击中痛点，提供方法，你值得拥有
销售	**资深大客户经理：策略准，执行狠** 叶敦明　著	从业务开发、发起攻势、关系培育、职业成长四个方面，详述了大客户营销的精髓	满满的全是干货
销售	**成为资深的销售经理：B2B、工业品** 陆和平　著	围绕"销售管理的六个关键控制点"一一展开，提供销售管理的专业、高效方法	方法和技术接地气，拿来就用，从销售员成长为经理不再犯难
销售	**销售是门专业活：B2B、工业品** 陆和平　著	销售流程就应该跟着客户的采购流程和关注点的变化向前推进，将一个完整的销售过程分成十个阶段，提供具体方法	销售不是请客吃饭拉关系，是个专业的活计！方法在手，走遍天下不愁
销售	**向高层销售：与决策者有效打交道** 贺兵一　著	一套完整有效的销售策略	有工具，有方法，有案例，通俗易懂
销售	**卖轮子** 科克斯　【美】	小说版的营销学！营销理念巧妙贯穿其中，贵在既有趣，又有深度	经典、有趣！一个故事读懂营销精髓
销售	**学话术　卖产品** 张小虎　著	分析常见的顾客异议，将优秀的话术模块化	让普通导购员也能成为销售精英

续表

组织和团队	升级你的营销组织 程绍珊　吴越舟　著	用"有机性"的营销组织替代"营销能人",营销团队变成"铁营盘"	营销队伍最难管,程老师不愧是营销第1操盘手,步骤方法都很成熟
	用数字解放营销人 黄润霖　著	通过量化帮助营销人员提高工作效率	作者很用心,很好的常备工具书
	成为优秀的快消品区域经理 伯建新　著	37个"怎么办"分析区域经理的工作关键点	可以作为区域经理的'速成催化器'
	一位销售经理的工作心得 蒋　军　著	一线营销管理人员想提升业绩却无从下手时,可以看看这本书	一线的真实感悟
	快消品营销:一位销售经理的工作心得2 蒋　军　著	快消品、食品饮料营销的经验之谈,重点突出	来源于实战的精华总结
	销售轨迹:一位快消品营销总监的拼搏之路 秦国伟　著	本书讲述了一个普通销售员打拼成为跨国企业营销总监的真实奋斗历程	激励人心,给广大销售员以力量和鼓舞
组织和团队	用营销计划锁定胜局:用数字解放营销人2 黄润霖　著	全方位教你怎么做好营销计划,好学好用真简单	照搬套用就行,做营销计划再也不头痛
	快消品营销人的第一本书:从入门到精通 刘　雷　伯建新　著	快消行业必读书,从入门到专业	深入细致,易学易懂
产品	产品炼金术Ⅰ:如何打造畅销产品 史贤龙　著	满足不同阶段、不同体量、不同行业企业对产品的完整需求	必须具备的思维和方法,避免在产品问题上走弯路
	产品炼金术Ⅱ:如何用产品驱动企业成长 史贤龙　著	做好产品、关注产品的品质,就是企业成功的第一步	必须具备的思维和方法,避免在产品问题上走弯路
	新产品开发管理,就用IPD 郭富才　著	10年IPD研发管理咨询总结,国内首部IPD专业著作	一本书掌握IPD管理精髓
品牌	中小企业如何建品牌 梁小平　著	中小企业建品牌的入门读本,通俗、易懂	对建品牌有了一个整体框架
	采纳方法:破解本土营销8大难题 朱玉童　编著	全面、系统、案例丰富、图文并茂	希望在品牌营销方面有所突破的人,应该看看
	中国品牌营销十三战法 朱玉童　编著	采纳20年来的品牌策划方法,同时配有大量的案例	众包方式写作,丰富案例给人启发,极具价值
	今后这样做品牌:移动互联时代的品牌营销策略 蒋军　著	与移动互联紧密结合,告诉你老方法还能不能用,新方法怎么用	今后这样做品牌就对了
	中小企业如何打造区域强势品牌 吴之　著	帮助区域的中小企业打造自身品牌,如何在强壮自身的基础上往外拓展	梳理误区,系统思考品牌问题,切实符合中小区域品牌的自身特点进行阐述
渠道通路	快消品营销与渠道管理 谭长春　著	将快消品标杆企业渠道管理的经验和方法分享出来	可口可乐、华润的一些具体的渠道管理经验,实战
	传统行业如何用网络拿订单 张　进　著	给老板看的第一本网络营销书	适合不懂网络技术的经营决策者看
	采纳方法:化解渠道冲突 朱玉童　编著	系统剖析渠道冲突,21个渠道冲突案例、情景式讲解,37篇讲义	系统、全面
	学话术　卖产品 张小虎　著	分析常见的顾客异议,将优秀的话术模块化	让普通导购员也能成为销售精英
	向高层销售:与决策者有效打交道 贺兵一　著	一套完整有效的销售策略	有工具,有方法,有案例,通俗易懂

续表

	通路精耕操作全解：快消品20年实战精华 周　俊　陈小龙　著	通路精耕的详细全解，每一步的具体操作方法和表单全部无保留提供	康师傅二十年的经验和精华，实践证明的最有效方法，教你如何主宰通路

管理者读的文史哲·生活

	书名．作者	内容/特色	读者价值
思想·文化	**每个中国人身上的春秋基因** 史贤龙　著	春秋368年（公元前770－公元前403年），每一个中国人都可以在这段时期的历史中找到自己的祖先，看到真实发生的事件，同时也看到自己	长情商、识人心
	内功太极拳训练教程 王铁仁　编著	杨式（内功）太极拳（俗称老六路）的详细介绍及具体修炼方法，身心的一次升华	书中含有大量图解并有相关视频供读者同步学习
	中医治心脏病 马宝琳　著	引用众多真实案例，客观真实地讲述了中西医对于心脏病的认识及治疗方法	看完这本书，能为您节约10万元医药费
	易经系辞大义 史幼波　著	结合人类社会的各种现象和人与人之间的复杂关系，系统阐述了《系辞》中蕴含的丰富思想	轻松掌握传统智慧精髓，从而达到修身养性的目的
	史幼波中庸讲记（上下册） 史幼波　著	全面、深入浅出地揭示儒家中庸文化的真谛	儒释道三家思想融汇贯通
	史幼波心经讲记（上下册） 史幼波　著	句句精讲，句句透彻，佛法经典的多角度阐释	通俗易懂，将深刻的教理以浅显的语言讲出来
	史幼波大学讲记 史幼波　著	用儒释道的观点阐释大学的深刻思想	一本书读懂传统文化经典
	史幼波《周子通书》《太极图说》讲记 史幼波　著	把形而上的宇宙、天地，与形而下的社会、人生、经济、文化等融合在一起	将儒家的一整套学修系统融合起来